MANANTIAL™

Manantial™

RONALD A. BEERS Y AMY E. MASON

TYNDALE HOUSE PUBLISHERS, INC.
CAROL STREAM, ILLINOIS

Visite Tyndale en Internet: www.tyndaleespanol.com y www.BibliaNTV.com.

TYNDALE, el logotipo de la pluma, *Nueva Traducción Viviente*, *NTV* y el logotipo son marcas registradas de Tyndale House Publishers, Inc. *Manantial* y *TouchPoints* son marcas de Tyndale House Publishers, Inc.

Manantial

Originalmente publicado en inglés en 1996 como *TouchPoints* por Tyndale House Publishers, Inc., con ISBN 0-8423-7094-3.

Diseño: Jennifer Ghionzoli

Traducción al español: Adriana Powell y Omar Cabral

Edición del español: Mafalda E. Novella

ISBN 978-1-4143-3777-7

Impreso en los Estados Unidos de América
Printed in the United States of America

25 24 23 22 21 20
8 7 6 5 4 3

CONTENIDO

EL ABANDONO

¿Me abandona Dios en los momentos difíciles?

SALMO 9:10 | *Los que conocen tu nombre confían en ti, porque tú, oh SEÑOR, no abandonas a los que te buscan.*

2 CORINTIOS 4:9 | *Somos perseguidos pero nunca abandonados por Dios. Somos derribados, pero no destruidos.*

Dios siempre trata de llamarte la atención. ¿Eres consciente de su presencia? Si estás buscándolo sinceramente, ten la seguridad de que lo encontrarás, porque Dios nunca abandona a la persona que lo busca. De hecho, tus dificultades pueden convertirse en el medio para buscar más intensamente a Dios y para verlo a tu lado, junto a ti.

¿Significa mi sufrimiento que Dios me ha abandonado?

1 SAMUEL 12:22 | *El SEÑOR no abandonará a su pueblo.*

1 PEDRO 5:10 | *En su bondad, Dios los llamó a ustedes a que participen de su gloria eterna por medio de Cristo Jesús. Entonces, después de que hayan sufrido un poco de tiempo, él los restaurará, los sostendrá, los fortalecerá y los afirmará sobre un fundamento sólido.*

El sufrimiento no significa que Dios te haya abandonado. De hecho, es mediante el sufrimiento que puedes experimentar, más que nunca, el consuelo de Dios.

¿Promete Dios estar conmigo en ciertas ocasiones, pero no en otras?

MATEO 28:18, 20 | *Jesús se acercó y dijo a sus discípulos: . . . "Tengan por seguro esto: que estoy con ustedes siempre, hasta el fin de los tiempos".*

JUAN 14:16 | *[Jesús dijo:] "Yo le pediré al Padre, y él les dará otro Abogado Defensor, quien estará con ustedes para siempre".*

HEBREOS 13:5 | *Estén contentos con lo que tienen, pues Dios ha dicho: "Nunca te fallaré. Jamás te abandonaré".*

Dios promete estar contigo, dentro de ti y junto a ti, en toda circunstancia.

¿Hay cosas que yo debería abandonar, a pesar de vivir en estos tiempos de tolerancia?

JOB 28:28 | *Esto es lo que Dios dice a toda la humanidad: "El temor del SEÑOR es la verdadera sabiduría; apartarse del mal es el verdadero entendimiento".*

EFESIOS 4:31 | *Líbrense de toda amargura, furia, enojo, palabras ásperas, calumnias y toda clase de mala conducta.*

El pecado persistente hará que abandones a Dios. Obedecer con perseverancia a Dios hará que abandones mucho pecado, lo cual es importante, aun en estos tiempos de tolerancia.

La promesa de Dios HEBREOS 13:5 | *Nunca te fallaré. Jamás te abandonaré.*

EL ABURRIMIENTO

¿Es aburrido ser cristiano?

JUAN 15:11 | *Les he dicho estas cosas para que se llenen de mi gozo; así es, desbordarán de gozo.*

HEBREOS 6:11-12 | *Nuestro gran deseo es que sigan amando a los demás mientras tengan vida, para asegurarse de que lo que esperan se hará realidad. Entonces, no se volverán torpes ni indiferentes espiritualmente. En cambio seguirán el ejemplo de quienes, gracias a su fe y perseverancia, heredarán las promesas de Dios.*

Las personas que perciben de qué se trata la vida cristiana piensan que es plena y apasionante. Cuando te des cuenta de que Dios quiere obrar a través de ti para lograr parte de su propósito en el mundo, te asombrarás de las grandes cosas que él hará. Concéntrate en usar y desarrollar los dones que Dios te ha dado, y tu vida será continuamente apasionante.

¿No es más apasionante una vida pecaminosa?

JEREMÍAS 2:25 | *¿Cuándo dejarás de correr? ¿Cuándo desistirás de jadear tras otros dioses?*

Ir detrás de otros "dioses" es un asunto agotador: una búsqueda tras otra que acaban en desilusión e insatisfacción. El pecado es, en esencia, debilitante y siempre igual. No es más que un cambio de vestuario. El único que realmente da satisfacción es Dios.

La promesa de Dios HEBREOS 6:11-12 | *Sigan amando a los demás mientras tengan vida, para asegurarse de que lo que esperan se hará realidad. Entonces, no se volverán torpes ni indiferentes espiritualmente.*

LA ACEPTACIÓN

¿Cómo debo aceptar a los demás?

1 SAMUEL 22:2 | *Otros comenzaron a llegar —hombres que tenían problemas o que estaban endeudados o que simplemente estaban descontentos— y David llegó a ser capitán de unos cuatrocientos hombres.*

ROMANOS 15:7 | *Acéptense unos a otros, tal como Cristo los aceptó a ustedes, para que Dios reciba la gloria.*

Recibe a los demás en el espíritu de Cristo, y no por su posición, prestigio o poder, o por el beneficio personal que puedan darte. David fue ejemplo de esta actitud de aceptación mientras huía de Saúl. Como líder en desarrollo, David aprendió que no se trataba simplemente de encontrar a las mejores personas, sino de encontrar lo mejor que tuvieran las personas que Dios le había dado.

¿Qué pasa si esas personas han cometido un pecado terrible? ¿Debo aceptarlas igual?

ROMANOS 8:39 | *Nada . . . podrá jamás separarnos del amor de Dios, que está revelado en Cristo Jesús nuestro Señor.*

Nada puede separar a una persona del amor de Dios. De igual manera, debes amar siempre a los otros, sin importar el tamaño de su pecado. Esto no significa que aceptes o apruebes sus acciones pecaminosas ni que les evites la disciplina adecuada, sino que los veas y los aceptes como creaciones únicas y especiales de Dios. Solamente por medio del amor puedes reincorporar a las personas pecadoras a la comunión con Dios y con los demás.

Me siento muy indigno, ¿me acepta Dios realmente?

GÉNESIS 1:27 | *Dios creó a los seres humanos a su propia imagen. A imagen de Dios los creó; hombre y mujer los creó.*

ROMANOS 5:8 | *Dios mostró el gran amor que nos tiene al enviar a Cristo a morir por nosotros cuando todavía éramos pecadores.*

EFESIOS 1:4-5 | *Incluso antes de haber hecho el mundo, Dios nos amó y nos eligió en Cristo para que seamos santos e intachables a sus ojos. Dios decidió de antemano adoptarnos como miembros de su familia al acercarnos a sí mismo por medio de Jesucristo. Eso es precisamente lo que él quería hacer, y le dio gran gusto hacerlo.*

Dios te acepta porque te hizo y te creó a su imagen. Nada de lo que hagas hará que Dios te ame más, porque él te ama completamente. Y nada de lo que hagas puede hacer que te ame menos. De hecho, Dios te acepta y te ama tanto que envió a su Hijo para que muriera por ti, para que cargara sobre sí el castigo que mereces por tu pecado. Él murió en tu lugar para que puedas ser aceptado y entres en la eternidad con él.

¿Qué cosas no debo aceptar nunca?

2 CRÓNICAS 34:3-4 | *Durante el octavo año de su reinado, siendo aún joven, Josías comenzó a buscar al Dios de su antepasado David. . . . Ordenó que demolieran los altares de Baal y que derribaran los altares del incienso que había encima.*

ROMANOS 6:12 | *No permitan que el pecado controle la manera en que viven; no caigan ante los deseos pecaminosos.*

Nunca aceptes ni toleres el pecado en tu vida. Nunca te sientas satisfecho porque tu pecado es inferior al de otra persona. Todos tenemos una naturaleza pecadora, y determinados pecados a los cuales somos particularmente vulnerables. Si no les pones restricciones a los pecados, aun a los mínimos, estos comenzarán a crecer y se ramificarán como tumores malignos, afectando todo lo que pienses y hagas.

La promesa de Dios ROMANOS 15:7 | *Acéptense unos a otros, tal como Cristo los aceptó a ustedes, para que Dios reciba la gloria.*

LA ADVERSIDAD

¿Escucha Dios cuando lo llamo a gritos a causa de mis problemas? ¿Acaso me escucha realmente, y le importa?

SALMO 18:6 | *Pero en mi angustia, clamé al SEÑOR; sí, oré a mi Dios para pedirle ayuda. Él me oyó desde su santuario; mi clamor llegó a sus oídos.*

MATEO 11:28 | *Dijo Jesús: "Vengan a mí todos los que están cansados y llevan cargas pesadas, y yo les daré descanso".*

La línea directa de Dios siempre está abierta. Nunca da ocupado y él nunca está demasiado preocupado por nada —ni siquiera manejando el universo— como para escuchar cada una de tus necesidades. Dios tiene un oído dispuesto a escuchar y un corazón comprensivo.

¿Ser fiel a Dios me liberará de la adversidad?

DANIEL 3:16-20 | *Sadrac, Mesac y Abed-nego contestaron: "Oh Nabucodonosor, no necesitamos defendernos delante de usted. Si nos arrojan al horno ardiente, el Dios a quien servimos es capaz de salvarnos. . . . Pero aunque no lo hiciera, deseamos dejar en claro . . . que jamás serviremos a sus dioses ni rendiremos culto a la estatua de oro que usted ha levantado". Nabucodonosor se enfureció tanto . . . que . . . mandó calentar el horno siete veces más de lo habitual. Entonces ordenó que algunos de los hombres más fuertes de su ejército ataran a Sadrac, Mesac y Abed-nego y los arrojaran al horno ardiente.*

HECHOS 5:17-18 | *El sumo sacerdote y sus funcionarios, que eran saduceos, se llenaron de envidia. Arrestaron a los apóstoles y los metieron en la cárcel pública.*

La vida de los creyentes, tanto del Antiguo como del Nuevo Testamento, da testimonio de que ser fiel a Dios no elimina la adversidad. Cuando crees en Jesús, Satanás se convierte en tu enemigo. Él tratará de impedir que sigas a Dios presentándote toda clase de adversidades. Considera que eso puede ser una señal de que le estás siendo fiel a Dios.

NAHÚM 1:7 | *El SEÑOR es bueno, un refugio seguro cuando llegan dificultades. Está cerca de los que confían en él.*

En la mayoría de los casos, la Biblia no dice *si* llegan los problemas, sino *cuando* lleguen los problemas. Nadie ha vivido su vida sin una dosis de adversidad.

SALMO 27:5, 7-8 | *Pues él me ocultará . . . cuando vengan dificultades; me esconderá en su santuario. Me pondrá en una roca alta donde nadie me alcanzará. . . . Escúchame cuando oro, oh SEÑOR; ¡ten misericordia y respóndeme! Mi corazón te ha oído decir: "Ven y conversa conmigo". Y mi corazón responde: "Aquí vengo, SEÑOR".*

A veces, Dios te rescata de la adversidad en respuesta a tu fidelidad.

¿Hay alguna manera en que pueda evitar los problemas y la adversidad?

SANTIAGO 1:2-3 | *Cuando tengan que enfrentar problemas, considérenlo como un tiempo para alegrarse mucho porque ustedes saben que, siempre que se pone a prueba la fe, la constancia tiene una oportunidad para desarrollarse.*

Posiblemente, lo mejor para ti no sea evitar la adversidad. Aunque los momentos difíciles pueden magullarte, también pueden fortalecerte y afirmar tu fe.

PROVERBIOS 14:16 | *Los sabios son precavidos y evitan el peligro; los necios, confiados en sí mismos, se precipitan con imprudencia.*

ROMANOS 13:14 | *Vístanse con la presencia del Señor Jesucristo. Y no se permitan pensar en formas de complacer los malos deseos.*

Las consecuencias del pecado generalmente producen adversidad innecesaria en tu vida. Al obedecer la Palabra de Dios puedes evitar muchas adversidades que, de otra manera, podrías causarte a ti mismo.

PROVERBIOS 17:20 | *El corazón retorcido no prosperará; la lengua mentirosa cae en problemas.*

PROVERBIOS 21:23 | *Cuida tu lengua y mantén la boca cerrada, y no te meterás en problemas.*

Controlar tu lengua puede ayudarte a evitar la adversidad. Muchas veces, se pueden evitar los problemas usando las palabras con sabiduría.

PROVERBIOS 11:14 | *La seguridad está en tener muchos consejeros.*

Seguir el consejo de las personas consagradas a Dios te ayudará a evitar problemas.

La promesa de Dios SALMO 46:1 | *Dios es nuestro refugio y nuestra fuerza, siempre está dispuesto a ayudar en tiempos de dificultad.*

LA ALABANZA

¿Por qué cosas debo alabar a Dios?

1 PEDRO 1:3 | *Que toda la alabanza sea para Dios, el Padre de nuestro Señor Jesucristo. Es por su gran misericordia que hemos nacido de nuevo, porque Dios levantó a Jesucristo de los muertos.*

Por dar la salvación mediante la muerte y resurrección de su Hijo, Jesús.

SALMO 117:1-2 | *Alaben al SEÑOR, todas ustedes, las naciones. Todos los pueblos de la tierra, alábenlo. Pues nos ama con amor inagotable; la fidelidad del SEÑOR permanece para siempre. ¡Alabado sea el SEÑOR!*

Por crearte y amarte tanto como para ser tu Dios, y por invitarte a tener una relación personal con él.

SALMO 68:35 | *Dios es imponente en su santuario; el Dios de Israel le da poder y fuerza a su pueblo. ¡Alabado sea Dios!*

SALMO 77:13 | *Oh Dios, tus caminos son santos. ¿Existe algún dios tan poderoso como tú?*

Por su santidad y por su poder maravilloso.

SALMO 106:1 | *¡Alabado sea el SEÑOR! ¡Den gracias al SEÑOR, porque él es bueno! Su fiel amor perdura para siempre.*

Por su amor fiel y constante hacia ti.

SALMO 28:6 | *¡Alaben al SEÑOR! Pues él oyó que clamaba por misericordia.*

2 CORINTIOS 1:3 | *Toda la alabanza sea para Dios, el Padre de nuestro Señor Jesucristo. Dios es nuestro Padre misericordioso y la fuente de todo consuelo.*

Porque él es misericordioso, a pesar de que tú eres pecador.

DANIEL 2:20 | *Alabado sea el nombre de Dios por siempre y para siempre, porque a él pertenecen toda la sabiduría y todo el poder.*

Por su sabiduría, que trasciende todo lo que puedas saber o comprender, la cual pone a tu disposición en cada situación.

SALMO 139:9-10 | *Si cabalgo sobre las alas de la mañana, si habito junto a los océanos más lejanos, aun allí me guiará tu mano y me sostendrá tu fuerza.*

Porque te orienta en la vida.

SALMO 119:108, 111 | *SEÑOR, acepta mi ofrenda de alabanza y enséñame tus ordenanzas. . . . Tus leyes son mi tesoro; son el deleite de mi corazón.*

Porque te da su Palabra verdadera para que vivas según ella.

SALMO 107:8 | *Que alaben al SEÑOR por su gran amor y por las obras maravillosas que ha hecho a favor de ellos.*

ISAÍAS 25:1 | *Oh SEÑOR, honraré y alabaré tu nombre, porque tú eres mi Dios. ¡Tú haces cosas maravillosas! Las planeaste hace mucho tiempo, y ahora las has realizado.*

Por lo que él ha hecho por ti y por su pueblo.

La promesa de Dios 2 TESALONICENSES 1:10 | *Aquel día cuando él venga, recibirá gloria de su pueblo santo y alabanza de todos los que creen. Esto también los incluye a ustedes, porque creyeron lo que les dijimos acerca de él.*

LA ALEGRÍA

¿Cómo puedo estar satisfecho, a pesar de las circunstancias de la vida?

1 TIMOTEO 6:6-7 | *La verdadera sumisión a Dios es una gran riqueza en sí misma cuando uno está contento con lo que tiene. Después de todo, no trajimos nada cuando vinimos a este mundo ni tampoco podremos llevarnos nada cuando lo dejemos.*

La satisfacción proviene de una perspectiva correcta de la eternidad. La satisfacción no se trata de cuánto acumules en la tierra, sino cómo lo inviertes para tu futuro en el cielo. Lo que eres irá contigo hasta la eternidad; lo que tienes se quedará aquí.

SALMO 107:8-9 | *Que alaben al SEÑOR por su gran amor y por las obras maravillosas que ha hecho a favor de ellos. Pues él satisface al sediento y al hambriento lo llena de cosas buenas.*

ROMANOS 8:38 | *Estoy convencido de que nada podrá jamás separarnos del amor de Dios. Ni la muerte ni la vida, ni ángeles ni demonios, ni nuestros temores de hoy ni nuestras preocupaciones de mañana. Ni siquiera los poderes del infierno pueden separarnos del amor de Dios.*

La satisfacción es consecuencia de la seguridad de que Dios te ama incondicionalmente. Nada de lo que hagas hará que él te ame más, y nada hará que te ame menos.

2 CORINTIOS 12:10 | *Es por esto que me deleito en mis debilidades, y en los insultos, en privaciones, persecuciones y dificultades que sufro por Cristo. Pues, cuando soy débil, entonces soy fuerte.*

FILIPENSES 4:11-13 | *No que haya pasado necesidad alguna vez, porque he aprendido a estar contento con lo que tengo. Sé vivir con casi nada o con todo lo necesario. He aprendido el secreto de vivir en cualquier situación, sea con el estómago lleno o vacío, con mucho o con poco. Pues todo lo puedo hacer por medio de Cristo, quien me da las fuerzas.*

Cuando tu satisfacción depende de que las cosas sean como tú quieres, si eso no ocurre puedes volverte una persona desgraciada. Cuando la satisfacción viene de contemplar que

Jesús satisface tus necesidades, estás seguro y feliz porque él jamás te falla. Él te enseña a distinguir las cosas valiosas de las distracciones.

MATEO 5:3 | *Dios bendice a los que son pobres en espíritu y se dan cuenta de la necesidad que tienen de él, porque el reino del cielo les pertenece.*

LUCAS 14:33 | *No puedes convertirte en mi discípulo sin dejar todo lo que posees.*

La satisfacción llega cuando estás dispuesto a abandonar todo por Dios. Sólo entonces serás verdaderamente libre de descansar en la paz y la seguridad que Dios da. La satisfacción no se trata de cuánto tienes, sino de cuánto haces para Dios con lo que tienes.

GÉNESIS 27:41; 33:4, 9 | *Esaú odió a Jacob. . . . Esaú comenzó a tramar: ". . . Mataré a mi hermano Jacob". . . . [Después] Esaú corrió a su encuentro [de Jacob] y lo abrazó, puso los brazos alrededor de su cuello y lo besó. Y ambos lloraron. . . . "Hermano mío, yo tengo más que suficiente —dijo Esaú—. Guarda para ti lo que tienes".*

Perdonar a otros es la clave para la satisfacción, porque te evita la infelicidad de mantener el rencor hacia alguien.

¿Qué riesgo hay en sentirse satisfecho?

OSEAS 13:6 | *Una vez que comiste y quedaste satisfecho, te volviste orgulloso y te olvidaste [del Señor tu Dios].*

Cuando la satisfacción lleva a la autocomplacencia, estás en problemas. Disfrutar las bendiciones de Dios debería acercarte más a él, no a que te olvides de él; a darle gracias, no a ignorarlo. Cuando tu máxima satisfacción depende de las cosas que no pasan la prueba de la eternidad —los bienes materiales, la salud, la comida, tu carrera, tu posición social—, corres un grave peligro porque, cuando ellas te fallan, se acaba tu satisfacción.

La promesa de Dios SALMO 107:9 | *[El Señor] satisface al sediento y al hambriento lo llena de cosas buenas.*

LA AMARGURA

¿Cómo me vuelvo una persona amargada?

GÉNESIS 27:41 | *Desde ese momento, Esaú odió a Jacob, porque su padre le había dado la bendición a él. Entonces Esaú comenzó a tramar.*

ESTER 5:9 | *¡Amán salió muy contento del banquete! Pero cuando vio a Mardoqueo sentado a la puerta del palacio, que no se puso de pie ni tembló de miedo ante su presencia, Amán se enfureció mucho.*

La amargura crece en la medida que dejas que el enojo, y luego el odio, te controlen.

2 SAMUEL 2:26 | *Abner le gritó a Joab: "¿Es inevitable que nos matemos unos a otros? ¿No te das cuenta de que lo único que produce es amargura? ¿Cuándo vas a ordenar que tus hombres dejen de perseguir a sus hermanos israelitas?"*

La amargura crece cuanto más respondas al mal que te han hecho.

2 CORINTIOS 2:7 | *Ahora es tiempo de perdonarlo y consolarlo; de otro modo, podría ser vencido por el desaliento.*

COLOSENSES 3:13 | *Sean comprensivos con las faltas de los demás y perdonen a todo el que los ofenda. Recuerden que el Señor los perdonó a ustedes, así que ustedes deben perdonar a otros.*

La amargura se origina cuando otras personas te hieren y tú te niegas a perdonar. Nunca dejes de perdonar y de olvidar. Recuerda que Dios te ha perdonado, a pesar de tu continua tendencia a pecar.

HEBREOS 12:15 | *Cuídense unos a otros, para que ninguno de ustedes deje de recibir la gracia de Dios. Tengan cuidado de que no brote ninguna raíz venenosa de amargura, la cual los trastorne a ustedes y envenene a muchos.*

La amargura se produce cuando te olvidas de la gracia de Dios, que es derramada sobre ti todos los días.

¿Cómo debo resolver mi amargura hacia los demás?

MARCOS 11:25 | *Cuando estén orando, primero perdonen a todo aquel contra quien guarden rencor, para que su Padre que está en el cielo también les perdone a ustedes sus pecados.*

HECHOS 8:22-23 | *Arrepiéntete de tu maldad y ora al Señor . . . porque puedo ver que estás lleno de una profunda envidia y que el pecado te tiene cautivo.*

EFESIOS 4:31-32 | *Líbrense de toda amargura. . . . Por el contrario, sean amables unos con otros, sean de buen corazón, y perdónense unos a otros, tal como Dios los ha perdonado a ustedes por medio de Cristo.*

El perdón es el antídoto contra la amargura. Alivia las cargas, cancela las deudas y te libera de las cadenas del enojo no resuelto.

FILIPENSES 1:12, 14 | *[Pablo dijo:] "Además, mis amados hermanos, quiero que sepan que todo lo que me ha sucedido en este lugar ha servido para difundir la Buena Noticia. . . . Dado que estoy preso, la mayoría de los creyentes de este lugar ha aumentado su confianza y anuncia con valentía el mensaje de Dios sin temor".*

Pablo viajaba por todo el mundo predicando las buenas noticias sobre Jesús. ¡Y fue encarcelado por compartir su fe! Eso podría haberlo convertido en un amargado pero, en cambio, se alegró porque lo vio como una oportunidad. Sabía que Dios aprovecha hasta las peores situaciones y que, si dejamos que lo haga, él saca algo bueno de ellas. Pablo no veía la hora de ver el provecho que Dios podía sacarle a su tiempo en la cárcel. Mientras estaba en prisión, Pablo escribió muchas de las cartas del Nuevo Testamento, las cuales han hecho que millones de personas tengan fe en Jesús.

La promesa de Dios ISAÍAS 26:3 | *¡Tú guardarás en perfecta paz a todos los que confían en ti; a todos los que concentran en ti sus pensamientos!*

LA AMBICIÓN

¿Cuándo es buena la ambición?

SALMO 119:1-2 | *Felices son los íntegros, los que siguen las enseñanzas del SEÑOR. Felices son los que obedecen sus leyes y lo buscan con todo el corazón.*

La ambición más pura de todas es procurar conocer a Dios y tratar de hacer lo que él pide.

1 TESALONICENSES 4:11-12 | *Pónganse como objetivo vivir una vida tranquila, ocúpense de sus propios asuntos y trabajen con sus manos, tal como los instruimos anteriormente. Entonces la gente que no es cristiana respetará la manera en que ustedes viven.*

La ambición es buena cuando está dirigida a mejorar la calidad de tu carácter, no a promover tus éxitos.

ROMANOS 15:20 | *Mi gran aspiración siempre ha sido predicar la Buena Noticia donde nunca antes se ha oído el nombre de Cristo.*

Una gran ambición es la de hablarles a otros de Jesús, dondequiera que vayas, como lo hacía Pablo.

¿Cuándo se convierte la ambición en algo destructivo o pecaminoso? ¿Qué es lo peligroso de la ambición?

GÉNESIS 11:4 | *[La gente dijo]: "Vamos, construyamos una gran ciudad para nosotros con una torre que llegue hasta el cielo. Eso nos hará famosos y evitará que nos dispersemos por todo el mundo".*

La ambición se vuelve peligrosa cuando su objetivo es darte gloria a ti mismo, en lugar de dársela a Dios, quien te dio tus talentos y tus habilidades.

MATEO 4:9 | *"Te daré todo esto —dijo [el diablo]— si te arrodillas y me adoras".*

La ambición puede ser destructiva si Satanás la usa para evitar que te acerques a Dios. Puedes poner a prueba tu ambición preguntándote si lo que quieres hacer te acercará a Dios o si te alejará de él. Si no estás seguro, lo más probable es que te aleje de Dios.

MARCOS 10:35-37, 41 | *Santiago y Juan, hijos de Zebedeo, se le acercaron y dijeron [a Jesús]:*

—Maestro, queremos que nos hagas un favor.

—¿Cuál es la petición? —preguntó él.

Ellos contestaron:

—Cuando te sientes en tu trono glorioso, nosotros queremos sentarnos en lugares de honor a tu lado, uno a tu derecha y el otro a tu izquierda.

. . . Cuando los otros diez discípulos oyeron lo que Santiago y Juan habían pedido, se indignaron.

La ambición egoísta puede tergiversar tus amistades y tu servicio a Dios, y convertirlos en una competencia trivial.

¿Cómo puedo usar la ambición para glorificar a Dios?

1 REYES 8:58 | *Que [el Señor] ponga en nosotros el deseo de hacer su voluntad en todo y de obedecer todos los mandatos, los decretos y las ordenanzas que dio a nuestros antepasados.*

SALMO 73:25 | *¿A quién tengo en el cielo sino a ti? Te deseo más que cualquier cosa en la tierra.*

Tus motivos indican si tus actos se basan en una ambición egoísta o en una ambición santa. Cuando tu mayor deseo es hacer la voluntad de Dios, cuando tu principal objetivo es amar y servir a los demás y cuando todos los días te concentras en alabar y adorar a Dios, entonces estás buscando la ambición santa de glorificarlo.

La promesa de Dios SALMO 119:1-2 | *Felices son los íntegros, los que siguen las enseñanzas del SEÑOR. Felices son los que obedecen sus leyes y lo buscan con todo el corazón.*

LA AMISTAD

¿Cómo se distingue la verdadera amistad?

1 SAMUEL 18:1, 3-4 | *Después de que David terminó de hablar con Saúl, conoció a Jonatán, el hijo del rey. De inmediato se creó un vínculo entre ellos. . . . Jonatán hizo un pacto solemne con David, porque lo amaba tanto como a sí mismo. Para sellar el pacto quitó su manto y se lo dio a David junto con su túnica, su espada, su arco y su cinturón.*

PROVERBIOS 17:17 | *Un amigo es siempre leal, y un hermano nace para ayudar en tiempo de necesidad.*

Algunas amistades son fugaces y otras perduran en el tiempo. Las verdaderas amistades están unidas por lazos de lealtad y de compromiso, y siguen intactas, a pesar de que cambien las circunstancias externas.

¿Qué perjudica a la amistad?

1 SAMUEL 18:8-11 | *Saúl se enoj[ó] mucho. "¿Qué es esto? —dijo—. Le dan crédito a David por diez miles y a mí sólo por miles. ¡Sólo falta que lo hagan su rey!". Desde ese momento Saúl miró con recelo a David. Al día siguiente . . . David tocaba el arpa. . . . Saúl tenía una lanza en la mano, y de repente se la arrojó a David, tratando de clavarlo en la pared.*

La envidia es la gran fuerza que divide las amistades. Si envidias lo que tiene tu amigo, pronto te enojarás y te amargarás, y te separarás de esa persona que te importa.

SALMO 41:9 | *Hasta mi mejor amigo, en quien tenía plena confianza . . . se ha puesto en mi contra.*

Cuando el respeto y la confianza se dañan, hasta la amistad más íntima está en riesgo.

2 SAMUEL 13:11 | *Cuando ella comenzó a darle de comer, la agarró y le insistió: "Ven, mi amada hermana, acuéstate conmigo".*

Las amistades se destruyen cuando se violan los límites.

Las amistades entre hombres y mujeres implican presiones y tentaciones únicas. ¿La Biblia da pautas para la amistad entre hombres y mujeres?

1 CORINTIOS 13:4-5, 7 | *El amor es paciente y bondadoso. El amor no es celoso. . . . No exige que las cosas se hagan a su manera. . . . El amor nunca se da por vencido, jamás pierde la fe, siempre tiene esperanzas y se mantiene firme en toda circunstancia.*

Esta descripción clásica de un amor cristiano se convierte en el parámetro de respeto y conducta que debería marcar todas las relaciones.

HECHOS 16:14-15 | *Lidia . . . fue bautizada junto con otros miembros de su casa y nos invitó a que fuéramos sus huéspedes. "Si ustedes reconocen que soy una verdadera creyente en el Señor —dijo ella—, vengan a quedarse en mi casa". Y nos insistió hasta que aceptamos.*

HECHOS 18:18 | *Pablo . . . se despidió de los hermanos. . . . Después se embarcó hacia Siria y llevó a Priscila y a Aquila con él.*

1 TIMOTEO 5:1-2 | *Dirígete a los jóvenes como si les hablaras a tus propios hermanos. . . . Trata a las jóvenes como a tus propias hermanas, con toda pureza.*

La amistad entre sexos opuestos es valiosa, especialmente porque es importante que la persona con la que te cases sea tu amiga. Como cristiano tienes la responsabilidad de animar a tus amigos para que se acerquen cada vez más a Cristo, sea cual fuera su género. La mejor manera de que tus amistades sean puras es tratar a tus amigos como si fueran tus hermanos y hermanas. Pablo les dio este tipo de respeto a mujeres como Lidia y Priscila. Puedes hacer lo mismo practicando centrarte en el corazón de tus amigos, en la esencia de quienes son.

MATEO 5:28 | *El que mira con pasión sexual a una mujer, ya ha cometido adulterio con ella en el corazón.*

EFESIOS 5:3, 18 | *Que no haya ninguna inmoralidad sexual, impureza ni avaricia entre ustedes. . . . Sean llenos del Espíritu Santo.*

En dramático contraste con lo que ves en la cultura actual, Jesús te llama a mantener principios de pureza en tus pensamientos y en tus actos.

¿Realmente puedo ser amigo de Dios?

ÉXODO 33:11 | *El SEÑOR hablaba con Moisés cara a cara, como cuando alguien habla con un amigo.*

SALMO 25:14 | *El SEÑOR es amigo de los que le temen; a ellos les enseña su pacto.*

Dios trataba a Moisés como su amigo. A medida que desarrolles tu relación con Dios, profundizarás tu amistad con él. Él es tu Señor, pero también desea ser tu amigo.

La promesa de Dios LEVÍTICO 26:12 | *Caminaré entre ustedes; seré su Dios.*

EL AMOR

¿Qué es el amor?

1 CORINTIOS 13:4-7 | *El amor es paciente y bondadoso. El amor no es celoso ni fanfarrón ni orgulloso ni ofensivo. No exige que las cosas se hagan a su manera. No se irrita ni lleva un registro de las ofensas recibidas. No se alegra de la injusticia sino que se alegra cuando la verdad triunfa. El amor nunca se da por vencido, jamás pierde la fe, siempre tiene esperanzas y se mantiene firme en toda circunstancia.*

Esos famosos versículos acerca del amor son una de las descripciones más elocuentes y acertadas que se hayan escrito jamás. El amor es un compromiso y una elección de conducta que produce sentimientos poderosos. Si practicas las cualidades y los comportamientos descritos en estos versículos, experimentarás una satisfacción y una plenitud que superarán tu imaginación.

JUAN 15:13 | *No hay un amor más grande que el dar la vida por los amigos.*

Amar es estar dispuesto a sacrificarse por el bien de los demás, incluso hasta la muerte.

¿Por qué debo amar a Dios?

DEUTERONOMIO 6:5, 18, 25 | *Ama al SEÑOR tu Dios con todo tu corazón, con toda tu alma y con todas tus fuerzas. . . . Haz lo que es bueno y correcto a los ojos de Dios, para que te vaya bien en todo. . . . Pues cuando obedezcamos todos los mandatos que el SEÑOR nuestro Dios nos ha dado, entonces se nos considerará justos.*

MARCOS 12:29-30; JUAN 14:23 | *Jesús [dijo]: "El mandamiento más importante es: '. . . Amarás al SEÑOR tu Dios con todo tu corazón, con toda tu alma, con toda tu mente y con todas tus fuerzas'. . . . Todos los que me aman harán lo que yo diga. Mi Padre los amará, y vendremos para vivir con cada uno de ellos".*

JUAN 15:9-11 | *[Jesús dijo:] "Yo los he amado a ustedes tanto como el Padre me ha amado a mí. Permanezcan en mi amor. Cuando obedecen mis mandamientos, permanecen en mi amor, así como yo obedezco los mandamientos de mi Padre y permanezco en su amor. Les he dicho estas cosas para que se llenen de mi gozo; así es, desbordarán de gozo".*

Dios quiere que lo ames, no por su bien sino por el tuyo. Cuando lo amas, él te ve como una persona santificada, experimentas su misma presencia y poder, dejas que su Espíritu viva en ti, disfrutas de su sabiduría y orientación, y tienes la seguridad de vivir con él para siempre en el cielo. Sin embargo, Dios quiere que tu amor por él sea sincero y apasionado: con todo tu corazón, toda tu alma, toda tu mente y todas tus fuerzas.

SALMO 116:1 | *Amo al SEÑOR porque escucha mi voz y mi oración que pide misericordia.*

Ama a Dios porque él te escucha. Que él te escuche implica que te comprende como nadie más lo hace.

1 JUAN 3:1 | *Miren con cuánto amor nos ama nuestro Padre.*

Ama a Dios porque él te ama y anhela tener una relación contigo.

¿Cómo debo mostrar mi amor a Dios?

JUAN 14:21 | *Los que aceptan mis mandamientos y los obedecen son los que me aman.*

Ama a Dios obedeciéndolo y respetando sus mandamientos.

SALMO 122:1 | *Me alegré cuando me dijeron: "Vayamos a la casa del SEÑOR".*

Ama a Dios adorándolo y alabándolo por el amor que tiene por ti.

HEBREOS 6:10 | *[Dios] no olvidará . . . cómo han demostrado su amor por él sirviendo a otros creyentes.*

Ama a Dios ayudando a los demás y siendo un ejemplo para ellos por tu semejanza con Cristo.

MATEO 10:42 | *Si le dan siquiera un vaso de agua fresca a uno de mis seguidores más insignificantes, les aseguro que recibirán una recompensa.*

Ama a Dios ayudando a los que sufren grandes necesidades.

La promesa de Dios ROMANOS 8:39 | *Ningún poder en las alturas ni en las profundidades, de hecho, nada en toda la creación podrá jamás separarnos del amor de Dios, que está revelado en Cristo Jesús nuestro Señor.*

EL ÁNIMO

¿Cómo puedo animar a otros?

1 SAMUEL 23:16 | *Jonatán fue a buscar a David y lo animó a que permaneciera firme en su fe en Dios.*

Por medio de tus palabras y de tu ejemplo puedes inspirar a otros para que permanezcan fieles a Dios.

ESDRAS 5:1-2 | *Hageo y Zacarías . . . profetizaron a los judíos que estaban en Judá y Jerusalén. . . . Zorobabel . . . y Jesúa . . . respondieron al continuar la reconstrucción del templo de Dios en Jerusalén. Los profetas de Dios estaban con ellos y los ayudaban.*

A veces, animar a alguien significa hacer que la persona vuelva a involucrarse en una tarea productiva.

HECHOS 11:23 | *[Bernabé] alentó a los creyentes a que permanecieran fieles al Señor.*

Anima a otros para que se aferren a los principios de fe y para que actúen según esos principios. Bernabé es conocido en la Biblia como el "hijo de ánimo" (Hechos 4:36). El ánimo que dio Bernabé a Juan Marcos lo ayudó a convertirse en un gran líder de la iglesia (ver Hechos 15:36-39).

FILEMÓN 1:11 | *[Él] nos es muy útil a los dos.*

Demuéstrales a los demás que confías en ellos.

FILIPENSES 1:6 | *Estoy seguro de que Dios, quien comenzó la buena obra en ustedes, la continuará hasta que quede completamente terminada.*

Recuérdales a los demás qué quiere hacer Dios en ellos y por medio de ellos.

JOSUÉ 24:2, 13 | *Josué le dijo al pueblo: "Esto dice el SEÑOR, Dios de Israel: . . . Yo te di tierra que no habías trabajado y ciudades que no construiste, en las cuales vives ahora. Te di viñedos y huertos de olivos como alimento, aunque tú no los plantaste".*

Examina con otros las bendiciones que Dios otorgó en el pasado.

JOB 29:24 | *Cuando estaban desanimados, yo les sonreía; mi mirada de aprobación era preciosa para ellos.*

A veces, una simple sonrisa es de gran aliento.

¿Cómo me da ánimo Dios?

MATEO 9:22 | *Jesús . . . le dijo: "¡Ánimo, hija! Tu fe te ha sanado". Y la mujer quedó sana en ese instante.*

Él sana tus heridas y renueva tu fe.

SALMO 138:3 | *En cuanto oro, tú me respondes; me alientas al darme fuerza.*

Dios te responde cuando le hablas y te da fuerzas cuando estás débil.

SALMO 119:25, 28 | *Estoy caído en el polvo; revíveme con tu palabra. . . . Lloro con tristeza; aliéntame con tu palabra.*

ROMANOS 15:4 | *Las Escrituras nos dan esperanza y ánimo mientras esperamos con paciencia hasta que se cumplan las promesas de Dios.*

Él te revive y te da esperanzas, a medida que lees su Palabra escrita.

HEBREOS 12:5 | *¿Acaso olvidaron las palabras de aliento con que Dios les habló a ustedes como a hijos? Él dijo: "Hijo mío, no tomes a la ligera la disciplina del SEÑOR y no te des por vencido cuando te corrija".*

Ten ánimo: Dios te ama tanto como para corregirte y hacerte permanecer en el mejor camino que existe para tu vida.

La promesa de Dios 2 TESALONICENSES 2:16-17 | *Que nuestro Señor Jesucristo mismo y Dios nuestro Padre, quien nos amó y por su gracia nos dio consuelo eterno y una esperanza maravillosa, los conforten y fortalezcan en todo lo bueno que ustedes hagan y digan.*

EL ARREPENTIMIENTO

¿Qué es el arrepentimiento?

MATEO 3:2 | *Arrepiéntanse de sus pecados y vuelvan a Dios, porque el reino del cielo está cerca.*

MATEO 16:24 | *Jesús dijo a sus discípulos: "Si alguno de ustedes quiere ser mi seguidor, tiene que abandonar su manera egoísta de vivir, tomar su cruz y seguirme".*

Arrepentirse significa apenarse por el pecado y comprometerse con una nueva manera de vivir: la del servicio a Dios. Significa abandonar una vida gobernada por tu naturaleza pecadora y acudir a Dios en busca de una nueva naturaleza, la cual llega cuando el Espíritu de Dios comienza a vivir en ti.

SALMO 32:3-5 | *Mientras me negué a confesar mi pecado, mi cuerpo se consumió, y gemía todo el día. Día y noche tu mano de disciplina pesaba sobre mí; mi fuerza se evaporó como agua al calor del verano. Finalmente te confesé todos mis pecados y ya no intenté ocultar mi culpa. Me dije: "Le confesaré mis rebeliones al SEÑOR". ¡Y tú me perdonaste! Toda mi culpa desapareció.*

1 JUAN 1:9-10 | *Si confesamos nuestros pecados a Dios, él es fiel y justo para perdonarnos nuestros pecados y limpiarnos de toda maldad. Si afirmamos que no hemos pecado, llamamos a Dios mentiroso y demostramos que no hay lugar para su palabra en nuestro corazón.*

Uno de los primeros pasos esenciales para el arrepentimiento es la confesión, lo cual significa ser humildemente honesto con Dios y estar sinceramente arrepentido por tus pecados, los que reconoces y los que ignoras. La confesión reestablece tu relación con Dios, y así renuevas tu fortaleza y tu espíritu. Cuando te arrepientes, Dios te quita la culpa, te devuelve la alegría y cura tu alma destruida. Para que el arrepentimiento sea auténtico se necesita un corazón que verdaderamente desee cambiar.

¿Por qué es necesario el arrepentimiento?

ROMANOS 3:23 | *Todos hemos pecado; nadie puede alcanzar la meta gloriosa establecida por Dios.*

El arrepentimiento es necesario porque todos los seres humanos han pecado contra Dios y lo han traicionado.

2 CRÓNICAS 30:9 | *El SEÑOR su Dios es bondadoso y misericordioso. Si ustedes se vuelven a él, él no seguirá apartando su rostro de ustedes.*

JEREMÍAS 3:22 | *"Vuelvan a mí, hijos descarriados —dice el SEÑOR—, y les sanaré el corazón extraviado". "Sí, ya vamos —responde el pueblo—, porque tú eres el SEÑOR nuestro Dios".*

El arrepentimiento es necesario para tener una relación continua con Dios. Apártate de todo lo que te impida adorar y obedecer a Dios con todo tu corazón.

JEREMÍAS 3:12 | *Esto dice el SEÑOR: "Oh Israel, mi pueblo infiel, regresa otra vez a mí, porque yo soy misericordioso. No estaré enojado contigo para siempre".*

1 TIMOTEO 1:16 | *Dios tuvo misericordia de mí, para que Cristo Jesús me usara como principal ejemplo de su gran paciencia con aun los peores pecadores. De esa manera, otros se darán cuenta de que también pueden creer en él y recibir la vida eterna.*

El arrepentimiento es tu única esperanza de recibir la misericordia de Dios. Quienes se niegan a ver y a reconocer sus pecados no pueden ser perdonados, y se han puesto fuera del alcance de la misericordia y la bendición de Dios.

2 CORINTIOS 5:17 | *Todo el que pertenece a Cristo se ha convertido en una persona nueva. La vida antigua ha pasado, ¡una nueva vida ha comenzado!*

GÁLATAS 2:20 | *Mi antiguo yo ha sido crucificado con Cristo. Ya no vivo yo, sino que Cristo vive en mí.*

TITO 3:5 | *[Dios] nos salvó, no por las acciones justas que nosotros habíamos hecho, sino por su misericordia. Nos lavó, quitando nuestros pecados, y nos dio un nuevo nacimiento y vida nueva por medio del Espíritu Santo.*

El arrepentimiento te permite recibir una vida nueva que Dios te da; es, literalmente, la vida en la que el mismo Espíritu de Dios vive dentro de ti.

LUCAS 24:47 | *Hay perdón de pecados para todos los que se arrepientan.*

El arrepentimiento te permite recibir el perdón de los pecados. Si eres sincero al acercarte a Dios, y se lo pides humildemente, él perdonará tus pecados.

¿El arrepentimiento es un acontecimiento único, o tengo que arrepentirme cada vez que peco?

SALMO 51:17 | *El sacrificio que sí deseas es un espíritu quebrantado; tú no rechazarás un corazón arrepentido y quebrantado, oh Dios.*

Aunque la salvación es un acontecimiento único, a Dios le agradan los corazones quebrantados y contritos que estén dispuestos a confesarse continuamente y a arrepentirse del pecado.

1 JUAN 1:8-9 | *Si afirmamos que no tenemos pecado, lo único que hacemos es engañarnos a nosotros mismos y no vivimos en la verdad, pero si confesamos nuestros pecados a Dios, él es fiel y justo para perdonarnos.*

La confesión y el arrepentimiento de pecados son hábitos cotidianos de una persona que camina a la luz de la comunión con Dios.

La promesa de Dios HECHOS 2:38 | *Cada uno de ustedes debe arrepentirse de sus pecados y volver a Dios, y ser bautizado en el nombre de Jesucristo para el perdón de sus pecados. Entonces recibirán el regalo del Espíritu Santo.*

LA AYUDA

¿De qué maneras me ayuda Dios?

2 CRÓNICAS 15:4 | *Cada vez que estaban en dificultades y se volvían al SEÑOR, Dios de Israel, y lo buscaban, lo encontraban.*

Dios te ayuda estando siempre disponible; está presente para ayudarte cada vez que lo llamas. La oración es la cuerda salvavidas que te conecta con Dios para recibir su ayuda todos los días.

FILIPENSES 4:19 | *Dios . . . suplirá todo lo que necesiten, de las gloriosas riquezas que nos ha dado por medio de Cristo Jesús.*

SANTIAGO 1:5 | *Si necesitan sabiduría, pídansela a nuestro generoso Dios, y él se la dará; no los reprenderá por pedirla.*

Dios te ayuda dándote los recursos para satisfacer tus necesidades. Dios tiene un depósito completamente aprovisionado y un sistema preparado para abastecerte. Son para que los uses sin costo alguno, pero debes pedirlos.

DEUTERONOMIO 33:29 | *¡[El Señor] es tu escudo protector y tu espada triunfante!*

SALMO 28:7 | *El SEÑOR es mi fortaleza y mi escudo; confío en él con todo mi corazón. Me da su ayuda y mi corazón se llena de alegría.*

Dios te ayuda dándote la fuerza para afrontar cualquier crisis. Te protege de ser engañado por el enemigo y te da la victoria espiritual.

ISAÍAS 30:21 | *Detrás de ti, una voz dirá: "Éste es el camino por el que debes ir", ya sea a la derecha o a la izquierda.*

Dios te ayuda a través del Espíritu Santo, dándote una ración extra de sabiduría, discernimiento y orientación.

ROMANOS 8:26 | *El Espíritu Santo nos ayuda en nuestra debilidad. Por ejemplo, nosotros no sabemos qué quiere Dios que le pidamos en oración, pero el Espíritu Santo ora por nosotros con gemidos que no pueden expresarse con palabras.*

A través del Espíritu Santo, Dios te ayuda a orar, aunque no sepas cómo hacerlo, ni qué decir.

GÉNESIS 2:18 | *El SEÑOR Dios dijo: "No es bueno que el hombre esté solo. Haré una ayuda ideal para él".*

Dios te ayuda enviándote otras personas que te quieran y te apoyen.

¿Cómo puedo ayudar a los demás?

1 JUAN 3:17 | *Si alguien tiene suficiente dinero para vivir bien y ve a un hermano en necesidad pero no le muestra compasión, ¿cómo puede estar el amor de Dios en esa persona?*

Puedes ayudar a otros compartiendo tu abundancia con quienes tienen menos. Sé abierto a la inspiración del Espíritu Santo y a las oportunidades que se presentan, porque puede que sean la manera en que Dios te pide que seas su ayudante.

ISAÍAS 1:17 | *Aprendan a hacer el bien. Busquen la justicia y ayuden a los oprimidos. Defiendan la causa de los huérfanos y luchen por los derechos de las viudas.*

Dios obra por medio de las personas que están dispuestas a ser el instrumento para dar su ayuda. Los pobres, los huérfanos y las viudas son algunas de las muchas personas que pueden llegar a necesitar de tu ayuda.

HECHOS 16:9 | *Esa noche Pablo tuvo una visión: Puesto de pie, un hombre de Macedonia —al norte de Grecia— le rogaba: "¡Ven aquí a Macedonia y ayúdanos!".*

Cuéntales a otros la buena noticia de Jesús y dales, de esa manera, la oportunidad de experimentar la salvación y la vida eterna.

HECHOS 20:28 | *Cuídense a sí mismos y cuiden al pueblo de Dios. Alimenten y pastoreen al rebaño de Dios —su iglesia, comprada con su propia sangre— sobre quien el Espíritu Santo los ha designado ancianos.*

Puedes ayudar a que otros cristianos crezcan espiritualmente.

GÁLATAS 6:1 | *Si otro creyente está dominado por algún pecado, ustedes, que son espirituales, deberían ayudarlo a volver al camino recto con ternura y humildad.*

Puedes ayudar a otros creyentes que han tropezado en su andar con Dios, mostrándoles cómo reestablecer su relación con el Padre.

ECLESIASTÉS 4:9-10 | *Es mejor ser dos que uno, porque ambos pueden ayudarse mutuamente a lograr el éxito. Si uno cae, el otro puede darle la mano y ayudarle. Pero el que se cae y está solo, ése sí que está en problemas.*

Puedes ayudar a otros poniéndote a su disposición. Cuando las personas tratan de hacer todo por sí solas, están limitadas por sus debilidades. Pero cuando solicitan ayuda, tú puedes compensar esas debilidades con tus fortalezas.

La promesa de Dios HEBREOS 13:6 | *Podemos decir con toda confianza: "El SEÑOR es quien me ayuda".*

LAS BENDICIONES

¿Cómo puedo recibir las bendiciones de Dios?

EFESIOS 1:3 | *Toda la alabanza sea para Dios, el Padre de nuestro Señor Jesucristo, quien nos ha bendecido con toda clase de bendiciones espirituales en los lugares celestiales, porque estamos unidos a Cristo.*

Cuando perteneces a Cristo, entiendes que todo lo que eres y todo lo que tienes son regalos que él te ha dado para ser usados por él, con el fin de bendecir a otros. Cuando realmente desees servir a Dios, te encontrarás en medio de un caudaloso río de sus bendiciones que refrescarán a otros.

DEUTERONOMIO 1:35-36 | *Ninguno de esta generación perversa vivirá para ver la buena tierra que juré dar a sus antepasados, excepto Caleb. . . . Él verá la tierra porque siguió al SEÑOR en todo.*

A lo largo de la Biblia, encontramos un principio simple, pero profundo: la obediencia a Dios trae bendiciones, y la desobediencia acarrea desgracia. Ten cuidado de no considerar las bendiciones de Dios solamente como posesiones materiales; las mayores bendiciones son mucho más valiosas que el dinero o que otras cosas. Son la alegría, la familia, las relaciones interpersonales, la paz del corazón, los dones espirituales y la seguridad de tener la vida eterna.

¿Cómo ha prometido Dios bendecir a su pueblo?

NÚMEROS 6:24-26 | *Que el SEÑOR te bendiga y te proteja. Que el SEÑOR sonría sobre ti y sea compasivo contigo. Que el SEÑOR te muestre su favor y te dé su paz.*

Como el movimiento del mar, las bendiciones de Dios son constantes, tengas noción de ellas o no. Las Escrituras están llenas de bendiciones que Dios da a quienes lo aman, las cuales incluyen su presencia, su gracia y su paz.

EFESIOS 1:2, 13-14 | *Que Dios nuestro Padre y el Señor Jesucristo les den gracia y paz. . . . Cuando creyeron en Cristo, Dios los identificó como suyos al darles el Espíritu Santo, el cual había prometido tiempo atrás. El Espíritu es la garantía que tenemos de parte de Dios de que nos dará la herencia que nos prometió y de que nos ha comprado para que seamos su pueblo.*

Jesucristo te bendice con el perdón y con la redención. Dios el Padre te bendice con la certeza de que te ama y de que eres infinitamente valioso. El Espíritu Santo te bendice con la comunión y continua presencia de Dios.

¿Cómo puedo bendecir a los demás?

ROMANOS 1:11-12 | *Pues tengo muchos deseos de visitarlos para llevarles algún don espiritual que los ayude a crecer firmes en el Señor. Cuando nos encontremos, quiero alentarlos en la fe pero también me gustaría recibir aliento de la fe de ustedes.*

2 CORINTIOS 2:14 | *¡Gracias a Dios!, quien nos ha hecho sus cautivos y siempre nos lleva en triunfo en el desfile victorioso de Cristo. Ahora nos usa para difundir el conocimiento de Cristo por todas partes como un fragante perfume.*

En la medida que compartes las bendiciones que Dios ha derramado sobre ti, tú también bendices a otras personas. Animar a otros con las buenas nuevas de Dios es una de las bendiciones más gratificantes.

¿Debo bendecir a mis enemigos?

ROMANOS 12:14 | *Bendigan a quienes los persiguen. No los maldigan, sino pídanle a Dios en oración que los bendiga.*

Jesús presentó una idea nueva y revolucionaria: bendecir y perdonar a los enemigos. La reacción natural es vengarse de los enemigos. Orar por tus enemigos es una fuerte prueba de tu lealtad a Cristo. ¿Qué es de mayor bendición: persuadir a tus enemigos o continuar peleando contra ellos?

La promesa de Dios GÁLATAS 6:9 | *No nos cansemos de hacer el bien. A su debido tiempo, cosecharemos numerosas bendiciones si no nos damos por vencidos.*

LA BIBLIA

¿Puedo confiar verdaderamente en la Biblia como la Palabra de Dios?

SALMO 18:30 | *El camino de Dios es perfecto. Todas las promesas del SEÑOR demuestran ser verdaderas.*

2 TIMOTEO 3:16 | *Toda la Escritura es inspirada por Dios y es útil para enseñarnos lo que es verdad y para hacernos ver lo que está mal en nuestra vida. Nos corrige cuando estamos equivocados y nos enseña a hacer lo correcto.*

2 PEDRO 1:20-21 | *Ninguna profecía de la Escritura jamás surgió de la comprensión personal de los profetas ni por iniciativa humana. Al contrario, fue el Espíritu Santo quien impulsó a los profetas y ellos hablaron de parte de Dios.*

La Biblia ha resistido la prueba del tiempo más que ningún otro documento en la historia de la humanidad.

Ha sido preservada con fidelidad porque es la Palabra de Dios para nosotros, y él no permitirá que desaparezca de la faz de la tierra, ni que sea alterada por manos humanas.

¿Con qué frecuencia debo leer la Biblia?

DEUTERONOMIO 17:19 | *[El rey] tendrá esa copia [de las instrucciones de Dios] siempre consigo y la leerá todos los días de su vida. De esa manera, aprenderá a temer al SEÑOR su Dios al obedecer todas las condiciones de esta serie de instrucciones y decretos.*

JOSUÉ 1:8 | *Estudia constantemente este Libro de Instrucción. Medita en él de día y de noche para asegurarte de obedecer todo lo que allí está escrito. Sólo entonces prosperarás y te irá bien en todo lo que hagas.*

La Biblia debe ser leída y meditada habitualmente, para aprender sobre Dios y para comunicarse con él. Si fuera posible, hazlo todos los días. Cuando Dios dice que estudiemos "constantemente" su Palabra, eso no significa sólo de vez en cuando.

¿Por qué es tan importante leer la Biblia?

JEREMÍAS 15:16 | *Cuando descubrí tus palabras las devoré; son mi gozo y la delicia de mi corazón, porque yo llevo tu nombre, oh SEÑOR Dios de los Ejércitos Celestiales.*

La Palabra de Dios moldea tu corazón, tu mente y tu alma. Le da a la vida un gozo y un propósito verdaderos. Y te inspira para vivir una vida que refleje el carácter de Dios y que deje una herencia espiritual perdurable.

SALMO 119:9 | *¿Cómo puede un joven mantenerse puro? Obedeciendo tu palabra.*

SALMO 119:11 | *He guardado tu palabra en mi corazón, para no pecar contra ti.*

La lectura de la Biblia es la manera para saber cómo vivir una vida santa ante los ojos de Dios.

HECHOS 17:11 | *Los de Berea tenían una mentalidad más abierta que los de Tesalónica y escucharon con entusiasmo el mensaje de Pablo. Día tras día examinaban las Escrituras para ver si Pablo y Silas enseñaban la verdad.*

La lectura de la Biblia te ayuda a distinguir la enseñanza verdadera de la falsa.

DEUTERONOMIO 17:20 | *La lectura diaria impedirá que se vuelva orgulloso y actúe como si fuera superior al resto de sus compatriotas.*

La lectura de la Biblia te ayuda a mantener la actitud correcta hacia Dios y hacia los demás.

SALMO 119:105 | *Tu palabra es una lámpara que guía mis pies y una luz para mi camino.*

La lectura de la Biblia te guía en tu vida diaria.

SALMO 119:24 | *Tus leyes me agradan; me dan sabios consejos.*

PROVERBIOS 6:22 | *Cuando camines, su consejo te guiará. Cuando duermas, te protegerá. Cuando despiertes, te orientará.*

La lectura de la Biblia te da buenos consejos para tus problemas.

SALMO 119:43 | *No arrebates de mí tu palabra de verdad, pues tus ordenanzas son mi única esperanza.*

SALMO 119:50 | *Tu promesa renueva mis fuerzas; me consuela en todas mis dificultades.*

La lectura de la Biblia trae esperanza para el futuro.

SALMO 119:52 | *Medito en tus antiguas ordenanzas; oh SEÑOR, ellas me consuelan.*

La lectura de la Biblia es de gran consuelo.

La promesa de Dios LUCAS 11:28 | *Bendito es todo el que escucha la palabra de Dios y la pone en práctica.*

LA BUENA REPUTACIÓN

¿Cómo puedo cultivar y mantener una reputación santa?

PROVERBIOS 3:1-2 | *Hijo mío, nunca olvides las cosas que te he enseñado; guarda mis mandatos en tu corazón. Si así lo haces, . . . tu vida te dará satisfacción.*

El ingrediente esencial para desarrollar una reputación santa es seguir las indicaciones de Dios que se revelan en las Escrituras.

PROVERBIOS 3:3-4 | *¡Nunca permitas que la lealtad ni la bondad te abandonen! Átalas alrededor de tu cuello como un recordatorio. Escríbelas en lo profundo de tu corazón. Entonces tendrás tanto el favor de Dios como el de la gente, y lograrás una buena reputación.*

Dios promete darte un buen nombre cuando le muestres a otros bondad, lealtad y amor.

PROVERBIOS 22:1 | *Elige una buena reputación sobre las muchas riquezas; ser tenido en gran estima es mejor que la plata o el oro.*

Dios bendice tu reputación cuando resistes la tentación de cambiar tu buen nombre y tu honor por riquezas.

ROMANOS 14:17-18 | *El reino de Dios no se trata de lo que comemos o bebemos, sino de llevar una vida de bondad, paz y alegría en el Espíritu Santo. Si tú sirves a Cristo con esa actitud, agradarás a Dios y también tendrás la aprobación de los demás.*

FILIPENSES 4:4-5 | *Estén siempre llenos de alegría en el Señor. Lo repito, ¡alégrense! Que todo el mundo vea que son considerados en todo lo que hacen.*

Cuando te fijas menos en los comportamientos insignificantes y superficiales, y más en el carácter interior, complaces a Dios y, a la larga, eso hará que también te ganes la aprobación de los demás.

GÁLATAS 5:22-23 | *La clase de fruto que el Espíritu Santo produce en nuestra vida es: amor, alegría, paz, paciencia, gentileza, bondad, fidelidad, humildad y control propio.*

La gente suele afirmar que su vida personal no importa, siempre que tengan un buen desempeño laboral o que luzcan bien en público. Pero Dios no hace distinción entre la vida pública y la privada. La justicia, la rectitud, la integridad, la misericordia, la honestidad, la equidad y la fidelidad son rasgos esenciales del carácter y de la reputación de una persona, porque reflejan el carácter de Dios. Tú tendrás una buena reputación cuando, en tu vida privada, manifiestes la misma integridad piadosa que en tu vida pública.

¿Cómo se puede cambiar la mala reputación?

1 PEDRO 2:11-12 | *Queridos amigos, ya que son "extranjeros y residentes temporales", les advierto que se alejen de los deseos mundanos, que luchan contra el alma. Procuren llevar una vida ejemplar entre sus vecinos. . . . Así . . . [ellos] verán que ustedes tienen una conducta honorable y le darán honra a Dios.*

La manera más segura de influir en lo que otros piensen de ti es por medio de tu conducta santa y consistente.

ROMANOS 12:2 | *No imiten las conductas ni las costumbres de este mundo, más bien dejen que Dios los transforme en personas nuevas al cambiarles la manera de pensar. Entonces aprenderán a conocer la voluntad de Dios para ustedes, la cual es buena, agradable y perfecta.*

El amor de Jesús puede transformarte y, finalmente, tu reputación también cambiará.

¿Cómo puedo evitar perjudicar la reputación de otras personas?

PROVERBIOS 25:10 | *Te podrían acusar de chismoso, y nunca recuperarás tu buena reputación.*

No hables mal de otros, lo cual les roba su reputación quitándoles su integridad. Con una sola frase puedes arruinar la reputación de otros. Si cuentas chismes sobre ellos, dañarás además tu reputación.

La promesa de Dios PROVERBIOS 22:1 | *Elige una buena reputación sobre las muchas riquezas; ser tenido en gran estima es mejor que la plata o el oro.*

EL CAMBIO

Con todos los cambios que hay en mi vida, ¿cómo puedo mantenerla en orden?

LAMENTACIONES 5:19 | *¡SEÑOR, tú serás el mismo para siempre! Tu trono continúa de generación en generación.*

HEBREOS 1:12 | *Tú eres siempre el mismo; tú vivirás para siempre.*

El carácter de Dios es amoroso, digno de confianza . . . y constante. Es una buena noticia porque, sin importar cuánto cambie tu vida, y sin importar qué situaciones nuevas enfrentes, siempre puedes contar con la promesa de que Dios te cuidará, te ayudará y te guiará.

MARCOS 13:31 | *El cielo y la tierra desaparecerán, pero mis palabras no desaparecerán jamás.*

Las verdades contenidas en la Biblia se aplican a todas las personas, en todas las culturas y en todas las épocas. Cuando encares cambios, acude siempre a la Palabra de Dios, que no varía, para que tu vida tenga sus cimientos sobre la roca firme y tenga una dirección.

GÉNESIS 37:28; 41:39-41 | *Cuando se acercaron los ismaelitas, que eran mercaderes madianitas, los hermanos de José lo sacaron de la cisterna y se lo vendieron por veinte monedas de plata. Y los mercaderes lo llevaron a Egipto. . . . Así que el faraón dijo a José: ". . . Quedarás a cargo de mi palacio, y toda mi gente recibirá órdenes de ti. Sólo yo, sentado en mi trono, tendré un rango superior al tuyo. . . . Yo, aquí en persona, te pongo a cargo de toda la tierra de Egipto".*

ROMANOS 8:28 | *Sabemos que Dios hace que todas las cosas cooperen para el bien de los que lo aman y son llamados según el propósito que él tiene para ellos.*

A veces las cosas parecen cambiar para mal. Cuando ocurran esos cambios, recuerda que los cambios traumáticos, impredecibles e injustos nunca triunfan sobre la voluntad de Dios. No sucede ningún cambio que él no permita y que no pueda redimir.

MATEO 1:20, 24 | *Un ángel del Señor se le apareció en un sueño. . . . Cuando José despertó, hizo como el ángel del Señor le había ordenado.*

Aunque las circunstancias alteren tus planes prolijamente trazados, aun así puedes encontrar paz en la obediencia al llamado de Dios.

Sé que en mi vida hay cosas que debo cambiar, pero ¿cómo lo hago?

HECHOS 9:4-5 | *Saulo cayó al suelo y oyó una voz que le decía:*
—¡Saulo, Saulo! ¿Por qué me persigues?
—¿Quién eres, señor? —preguntó Saulo.
—Yo soy Jesús, ¡a quien tú persigues! —contestó la voz.

El verdadero cambio es el resultado de un encuentro personal con Jesucristo.

LUCAS 19:8 | *Zaqueo se puso de pie delante del Señor y dijo: "Señor, daré la mitad de mi riqueza a los pobres y, si estafé a alguien con sus impuestos, le devolveré cuatro veces más".*

Dios no sólo nos llama a un cambio de corazón, sino también a un cambio de conducta.

JUAN 8:10-11 | *[Jesús dijo:] —¿Dónde están los que te acusaban? ¿Ni uno de ellos te condenó?*

—Ni uno, Señor —dijo ella.

—Yo tampoco —le dijo Jesús—. Vete y no peques más.

Tú no cambias para recibir la aprobación de Dios; cambias como respuesta al amor de Dios.

2 CORINTIOS 5:17 | *Todo el que pertenece a Cristo se ha convertido en una persona nueva. La vida antigua ha pasado, ¡una nueva vida ha comenzado!*

FILIPENSES 1:6 | *Dios, quien comenzó la buena obra en ustedes, la continuará hasta que quede completamente terminada el día que Cristo Jesús vuelva.*

Lleva mucho tiempo completar un gran trabajo. Si bien te convertiste en creyente por un acto de fe en un momento, el proceso de transformación para ser como Jesús dura toda la vida. Aunque pueda parecerte lenta, la obra de Dios en ti es implacable, firme y positiva.

La promesa de Dios ISAÍAS 40:8 | *La hierba se seca y las flores se marchitan, pero la palabra de nuestro Dios permanece para siempre.*

EL CANSANCIO

¿A qué debo estar atento cuando estoy cansado?

GÁLATAS 6:9 | *No nos cansemos de hacer el bien. A su debido tiempo, cosecharemos numerosas bendiciones si no nos damos por vencidos.*

El hecho de estar cansado te hace más susceptible al desaliento, a la tentación y al pecado, y hace que pierdas la esperanza de que las cosas van a cambiar en el futuro.

PROVERBIOS 30:1-2 | *Cansado estoy, oh Dios; cansado, oh Dios, y agotado. Soy demasiado torpe para ser humano y me falta el sentido común.*

Cuando estás cansado pierdes la perspectiva. Cuando estás cansado no es un buen momento para intentar tomar decisiones importantes.

JOB 10:1 | *Estoy harto de mi vida. Dejen que desahogue mis quejas abiertamente, mi alma llena de amargura debe quejarse.*

El cansancio puede hacerte decir cosas que luego posiblemente lamentes.

ECLESIASTÉS 1:8 | *Todo es tan tedioso, imposible de describir. No importa cuánto veamos, nunca quedamos satisfechos. No importa cuánto oigamos, nada nos tiene contentos.*

El hecho de estar cansado puede hacerte perder tu visión y tu propósito.

SALMO 127:2 | *Es inútil que te esfuerces tanto, desde la mañana temprano hasta tarde en la noche . . . porque Dios da descanso a sus amados.*

Estar siempre cansado puede querer decir que tratas de hacer demasiadas cosas. Tal vez sea la manera que tiene Dios de decirte que debes disminuir tus actividades.

2 SAMUEL 17:1-2 | *Ahitofel dijo a Absalón: "Déjame escoger a doce mil hombres que salgan en busca de David esta noche. Lo*

alcanzaré cuando esté agotado y desanimado. Él y sus tropas se dejarán llevar por el pánico y todos huirán. Luego mataré sólo al rey".

El agotamiento te hace vulnerable a tus enemigos. Cuando tienes la guardia baja, les resulta más fácil atacarte.

¿Quién puede ayudarme cuando me canso?

HABACUC 3:19 I *¡El SEÑOR Soberano es mi fuerza! Él me da pie firme como al venado, capaz de pisar sobre las alturas.*

EFESIOS 6:10 I *Sean fuertes en el Señor y en su gran poder.*

Cuando estés cansado, aprovecha el poder del Señor, que no es una fábula ni un cuento de hadas, sino un poder real y sobrenatural que viene de Aquel que te creó y que te sostiene.

1 REYES 19:5-8 I *Mientras dormía, un ángel lo tocó y le dijo: "¡Levántate y come!". . . . Así que comió y bebió, y volvió a acostarse. Entonces el ángel del SEÑOR regresó, lo tocó y le dijo: "Levántate y come un poco más, de lo contrario, el viaje que tienes por delante será demasiado para ti". Entonces se levantó, comió y bebió, y la comida le dio fuerza suficiente para viajar.*

Puedes ayudarte a ti mismo cuidando tu cuerpo: ejercicios físicos, descanso y comidas nutritivas. Eso te ayudará a superar el cansancio. La mala alimentación o los malos hábitos te conducen al colapso.

ISAÍAS 40:29-31 I *Él da poder a los indefensos y fortaleza a los débiles. Hasta los jóvenes se debilitan y se cansan, y los hombres jóvenes caen exhaustos. En cambio, los que confían en el SEÑOR encontrarán nuevas fuerzas; volarán alto, como con alas de águila. Correrán y no se cansarán; caminarán y no desmayarán.*

Cuando estés agotado, el Señor te dará fuerzas renovadas. Cuando te diriges a él para alabarlo, Dios renueva tu corazón. Cuando te diriges a él en oración, renueva tu alma. Cuando te diriges a él en la soledad, renueva tu cuerpo. Cuando te diriges a él en tu necesidad, él renueva tu espíritu. Cuando te diriges a él en gratitud, Dios renueva tu perspectiva. Ir al Señor te libra de las cargas de la vida y te sirve para recibir fuerzas de él, la fuente de toda fortaleza.

La promesa de Dios MATEO 11:28 | *Dijo Jesús: "Vengan a mí todos los que están cansados y llevan cargas pesadas, y yo les daré descanso".*

LA CELEBRACIÓN

¿Dios quiere que yo celebre? ¿Eso está bien?

DEUTERONOMIO 16:10-11, 15 | *Luego celebra el Festival de la Cosecha en honor al SEÑOR tu Dios. . . . Será un tiempo de celebración delante del SEÑOR tu Dios. . . . Celebra con tus hijos e hijas, . . . porque él es quien te bendice con cosechas abundantes y prospera todo tu trabajo. Este festival será un tiempo de mucha alegría para todos.*

2 SAMUEL 22:1-3 | *David entonó este cántico al SEÑOR el día que el SEÑOR lo rescató de todos sus enemigos . . . : "El SEÑOR es mi roca, mi fortaleza y mi salvador; mi Dios, mi roca, en quien encuentro protección. Él es mi escudo, el poder que me salva y*

mi lugar seguro. Él es mi refugio, mi salvador, el que me libra de la violencia".

Dios no sólo está de acuerdo con la celebración: la exhorta como una manera de que le agradezcas todo lo que él ha hecho, para recordar sus actos de bondad, y para disfrutar de la compañía de otros.

MATEO 25:23 | *El amo dijo: "Bien hecho, mi buen siervo fiel. Has sido fiel en administrar esta pequeña cantidad, así que ahora te daré muchas más responsabilidades. ¡Ven a celebrar conmigo!".*

Las personas inmersas en sus tareas a veces descuidan la oportunidad de celebrar. La Biblia enseña que la celebración es importante, así como es necesaria. La celebración te da la oportunidad de saborear la alegría del trabajo, de vivir la satisfacción y las recompensas de un logro, y de disfrutar de las cosas buenas de la creación. La celebración propicia un espíritu de gratitud y renueva tu energía para el trabajo que todavía tienes por hacer.

¿Qué hace que Dios y los ángeles celebren?

MATEO 25:23 | *El amo dijo: "Bien hecho, mi buen siervo fiel. Has sido fiel en administrar esta pequeña cantidad, así que ahora te daré muchas más responsabilidades. ¡Ven a celebrar conmigo!".*

LUCAS 15:10 | *Hay alegría en presencia de los ángeles de Dios cuando un solo pecador se arrepiente.*

Dios y sus ángeles celebran la salvación de los perdidos, la derrota del pecado y del mal, y las alegrías y éxitos cotidianos del pueblo de Dios.

SOFONÍAS 3:17 | *Pues el SEÑOR tu Dios . . . se deleitará en ti con alegría. . . . Se gozará por ti con cantos de alegría.*

Dios se regocija y celebra cuando su pueblo lo sigue fielmente y obedece sus órdenes.

La promesa de Dios SALMO 5:11 | *Pero que se alegren todos los que en ti se refugian; que canten alegres alabanzas por siempre. Cúbrelos con tu protección, para que todos los que aman tu nombre estén llenos de alegría.*

LOS CELOS/LA ENVIDIA

¿Por qué es tan peligrosa la envidia?

PROVERBIOS 14:30 | *La paz en el corazón da salud al cuerpo; los celos son como cáncer en los huesos.*

La envidia te carcome porque hace que alimentes las emociones destructivas de la ira y la amargura, en lugar de estar contento con lo que tienes, y genuinamente feliz por los logros de los demás.

GÉNESIS 30:1-3 | *Cuando Raquel vio que no podía darle hijos a Jacob, tuvo celos de su hermana. Le rogaba a Jacob:*

—¡Dame hijos o moriré!

Entonces Jacob se puso furioso con Raquel.

—¿Acaso yo soy Dios? —le dijo—. ¡Él es el que no te ha permitido tener hijos!

Entonces Raquel le dijo:

—Toma a mi sierva, Bilha, y duerme con ella. Ella dará a luz hijos por mí, y a través de ella yo también podré tener una familia.

GÉNESIS 37:11, 18, 24, 28 | *Los hermanos de José tenían celos de él. . . . Cuando los hermanos de José lo vieron acercarse, . . . lo agarraron y lo tiraron en la cisterna. . . . Cuando se acercaron los ismaelitas, que eran mercaderes madianitas, los hermanos de José lo sacaron de la cisterna y se lo vendieron por veinte monedas de plata. Y los mercaderes lo llevaron a Egipto.*

PROVERBIOS 27:4 | *El enojo es cruel . . . pero los celos son aún más peligrosos.*

Los celos causan divisiones y suelen destrozar familias y amistades, porque dan lugar a un espíritu de competencia destructiva.

1 SAMUEL 18:9-11 | *Saúl miró con recelo a David. . . . David tocaba el arpa, tal como lo hacía cada día. Pero Saúl tenía una lanza en la mano, y de repente se la arrojó a David, tratando de clavarlo en la pared.*

HECHOS 17:5-6 | *Entonces ciertos judíos tuvieron envidia y reunieron a unos alborotadores de la plaza del mercado para que formaran una turba e iniciaran un disturbio. Atacaron la casa de Jasón en busca de Pablo y Silas a fin de sacarlos a rastras y entregarlos a la multitud. Como no los encontraron allí, en su lugar sacaron arrastrando a Jasón y a algunos de los otros creyentes.*

Celar la atención o el cariño de otra persona puede hacer que alguien cometa actos extremos, incluso al punto de procurar lastimar o matar al otro. La envidia y los celos no sólo destruyen al que los siente, sino que, a menudo, hacen que la persona ataque al objeto de su envidia y de sus celos. Aunque probablemente tú no ataques a alguien con una lanza, como lo hizo Saúl, es posible que uses palabras hirientes y comentarios punzantes, los cuales pueden llegar a ser igualmente peligrosos.

¿Cómo puedo manejar mis celos?

GÉNESIS 30:1 | *Cuando Raquel vio que no podía darle hijos a Jacob, tuvo celos de su hermana.*

En lugar de disfrutar de la preferencia y del amor de su esposo, Raquel se concentró en su incapacidad de darle un hijo a Jacob, y se puso celosa de su hermana, Lea. El remedio para los celos es ser agradecido, y disfrutar de lo que tienes, en lugar de concentrarte en lo que no tienes.

MATEO 20:15 | *¿Te pones celoso porque soy bondadoso con otros?*

La envidia demuestra egoísmo; quieres para ti lo que tiene otro. Si te alegras por el éxito o por la buena suerte de otra persona, crecerá tu propia capacidad de disfrutar.

JUAN 21:19-22 | *Jesús dijo eso para darle a conocer el tipo de muerte con la que Pedro glorificaría a Dios. . . . Pedro se dio vuelta y vio que, detrás de ellos, estaba el discípulo a quien Jesús amaba. . . . Pedro le preguntó a Jesús:*

—Señor, ¿qué va a pasar con él?

Jesús contestó:

—Si quiero que él siga vivo hasta que regrese, ¿qué tiene que ver contigo? En cuanto a ti, sígueme.

Cuando Pedro escuchó la profecía de Jesús acerca de su muerte, quiso saber qué le sucedería al otro discípulo (Juan). Jesús le aclaró a Pedro que debía prestarle atención a sus propias cuestiones, no a las de los demás. En muchas situaciones de la vida, te sentirás tentado a comparar tu suerte con la de otros. En lugar de hacer eso, concéntrate en lo que crees que Dios quiere que hagas, y acepta que lo mejor para ti es hacer su voluntad.

La promesa de Dios PROVERBIOS 14:30 | *La paz en el corazón da salud al cuerpo; los celos son como cáncer en los huesos.*

LOS CHISMES

¿Por qué son tan malos los chismes?

SANTIAGO 1:26 | *Si afirmas ser religioso pero no controlas tu lengua, te engañas a ti mismo y tu religión no vale nada.*

Lo que sale de tu boca deja ver lo que hay dentro de tu corazón. Los chismes, la crítica, la adulación, las mentiras y las blasfemias no son solamente problemas de palabras, sino problemas del corazón.

PROVERBIOS 11:13 | *El chismoso anda contando secretos; pero los que son dignos de confianza saben guardar una confidencia.*

No es bueno hacer amistad con los chismosos. Son expertos demoledores que tratan de destruir a los otros, mientras que las personas dignas de confianza edifican a los demás.

ROMANOS 1:29 | *Se llenaron de toda clase de perversiones, pecados, avaricia, odio, envidia, homicidios, peleas, engaños, conductas maliciosas y chismes.*

Para Dios, el chisme, la codicia, el odio, la envidia y el homicidio son pecados del mismo nivel.

1 TIMOTEO 5:13 | *Si [las viudas más jóvenes] están en la lista [de ayuda], se acostumbrarán a ser perezosas y pasarán todo el*

tiempo yendo de casa en casa chismeando, entrometiéndose en la vida de los demás y hablando de lo que no deben.

El chisme suele surgir de la vagancia. Si no tienes nada mejor que hacer que sentarte a hablar de otras personas, terminarás diciendo cosas que luego lamentarás.

PROVERBIOS 18:8 | *Los rumores son deliciosos bocaditos que penetran en lo profundo del corazón.*

Los chismes lastiman a otros. También, si el chisme resulta ser falso, destruye tu credibilidad.

¿Cómo le pongo freno a los chismes?

PROVERBIOS 26:20 | *El fuego se apaga cuando falta madera, y las peleas se acaban cuando termina el chisme.*

¡Que la cadena de chismes se corte contigo! Cuando escuchas un chisme, puedes hacer algo al respecto: puedes tomar la decisión de no seguir propagándolo.

DEUTERONOMIO 13:14 | *Analiza los hechos cuidadosamente.*

Si estás preocupado por algo que escuchaste, debes investigar cuidadosamente el tema, sin suponer que lo que te han dicho sea verdad. Ve a la fuente y analiza tú mismo los hechos.

MATEO 7:12 | *Haz a los demás todo lo que quieras que te hagan a ti.*

La Regla de Oro también se puede aplicar a tu discurso: "Habla de los demás como quieres que los demás hablen de ti".

EFESIOS 4:29 | *Que todo lo que digan sea bueno y útil, a fin de que sus palabras resulten de estímulo para quienes las oigan.*

Esto es absolutamente cierto: aquello en lo que más tiempo pases pensando será lo que terminarás haciendo. Cuando te sientas tentado a quejarte, en lugar de hacer eso, pon en práctica la oración. Cuando sientas la tentación de chismear, en lugar de eso elogia o alienta a otra persona.

COLOSENSES 3:17 | *Todo lo que hagan o digan, háganlo como representantes del Señor Jesús.*

Si crees que puedes estar a punto de chismear, pregúntate: "La persona a la que le estoy contando esto ¿necesita saberlo? ¿Es cierto, exacto y productivo?"

La promesa de Dios 1 PEDRO 3:10 | *Si quieres disfrutar de la vida y ver muchos días felices, refrena tu lengua de hablar el mal y tus labios de decir mentiras.*

CLAUDICAR

¿Cómo hago para vivir en la cultura actual sin poner en peligro mis convicciones?

DANIEL 1:8, 12-14 | *Daniel estaba decidido a no contaminarse con la comida y el vino dados por el rey. Le pidió permiso al jefe del Estado Mayor para no comer esos alimentos inaceptables. . . . Le dijo: "Por favor, pruébanos durante diez días con una dieta de vegetales y agua. Al cumplirse los diez días, compara nuestro aspecto con el de los otros jóvenes que comen de la comida del rey. Luego decide de acuerdo con lo que veas". El asistente aceptó la sugerencia de Daniel y los puso a prueba por diez días.*

Jamás dudes en declararte a favor de lo que sabes que es correcto y verdadero, pero hazlo de manera respetuosa y humilde. Te sorprenderá con qué frecuencia serás admirado por ceñirte a tus creencias, aunque otros estén en desacuerdo con ellas. Pero, aun si encuentras oposición, no debes ponerlas en peligro contradiciendo la Palabra de Dios.

ÉXODO 34:12 | *Ten mucho cuidado de no hacer tratados con los pueblos que viven en la tierra adonde te diriges. Si los haces, seguirás sus malos caminos y quedarás atrapado.*

HEBREOS 3:12-13 | *Por lo tanto, amados hermanos, ¡cuidado! Asegúrense de que ninguno de ustedes tenga un corazón maligno e incrédulo que los aleje del Dios vivo. Adviértanse unos a otros todos los días mientras dure ese "hoy", para que ninguno sea engañado por el pecado y se endurezca contra Dios.*

Siempre debes estar alerta mientras vivas o trabajes con personas que no ven el pecado como algo malo. Puedes encontrarte fácilmente poniendo en peligro tus convicciones y estando de acuerdo con que se cometan algunos "pecadillos". Esto, a la larga, embotará tu sensibilidad para otros pecados. Un "pecadillo" de vez en cuando puede llevarte a una vida entregada al pecado.

JUECES 16:15-17 | *Entonces Dalila, haciendo pucheros, le dijo: "¿Cómo puedes decirme 'te amo' si no me confías tus secretos? . . . ¡Aún no me has dicho lo que te hace tan fuerte!". Día tras día lo estuvo fastidiando hasta que se hartó de tanta insistencia. Entonces finalmente Sansón le reveló su secreto.*

Eres más propenso a transigir en tus convicciones en las áreas donde eres espiritualmente débil. Aprende a reconocer en qué aspectos eres vulnerable para que estés preparado cuando venga la tentación a poner en peligro tus convicciones.

¿Cuándo es apropiado ceder, y cómo puedo hacerlo de una manera adecuada?

ESDRAS 10:3-4 | *Seguiremos tu consejo y el de los demás que respetan los mandatos de nuestro Dios. Que se haga todo de acuerdo con la Ley de Dios. . . . Es tu deber decirnos cómo debemos proceder para arreglar esta situación. Nosotros te respaldamos, por lo tanto, sé fuerte y actúa.*

Dentro de la voluntad de Dios y de los mandamientos que él ha dado en las Escrituras, está bien renunciar a algo por el bien común. Pero nunca debes rendirte si eso significa actuar contra la Palabra de Dios. Nunca es apropiado poner en peligro la voluntad de Dios, tal como está revelada en las Escrituras.

ROMANOS 14:15 | *Si otro creyente se angustia por lo que tú comes, entonces no actúas con amor si lo comes. No permitas que lo que tú comes destruya a alguien por quien Cristo murió.*

ROMANOS 15:1 | *Los que somos fuertes debemos tener consideración de los que son sensibles a este tipo de cosas. No debemos agradarnos solamente a nosotros mismos.*

Para mantener la unidad del cuerpo de Cristo, tú, como cristiano, debes estar dispuesto a evitar determinadas cosas. Eso puede requerir que cedas en algunas preferencias personales, pero jamás en tus creencias cristianas esenciales.

La promesa de Dios MATEO 10:32-33 | *[Jesús dijo:] "Todo aquel que me reconozca en público aquí en la tierra también lo reconoceré delante de mi Padre en el cielo; pero al que me niegue aquí en la tierra también yo lo negaré delante de mi Padre en el cielo".*

LA CODICIA

¿Cómo puede afectarme la codicia?

PROVERBIOS 21:26 | *Hay quienes se la pasan codiciando todo el tiempo, ¡pero a los justos les encanta dar!*

ISAÍAS 56:11 | *Nunca quedan satisfechos. . . . Cada uno va por su propio camino y busca ganancias personales.*

La codicia puede consumirte hasta volverte ciego a las necesidades de otros. Está en el extremo opuesto de la generosidad, la entrega y la bondad.

ÉXODO 20:17 | *No codicies la casa de tu prójimo. No codicies la esposa de tu prójimo . . . ni ninguna otra cosa que le pertenezca.*

La envidia y la avaricia son formas de codicia. La codicia es peligrosa porque, si no le pones límites, puede crecer hasta tener el poder de controlar tu vida y hacer que te obsesiones con algo que deseas, aunque sea algo que sabes que no deberías tener.

2 CRÓNICAS 10:14-15 | *[Roboam] le dijo al pueblo: "Mi padre les impuso cargas pesadas, ¡pero yo las haré aún más pesadas!". . . . Por lo tanto, el rey no prestó atención al pueblo.*

PROVERBIOS 11:24 | *Da con generosidad y serás más rico; sé tacaño y lo perderás todo.*

Con la motivación de conseguir más, Roboam presionó a su pueblo hasta un punto límite, y perdió la mitad de su reino (ver 2 Crónicas 10:16-19). Cuanto más obsesionado estés con tener más, más posibilidades tendrás de conseguir menos.

¿Cómo puedo resistir la tentación de ser codicioso?

MARCOS 10:21-22 | *Jesús miró al hombre y sintió profundo amor por él. "Hay una cosa que todavía no has hecho —le dijo—. Anda y vende todas tus posesiones y entrega el dinero a los pobres, y tendrás tesoro en el cielo. Después ven y sígueme". Al oír esto, el hombre puso cara larga y se fue triste porque tenía muchas posesiones.*

Pregúntate: *¿Cuánto me aferro a lo que tengo?* A la mayoría de nosotros Jesús no nos pide que entreguemos todo lo que tenemos; pero si te lo pidiera, ¿podrías hacerlo?

1 SAMUEL 8:3 | *Codiciaban el dinero; aceptaban sobornos y pervertían la justicia.*

2 PEDRO 2:14 | *Cometen adulterio con sólo mirar y nunca sacian su deseo por el pecado. Incitan a los inestables a pecar y están bien entrenados en la avaricia.*

Pregúntate: *¿Conozco a alguien que sea codicioso y tacaño? ¿Tengo ganas de ser como esa persona?*

MATEO 6:19-21 | *No almacenes tesoros aquí en la tierra. . . . Almacena tus tesoros en el cielo. . . . Donde esté tu tesoro, allí estarán también los deseos de tu corazón.*

Pregúntate: *¿Por cuánto tiempo quiero disfrutar las cosas buenas de la vida?* Si quieres disfrutarlas temporalmente, solamente en esta vida, tendrás problemas con la codicia. Si quieres disfrutarlas toda la eternidad, invertirás ahora en distintas cosas para que puedas disfrutar las recompensas de Dios para siempre.

JOB 1:21 | *Desnudo salí del vientre de mi madre, y desnudo estaré cuando me vaya. El Señor me dio lo que tenía, y el Señor me lo ha quitado. ¡Alabado sea el nombre del Señor!*

1 CORINTIOS 4:7 | *¿Qué tienen que Dios no les haya dado? Y si todo lo que tienen proviene de Dios, ¿por qué se jactan como si no fuera un regalo?*

Pregúntate: *¿Quién es el verdadero dueño de mis cosas?* Recuerda que todo proviene de la mano de Dios y que, por lo tanto, todo le pertenece a Dios. Eso cambia la perspectiva que tienes sobre tus posesiones.

COLOSENSES 3:2-3 | *Piensen en las cosas del cielo, no en las de la tierra. Pues ustedes han muerto a esta vida, y su verdadera vida está escondida con Cristo en Dios.*

Pregúntate: *¿En qué pienso la mayor parte del tiempo?* Tienes que reencauzar el enfoque sobre las cosas materiales que no duran, por las cosas que duran para siempre: tu relación con Dios y con los demás.

La promesa de Dios MATEO 6:19-21 | *No almacenes tesoros aquí en la tierra. . . . Almacena tus tesoros en el cielo, donde las polillas y el óxido no pueden destruir, y los ladrones no entran* *a robar. Donde esté tu tesoro, allí estarán también los deseos de tu corazón.*

LA COMPASIÓN

¿Qué puedo aprender de la compasión de Dios que me ayude a ser más compasivo?

ÉXODO 34:6 | *El SEÑOR pasó por delante de Moisés proclamando: "¡Yahveh! ¡El SEÑOR! ¡El Dios de compasión y misericordia! Soy lento para enojarme y estoy lleno de amor inagotable y fidelidad".*

Porque Dios es compasivo, es lento para enojarse. Aprende de él a no enojarte con facilidad.

SALMO 51:1 | *Ten misericordia de mí, oh Dios, debido a tu amor inagotable; a causa de tu gran compasión, borra la mancha de mis pecados.*

Porque Dios es compasivo, te tiene misericordia cuando tú no la mereces. Su misericordia te provee de lo que necesitas para ser misericordioso con los demás.

SALMO 79:8 | *¡No nos hagas responsables por los pecados de nuestros antepasados! Que tu compasión satisfaga pronto nuestras necesidades, porque estamos al borde de la desesperación.*

Porque Dios es compasivo, satisface tus necesidades.

MATEO 14:14 | *Cuando Jesús bajó de la barca, vio a la gran multitud, tuvo compasión de ellos y sanó a los enfermos.*

EFESIOS 4:32 | *Sean amables unos con otros, sean de buen corazón, y perdónense unos a otros, tal como Dios los ha perdonado a ustedes por medio de Cristo.*

Porque Dios es compasivo, obra en ti para ayudarte a perdonar a otros y para que quieras ayudarlos.

ISAÍAS 54:7 | *Por un breve instante te abandoné, pero con gran compasión te recibiré de nuevo.*

Porque Dios es compasivo, él quiere tener contigo una relación para toda la eternidad.

¿Cómo puedo demostrar compasión hacia los demás?

2 CORINTIOS 8:9 | *Ustedes conocen la gracia generosa de nuestro Señor Jesucristo. Aunque era rico, por amor a ustedes se hizo pobre para que mediante su pobreza pudiera hacerlos ricos.*

Por su amor y compasión por ti, Jesús renunció a su más alta posición para venir al mundo y morir por tus pecados. Tu objetivo como creyente en Jesús es desarrollar la misma profundidad de amor y de compasión por otros, para estar dispuesto, incluso, a entregar tu vida por amor a ellos.

JOB 5:27 | *[Elifaz dijo:] "Hemos estudiado la vida y resulta que todo esto es verdad; escucha mi consejo y aplícalo a ti mismo".*

Cuando le des un consejo a una persona herida, sé muy cuidadoso; lo primero que necesita es compasión. Los amigos de Job no fueron compasivos cuando él más lo necesitaba; por lo tanto, su consejo no fue útil.

La promesa de Dios SALMO 145:9 | *El SEÑOR es bueno con todos; desborda compasión sobre toda su creación.*

LA COMUNICACIÓN

¿Cómo se comunica Dios conmigo?

JEREMÍAS 36:2 | *Toma un rollo y anota todos mis mensajes.*

2 TIMOTEO 3:16-17 | *Toda la Escritura es inspirada por Dios y es útil para enseñarnos lo que es verdad y para hacernos ver lo que está mal en nuestra vida. Nos corrige cuando estamos equivocados y nos enseña a hacer lo correcto. Dios la usa para preparar y capacitar a su pueblo para que haga toda buena obra.*

Dios se comunica contigo a través de su Palabra, la Biblia. Léela todos los días para mantenerte en contacto con él.

JUAN 1:14 | *La Palabra se hizo hombre y vino a vivir entre nosotros. Estaba lleno de fidelidad y amor inagotable. Y hemos visto su gloria, la gloria del único Hijo del Padre.*

HEBREOS 1:1-2 | *Hace mucho tiempo, Dios habló muchas veces y de diversas maneras a nuestros antepasados por medio de los profetas. Y ahora, en estos últimos días, nos ha hablado por medio de su Hijo.*

Dios se comunica contigo por medio de su Hijo, Jesucristo. Habla con él a menudo a lo largo de tu día.

JUAN 14:26 | *Cuando el Padre envíe al Abogado Defensor como mi representante —es decir, al Espíritu Santo—, él les enseñará todo y les recordará cada cosa que les he dicho.*

ROMANOS 8:16 | *Su Espíritu se une a nuestro espíritu para confirmar que somos hijos de Dios.*

Dios se comunica contigo a través del Espíritu Santo. Préstale especial atención a la manera en la que habla a tu corazón y a tu espíritu.

ROMANOS 2:14-15 | *Aun los gentiles, quienes no cuentan con la ley escrita de Dios, muestran que conocen esa ley cuando, por instinto, la obedecen aunque nunca la hayan oído. Ellos demuestran que tienen la ley de Dios escrita en el corazón, porque su propia conciencia y sus propios pensamientos o los acusan o les indican que están haciendo lo correcto.*

Dios se comunica contigo por medio de tu conciencia, que es el radar interno que Dios te dio para ayudarte a distinguir lo bueno de lo malo. Escucha siempre a tu conciencia. Si la desatiendes, se apagará y, finalmente, dejarás de escucharla.

SALMO 19:1-2 | *Los cielos proclaman la gloria de Dios y el firmamento despliega la destreza de sus manos. Día tras día no cesan de hablar; noche tras noche lo dan a conocer.*

ROMANOS 1:19-20 | *Ellos conocen la verdad acerca de Dios, porque él se la ha hecho evidente. Pues, desde la creación del mundo, todos han visto los cielos y la tierra. Por medio de todo lo que Dios hizo, ellos pueden ver a simple vista las cualidades invisibles de Dios: su poder eterno y su naturaleza divina. Así que no tienen ninguna excusa para no conocer a Dios.*

Dios se comunica contigo a través de su creación. Toda la naturaleza canta al Dios majestuoso, quien creó los cielos estrellados, el poder de los truenos y las gloriosas montañas de cumbres nevadas. Pero la naturaleza también susurra acerca de la asombrosa atención que Dios les da a los detalles en las alas de una mariposa, la diversidad de las plantas y la complejidad de una cadena de ADN.

1 SAMUEL 3:7-10 | *Samuel todavía no conocía al SEÑOR, porque nunca antes había recibido un mensaje de él. Así que el SEÑOR llamó por tercera vez, y una vez más Samuel se levantó y fue a donde estaba Elí.*

—Aquí estoy. ¿Me llamó usted?

En ese momento Elí se dio cuenta de que era el SEÑOR quien llamaba al niño. Entonces le dijo a Samuel:

—Ve y acuéstate de nuevo y, si alguien vuelve a llamarte, di: "Habla, SEÑOR, que tu siervo escucha".

Así que Samuel volvió a su cama. Y el SEÑOR vino y llamó igual que antes:

—¡Samuel! ¡Samuel!

Y Samuel respondió:

—Habla, que tu siervo escucha.

ISAÍAS 45:2-4 | *Esto dice el SEÑOR: "Iré delante de ti, Ciro. . . . ¿Por qué te he llamado para esta tarea? ¿Por qué te llamé por tu nombre, cuando no me conocías? Es por amor a . . . Israel, mi escogido".*

Dios se comunica contigo a través de otras personas. La mayoría de las veces utiliza a personas consagradas para que te den consejos espirituales y para que te ayuden a madurar en tu fe. Pero, a veces, usa a personas que no lo conocen y sin darse cuenta te comunican la verdad de Dios.

¿Cómo puedo reconocer cuando Dios me habla?

JUAN 10:27 | *[Jesús dijo:] "Mis ovejas escuchan mi voz; yo las conozco, y ellas me siguen".*

JUAN 14:21 | *[Jesús dijo:] "Los que aceptan mis mandamientos y los obedecen son los que me aman. Y, porque me aman a mí, mi Padre los amará a ellos. Y yo los amaré y me daré a conocer a cada uno de ellos".*

La mejor manera de estar seguro de la voz de Dios es conocer a Dios. Si no lo conoces, ¿cómo podrías reconocer su voz?

JEREMÍAS 15:16 | *Cuando descubrí tus palabras las devoré; son mi gozo y la delicia de mi corazón.*

HEBREOS 4:12 | *La palabra de Dios es viva y poderosa. Es más cortante que cualquier espada de dos filos; penetra entre el alma y el espíritu, entre la articulación y la médula del hueso. Deja al descubierto nuestros pensamientos y deseos más íntimos.*

Así como un piano se afina con un diapasón, podrás afinarte en sintonía con Dios solamente cuando te midas según los parámetros de vida que se encuentran en la Biblia.

¿Qué es lo que quiere Dios cuando me comunico con él?

MARCOS 1:35 | *A la mañana siguiente, antes del amanecer, Jesús se levantó y fue a un lugar aislado para orar.*

Orar es encontrar el momento para hablarle a Dios, como lo hizo Jesús, y de fortalecer la relación con él. Pero una buena charla también incluye escuchar: permitir que Dios te hable. Cuando ores, tómate un tiempo para escuchar lo que Dios te diga.

SALMO 145:18-19 | *El SEÑOR está cerca de todos los que lo invocan, sí, de todos los que lo invocan de verdad. Él concede los deseos de los que le temen; oye sus gritos de auxilio y los rescata.*

Dios quiere que seas sincero cuando hables con él. Ser sincero quiere decir ser honesto respecto a tus motivos y hablarle porque lo deseas, no porque se supone que debas hacerlo.

EFESIOS 3:12 | *Gracias a Cristo y a nuestra fe en él, podemos entrar en la presencia de Dios con toda libertad y confianza.*

HEBREOS 10:22 | *Entremos directamente a la presencia de Dios con corazón sincero y con plena confianza en él.*

Dios quiere que te acerques a él con confianza.

COLOSENSES 4:2 | *Dedíquense a la oración con una mente alerta y un corazón agradecido.*

Dios quiere que hagas de tu comunicación con él una prioridad. Dedícate a la oración habitual y constante con una mente despierta y un corazón agradecido.

SALMO 63:1-2 | *Oh Dios, tú eres mi Dios; de todo corazón te busco. Mi alma tiene sed de ti; todo mi cuerpo te anhela en esta tierra reseca y agotada donde no hay agua. Te he visto en tu santuario y he contemplado tu poder y tu gloria.*

Dios quiere que le expreses reverencia y adoración. Cuanto más conozcas a Dios, más lo anhelarás.

FILIPENSES 4:6 | *No se preocupen por nada; en cambio, oren por todo. Díganle a Dios lo que necesitan y denle gracias por todo lo que él ha hecho.*

1 TIMOTEO 4:4-5 | *Ya que todo lo que Dios creó es bueno, no deberíamos rechazar nada, sino recibirlo con gratitud. Pues sabemos que se hace aceptable por la palabra de Dios y la oración.*

Dios quiere que te comuniques con él con una actitud agradecida. ¿Cuáles son las últimas tres cosas maravillosas que hizo Dios por ti? ¿Le has dado las gracias?

La promesa de Dios JUAN 10:27 | *[Jesús dijo:] "Mis ovejas escuchan mi voz; yo las conozco".*

LA CONCIENCIA

¿De dónde viene mi conciencia?

ROMANOS 1:19-20 | *[Las personas] conocen la verdad acerca de Dios, porque él se la ha hecho evidente. Pues, desde la creación del mundo, todos han visto los cielos y la tierra. Por medio de todo lo que Dios hizo, ellos pueden ver a simple vista las cualidades invisibles de Dios: su poder eterno y su naturaleza divina. Así que no tienen ninguna excusa para no conocer a Dios.*

La conciencia es el profundo instinto que te ha dado Dios y que te guía para reconocer lo bueno de lo malo. Es la parte de tu ser que te ayuda a entender si estás en sintonía con la voluntad de Dios y con su Palabra.

¿Cómo funciona realmente mi conciencia? ¿Qué es lo que hace?

GÉNESIS 42:21 | *[Los hermanos de José,] hablando entre ellos, dijeron: "Es obvio que estamos pagando por lo que le hicimos hace tiempo a José. Vimos su angustia cuando rogaba por su vida, pero no quisimos escucharlo".*

Tu conciencia declara contra ti ante ti mismo, mostrándote tu pecado y originando un sentimiento de culpa. Luego, te alienta para que elimines ese sentimiento de culpa corrigiendo las cosas que están mal. Es fundamental escuchar y obedecer a tu conciencia, porque de lo contrario se entorpecerá y se convertirá en algo inútil.

¿Puedo perder mi conciencia?

JUECES 17:6 | *En esos días, Israel no tenía rey; cada uno hacía lo que le parecía correcto según su propio criterio.*

PROVERBIOS 29:7 | *Los justos se preocupan por los derechos del pobre; al perverso no le importa en absoluto.*

JEREMÍAS 7:24 | *[El Señor dijo:] "Pero mi pueblo no quiso escucharme. Continuaron haciendo lo que querían, siguiendo los tercos deseos de su malvado corazón. Retrocedieron en vez de ir hacia adelante".*

MIQUEAS 3:1-2 | *¡Escuchen líderes de Israel! Ustedes deberían saber cómo distinguir entre lo bueno y lo malo, sin embargo ustedes mismos son los que odian lo bueno y aman lo malo.*

No puedes perder tu conciencia, pero puedes volverte tan insensible a sus señales que no la escucharás o no podrás escucharla. La conciencia es como un músculo; debe ser ejercitada y desarrollada. Cuando no escuchas a tu conciencia, te sientes libre de hacer lo que se te antoje. Si te conocen por no hacer siempre lo correcto, o si te encuentras impasible ante el mal o la injusticia, estos pueden ser indicadores de que tu conciencia se está entorpeciendo o de que se está volviendo inactiva. Hasta las personas que han hecho cosas terribles tienen conciencia pero, con el tiempo, se han acostumbrado a no prestarle atención, lo cual les posibilitó cometer esos hechos atroces.

¿Cómo puedo desarrollar mi conciencia?

OSEAS 12:6 | *Vuélvete a tu Dios. Actúa con amor y justicia, y confía siempre en él.*

Hasta los que han rechazado a Dios pueden volver a él. Cuando te comprometas con Dios y vivas conforme a los mandamientos que hay en su Palabra, él restaurará tu conciencia.

La promesa de Dios SALMO 119:105 | *Tu palabra es una lámpara que guía mis pies y una luz para mi camino.*

LA CONFESIÓN

¿Dios perdona de verdad mi pecado cuando se lo confieso?

SALMO 32:5 | *Finalmente te confesé todos mis pecados y ya no intenté ocultar mi culpa. Me dije: "Le confesaré mis rebeliones al SEÑOR", ¡y tú me perdonaste! Toda mi culpa desapareció.*

1 JUAN 1:9 | *Si confesamos nuestros pecados a Dios, él es fiel y justo para perdonarnos nuestros pecados.*

La confesión es el acto de reconocer y admitir un pecado ante Dios, para que él pueda perdonarte. La confesión indica tu deseo de que tus pecados sean perdonados. Si no deseas ser perdonado, Dios no te impondrá su perdón a la fuerza. Sin embargo, cuando le confiesas tus pecados con sinceridad, te perdona completamente.

PROVERBIOS 28:13 | *Los que encubren sus pecados no prosperarán, pero si los confiesan y los abandonan, recibirán misericordia.*

La confesión allana el camino para que Dios obre en ti; hace borrón y cuenta nueva para que puedas reconciliarte con Dios, y tengas otra oportunidad de vivir para él.

¿A quién debo confesar mis pecados: a Dios o a otras personas?

1 CRÓNICAS 21:8 | *David le dijo a Dios: "He pecado grandemente. . . . Te ruego que perdones mi culpa por haber cometido esta tontería".*

En primer lugar, le confesamos a Dios nuestro pecado, porque solamente él puede perdonarlo.

SANTIAGO 5:16 | *Confiésense los pecados unos a otros y oren los unos por los otros, para que sean sanados.*

Puede ser sanador confesarnos los pecados unos a otros, especialmente si los otros se comprometen a orar por ti, a darte ánimo y a apoyarte mientras estés buscando ser restaurado. También es importante que confieses tu pecado a las personas a quienes hayas ofendido.

La promesa de Dios 1 JUAN 1:9 | *Pero si confesamos nuestros pecados a Dios, él es fiel y justo para perdonarnos nuestros pecados y limpiarnos de toda maldad.*

LA CONFIANZA

¿Qué quiere decir confiar en Dios?

SALMO 33:21 | *En él se alegra nuestro corazón, porque confiamos en su santo nombre.*

APOCALIPSIS 4:11 | *Tú eres digno, oh Señor nuestro Dios, de recibir gloria y honor y poder. Pues tú creaste todas las cosas.*

Confiar en Dios quiere decir reconocer que él es digno de tu confianza y de tu alabanza.

EFESIOS 3:17 | *Entonces Cristo habitará en el corazón de ustedes a medida que confíen en él. Echarán raíces profundas en el amor de Dios, y ellas los mantendrán fuertes.*

HEBREOS 3:14 | *Si somos fieles hasta el fin, confiando en Dios con la misma firmeza que teníamos al principio, cuando creímos en él, entonces tendremos parte en todo lo que le pertenece a Cristo.*

La confianza en Dios es un proceso permanente, basado en la relación personal con él.

GÉNESIS 6:13-14, 17, 22 | *Dios dijo a Noé: . . . "Construye una gran barca. . . . Estoy a punto de cubrir la tierra con un diluvio". . . . Noé hizo todo exactamente como Dios se lo había ordenado.*

Confiar en Dios significa obedecer sus órdenes, aunque no entiendas completamente por qué.

ROMANOS 3:22 | *Dios nos hace justos a sus ojos cuando ponemos nuestra fe en Jesucristo. Y eso es verdad para todo el que cree, sea quien fuere.*

Confiar en Dios significa depender únicamente de Jesucristo para la salvación.

1 PEDRO 1:8 | *Aunque ahora no lo ven, confían en él y se gozan con una alegría gloriosa e indescriptible.*

Confiar en Dios significa estar seguro de él, aunque no puedas verlo.

PROVERBIOS 3:5-7 | *Confía en el SEÑOR con todo tu corazón, no dependas de tu propio entendimiento. Busca su voluntad en todo lo que hagas, y él te mostrará cuál camino tomar. No te dejes impresionar por tu propia sabiduría. En cambio, teme al SEÑOR y aléjate del mal.*

DANIEL 2:20-21 | *Alabado sea el nombre de Dios por siempre y para siempre, porque a él pertenecen toda la sabiduría y todo el poder. Él controla el curso de los sucesos del mundo; él quita reyes y pone otros reyes.*

LUCAS 1:38 | *María respondió: "Soy la sierva del Señor. Que se cumpla todo lo que has dicho acerca de mí". Y el ángel la dejó.*

Confiar en Dios es reconocer que él sabe qué es lo mejor, que tiene todo bajo control y que te entregas a su plan.

¿Por qué la confianza es la clave en las relaciones sanas?

LEVÍTICO 6:2-4 | *Supongamos que uno de ustedes peca contra su socio y es infiel al SEÑOR. Supongamos que comete una estafa . . . o roba, o comete fraude . . . [entonces es] culpable.*

PROVERBIOS 20:23 | *El SEÑOR detesta el engaño; no le agradan las balanzas adulteradas.*

PROVERBIOS 25:19 | *Confiar en alguien inestable en tiempos de angustia es como masticar con un diente roto o caminar con un pie cojo.*

La confianza mutua con los miembros de tu familia o con tus amigos fortalece y profundiza las relaciones, porque sabes que lo que te dicen es verdad y que siempre actúan por tu bien y por amor. Estás plenamente tranquilo en cuanto a ellos y tienes la libertad de disfrutar esas relaciones. La desconfianza es enfermiza y dolorosa para las relaciones porque hace que cuestiones constantemente las motivaciones de los demás.

La promesa de Dios ISAÍAS 26:3 | *¡Tú guardarás en perfecta paz a todos los que confían en ti; a todos los que concentran en ti sus pensamientos!*

EL CONFLICTO

¿Qué causa un conflicto?

2 SAMUEL 15:6, 12 | *Absalón . . . se robaba el corazón de todo el pueblo . . . y la conspiración cobró fuerza.*

SANTIAGO 4:2 | *Desean lo que no tienen, entonces traman y hasta matan para conseguirlo. Envidian lo que otros tienen, pero no pueden obtenerlo, por eso luchan y les hacen la guerra para quitárselo.*

Un conflicto comienza cuando una persona, grupo o nación no logra lo que quiere, y se enfrenta a quien obstaculiza su intento por conseguirlo. En un nivel personal, tú quieres que el comportamiento de alguien sea diferente, quieres que las cosas sean a tu manera, quieres ganar, quieres cierta posesión, quieres la lealtad de alguien. La lista puede seguir y seguir. Cuando la otra persona no está dispuesta a darte lo que quieres, te encuentras en conflicto. A veces, un conflicto no resuelto puede llevar a una guerra declarada.

HECHOS 15:37-39 | *Bernabé . . . quería llevar con ellos a Juan Marcos; pero Pablo se opuso terminantemente. . . . Su desacuerdo fue tan intenso que se separaron.*

El conflicto nace cuando personas que tienen puntos de vista contrarios no están dispuestas a ponerse de acuerdo en algo común.

ESTER 3:2, 5-6 | *Mardoqueo se negó a inclinarse ante él. . . . Amán . . . se llenó de furia. . . . Decidió que no bastaba con matar solamente a [Mardoqueo]. Entonces, buscó la forma de destruir a todos los judíos a lo largo y ancho del imperio.*

El conflicto nace cuando te hieren el orgullo y comienzas a tramar tu venganza.

ROMANOS 7:18-20 | *Yo sé que en mí, es decir, en mi naturaleza pecaminosa no existe nada bueno. Quiero hacer lo que es correcto, pero no puedo. Quiero hacer lo que es bueno, pero no lo hago. No quiero hacer lo que está mal, pero igual lo hago. . . . [Es] el pecado que vive en mí.*

ROMANOS 7:22-23 | *Amo la ley de Dios con todo mi corazón, pero hay otro poder dentro de mí que está en guerra con mi mente. Ese poder me esclaviza al pecado que todavía está dentro de mí.*

El conflicto comienza cuando el bien se enfrenta con el mal. No es posible que los dos convivan pacíficamente; entonces, empieza la lucha. Los que siguen a Cristo experimentan en su interior un conflicto entre la vieja naturaleza pecadora y la nueva naturaleza espiritual.

MATEO 23:23-24 | *[Jesús dijo:] "¡Qué aflicción les espera, maestros de la ley religiosa y fariseos! ¡Hipócritas! Pues se cuidan de dar el diezmo sobre el más mínimo ingreso de sus jardines de hierbas, pero pasan por alto los aspectos más importantes de la ley: la justicia, la misericordia y la fe. Es cierto que deben diezmar, pero sin descuidar las cosas más importantes. ¡Guías ciegos! ¡Cuelan el agua para no tragarse por accidente un mosquito, pero se tragan un camello!".*

Hay momentos en los que no corresponde ignorar determinadas situaciones, y debes iniciar el conflicto para hablar en nombre de la verdad y de la justicia. Ese es un conflicto sano. Jesús confrontó a los fariseos, no sólo por su conducta hipócrita, sino también por su influencia destructiva como maestros y líderes.

¿Qué maneras hay de resolver un conflicto?

GÉNESIS 13:7-9 | *Surgieron disputas entre los que cuidaban los animales de Abram y los que cuidaban los de Lot. . . . Finalmente, Abram le dijo a Lot: "No permitamos que este conflicto se interponga entre nosotros o entre los que cuidan nuestros animales. . . . Escoge la parte de la tierra que prefieres".*

Para resolver un conflicto se necesita una iniciativa; alguien debe dar el primer paso. Abram le dio a Lot la oportunidad de elegir primero, y antepuso la paz familiar por encima de los deseos personales.

GÉNESIS 26:21-22 | *Luego los hombres de Isaac cavaron otro pozo, pero de nuevo hubo conflicto. . . . Isaac abandonó ese pozo, siguió adelante y cavó otro. Esta vez no hubo ningún conflicto. . . . [Isaac] dijo: "Al fin el SEÑOR ha creado espacio suficiente para que prosperemos en esta tierra".*

Para resolver un conflicto se necesita humildad, persistencia y la disposición para preferir la paz al triunfo personal.

2 SAMUEL 3:1 | *Este fue el comienzo de una larga guerra entre los que eran leales a Saúl y los que eran leales a David. Con el paso del tiempo, David se volvió cada vez más fuerte, mientras que la dinastía de Saúl se iba debilitando.*

Resolver un conflicto implica ponerse de acuerdo y encontrar cosas en común que sean más importantes que las diferencias. Si ninguna de las partes está dispuesta a tomar la iniciativa o a mostrar la humildad necesaria para llegar a un acuerdo, el resultado del conflicto será una amistad deshecha, un divorcio o, incluso, una guerra.

JUAN 17:21 | *Te pido que todos sean uno, así como tú y yo somos uno, es decir, como tú estás en mí, Padre, y yo estoy en ti. Y que ellos estén en nosotros, para que el mundo crea que tú me enviaste.*

Orar por la paz y la unidad con otras personas hace la diferencia, porque estás buscando la ayuda del gran Pacificador.

¿Cómo puedo evitar que el conflicto se salga de control?

PROVERBIOS 17:27 | *El verdadero sabio emplea pocas palabras; la persona con entendimiento es serena.*

Las palabras pueden usarse como herramientas o como armas y, por lo tanto, deben ser usadas con mucho cuidado.

MATEO 5:23-24 | *Si presentas una ofrenda en el altar del templo y de pronto recuerdas que alguien tiene algo contra ti, deja la ofrenda allí en el altar. Anda y reconcíliate con esa persona.*

No debemos "enterrar" los conflictos ni negarlos, sino más bien dar inmediatamente los pasos para resolverlos.

MATEO 18:15-17 | *[Jesús dijo:] "Si un creyente peca contra ti, háblale en privado y hazle ver su falta. Si te escucha y confiesa el pecado, has recuperado a esa persona; pero si no te hace caso, toma a uno o dos más contigo y vuelve a hablarle, para que los dos o tres testigos puedan confirmar todo lo que digas. Si aun así la persona se niega a escuchar, lleva el caso ante la iglesia".*

Jesús resume un proceso de tres pasos para enfrentar los conflictos más importantes entre los creyentes.

¿Cómo puedo esperar resolver un conflicto con un enemigo?

MATEO 5:43-46 | *[Jesús dijo:] "Han oído la ley que dice: 'Ama a tu prójimo' y odia a tu enemigo. Pero yo digo: ¡ama a tus enemigos! ¡Ora por los que te persiguen! De esa manera, estarás actuando como verdadero hijo de tu Padre que está en el cielo. . . . Si sólo amas a quienes te aman, ¿qué recompensa hay por eso? Hasta los corruptos cobradores de impuestos hacen lo mismo".*

La naturaleza humana tiende a amar a los amigos y odiar a los enemigos. Pero Jesús trajo el nuevo mandamiento que agrega una perspectiva divina: la única manera de resolver algunos conflictos es alcanzar en amor a tus enemigos. Esta clase de amor a veces ha transformado a los enemigos en amigos.

La promesa de Dios MATEO 5:9 | *Dios bendice a los que procuran la paz, porque serán llamados hijos de Dios.*

EL CONFORMISMO

¿Qué hace que me sienta satisfecho conmigo mismo?

OSEAS 13:5-6 | *[Dios dijo:] "Yo te cuidé en el desierto, en esa tierra árida y sedienta. Pero una vez que comiste y quedaste satisfecho, te volviste orgulloso y te olvidaste de mí".*

Cuando te sientas cómodo y próspero y tus necesidades básicas estén satisfechas, podría resultarte fácil dejar un poco de lado a Dios. ¿Por qué necesitarías a Dios si tu vida marcha bien? La persona sabia se acuerda de Dios en épocas de necesidad *y* de prosperidad. Puede que, por ahora, vivas despreocupadamente; pero, sin Dios, no tienes futuro.

¿Cómo puede llevarme a pecar el conformismo?

SANTIAGO 4:17 | *Recuerden que es pecado saber lo que se debe hacer y luego no hacerlo.*

Saber qué es lo correcto y luego mostrarse conforme consigo mismo, o no estar dispuesto a hacer lo bueno, es pecado. No basta con evitar hacer lo malo. Dios quiere que seas proactivo en cuanto a lo que está bien.

APOCALIPSIS 3:15-16 | *[Dios dijo:] "Yo sé todo lo que haces, que no eres ni frío ni caliente. ¡Cómo quisiera que fueras lo uno o lo otro!; pero ya que eres tibio, ni frío ni caliente, ¡te escupiré de mi boca!".*

El conformismo lleva a la indiferencia, que deriva en la holgazanería. No tener convicciones es ser descuidado. Y ser descuidado es ser apático e insensible hacia las necesidades ajenas.

El conformismo contrasta fuertemente con el mandamiento divino de amar y de cuidar a tu prójimo.

JUECES 16:16-17 I *[Dalila] día tras día lo estuvo fastidiando hasta que se hartó de tanta insistencia. Entonces finalmente Sansón le reveló su secreto.*

El conformismo te hace vulnerable a las estrategias y tentaciones de Satanás. Sansón se había vuelto tan flojo en cuanto a la responsabilidad que Dios le había dado como líder que cedió ante la insistencia de Dalila y le reveló el secreto de su fuerza.

1 REYES 11:1-3 I *El rey Salomón amó a muchas mujeres extranjeras. . . . El SEÑOR había instruido claramente a los israelitas cuando les dijo: "No se casen con ellas, porque les desviarán el corazón hacia sus dioses". Sin embargo, Salomón se empecinó en amarlas. . . . En efecto, ellas apartaron su corazón del SEÑOR.*

Si eres blando en cuanto a la Palabra de Dios, la abandonarás. Después, no sabrás qué dice y cómo puede ayudarte a evitar el peligro. El conformismo de Salomón sobre la obediencia a los mandamientos de Dios lo llevó al pecado y a sus consecuencias devastadoras.

¿Sobre qué cosas nunca debo ser conformista?

DEUTERONOMIO 6:5-6 I *Ama al SEÑOR tu Dios con todo tu corazón, con toda tu alma y con todas tus fuerzas. Debes comprometerte con todo tu ser a cumplir cada uno de estos mandatos que hoy te entrego.*

LUCAS 13:2 I *Esfuércense por entrar por la puerta angosta del reino de Dios, porque muchos tratarán de entrar pero fracasarán.*

Nunca te conformes en tu búsqueda de una relación con Dios.

FILIPENSES 2:12-13 | *Esfuércense por demostrar los resultados de su salvación obedeciendo a Dios con profunda reverencia y temor. Pues Dios trabaja en ustedes y les da el deseo y el poder para que hagan lo que a él le agrada.*

Nunca seas conformista sobre la obediencia a la Palabra de Dios, porque obedecer es muestra de una relación saludable con él.

La promesa de Dios DEUTERONOMIO 4:29 | *Si lo buscan [al SEÑOR su Dios] con todo el corazón y con toda el alma, lo encontrarán.*

LAS CONSECUENCIAS

¿Cuáles son las consecuencias de elegir el pecado?

ROMANOS 6:23 | *La paga que deja el pecado es la muerte.*

La mayor consecuencia del pecado es la muerte, o la separación eterna de Dios.

GÉNESIS 3:6, 16-19 | *[La mujer] tomó del fruto y lo comió. Después le dio un poco a su esposo que estaba con ella, y él también comió. . . . Luego [Dios] le dijo a la mujer: "Haré más agudo el dolor de tu embarazo, y con dolor darás a luz". . . . Y al hombre [Dios] le dijo: ". . . La tierra es maldita por tu culpa. Toda tu vida lucharás para poder vivir de ella. . . . Con el sudor de tu frente obtendrás alimento para comer".*

Hasta el pecado aparentemente más pequeño debe ser visto como es: desobediencia a Dios. Una de las realidades del pecado es que sus efectos se extienden y, como una onda en un estanque, las consecuencias pueden escaparse completamente de tu control.

GÁLATAS 6:7 | *Siempre se cosecha lo que se siembra.*

El pecado es malo, así que siempre produce malas consecuencias. Dios no impide que actúes insensatamente, pero permite que sufras las consecuencias de tu insensatez.

¿Otras personas sufren alguna vez las consecuencias de mi pecado?

JOSUÉ 7:25 | *Luego Josué le dijo a Acán: "¿Por qué nos has traído esta desgracia?".*

Tus actos pecaminosos no sólo te afectan a ti, sino también a otros. Ten cuidado de la tentación de racionalizar tus pecados diciendo que son demasiado pequeños, o demasiado personales, como para lastimar a otra persona que no seas tú.

EZEQUIEL 3:16-17, 20 | *El SEÑOR me dio el siguiente mensaje: "Hijo de hombre, te he puesto como centinela para Israel. Cada vez que recibas un mensaje mío, adviértele a la gente de inmediato. . . . Si los justos se desvían de su conducta recta y no hacen caso a los obstáculos que pongo en su camino, morirán. Y si tú no les adviertes, ellos morirán en sus pecados. No se recordará ninguno de sus actos de justicia, y te haré responsable de la muerte de esas personas".*

El centinela es culpable si sabe que el enemigo se acerca y se queda callado. Tú eres culpable si te quedas callado cuando deberías avisarles a los demás las consecuencias de sus actos.

ISAÍAS 10:1-2 | *¡Qué aflicción les espera a los jueces injustos y a los que emiten leyes injustas! Privan a los pobres de la justicia y les niegan sus derechos a los necesitados de mi pueblo; explotan a las viudas y se aprovechan de los huérfanos.*

Los pobres, las viudas y los huérfanos son, a menudo, lastimados aún más por los pecados de injusticia y la codicia de otros.

¿El perdón de los pecados puede frenar las consecuencias del pecado?

2 SAMUEL 12:13-14 | *David confesó a Natán: "He pecado contra el SEÑOR". Natán respondió: "Sí, pero el SEÑOR te ha perdonado, y no morirás por este pecado. Sin embargo, . . . tu hijo morirá".*

Las consecuencias del pecado, a menudo, son irreversibles. Cuando Dios te perdona, no necesariamente elimina las consecuencias de tu maldad. Él permite que sucedan las consecuencias naturales de tus actos. Estas deberían ser un poderoso recordatorio para ti cuando vuelvas a enfrentar una tentación.

¿Pueden mis actos producir consecuencias positivas?

JUAN 3:16 | *Dios amó tanto al mundo que dio a su único Hijo, para que todo el que crea en él no se pierda, sino que tenga vida eterna.*

Cuando aceptes a Jesucristo como Salvador y vivas fiel a él, experimentarás las consecuencias positivas de la vida eterna, así como las recompensas celestiales.

JEREMÍAS 17:7 | *Benditos son los que confían en el SEÑOR y han hecho que el SEÑOR sea su esperanza y confianza.*

La vida centrada en Dios te llena de alegría y trae muchas bendiciones para ti. Cuanto más confías y obedeces a Dios, más experimentas las bendiciones que él da.

HEBREOS 11:6 | *Sin fe es imposible agradar a Dios. Todo el que desee acercarse a Dios debe creer que él existe y que él recompensa a los que lo buscan con sinceridad.*

La recompensa de buscar a Dios es vivir en su presencia.

La promesa de Dios ROMANOS 6:23 | *La paga que deja el pecado es la muerte, pero el regalo que Dios da es la vida eterna por medio de Cristo Jesús nuestro Señor.*

EL CONSUELO

¿Cuándo me consuela Dios?

SALMO 23:4 | *Cuando yo pase por el valle más oscuro, no temeré, porque tú estás a mi lado.*

MATEO 5:4 | *Dios bendice a los que lloran, porque serán consolados.*

Cuando lloras.

SALMO 145:14 | *El SEÑOR ayuda a los caídos y levanta a los que están agobiados por sus cargas.*

Cuando estás abrumado.

GÉNESIS 26:24 | *No tengas miedo, porque yo estoy contigo y te bendeciré.*

ÉXODO 14:13 | *Moisés les dijo: "No tengan miedo. Sólo quédense quietos y observen cómo el SEÑOR los rescatará hoy".*

Cuando tienes miedo.

MATEO 5:11 | *Dios los bendice a ustedes cuando la gente les hace burla y los persigue y miente acerca de ustedes y dice toda clase de cosas malas en su contra porque son mis seguidores.*

Cuando eres perseguido.

JUAN 16:33 | *Aquí en el mundo tendrán muchas pruebas y tristezas; pero anímense, porque yo he vencido al mundo.*

Cuando estás afligido.

SALMO 138:3 | *En cuanto oro, tú me respondes; me alientas al darme fuerza.*

Cuando estás débil y cansado.

ROMANOS 8:28 | *Sabemos que Dios hace que todas las cosas cooperen para el bien de los que lo aman y son llamados según el propósito que él tiene para ellos.*

Cuando estás preocupado por tu futuro.

¿Cómo me consuela Dios?

SALMO 119:76 | *Ahora deja que tu amor inagotable me consuele, tal como le prometiste a este siervo tuyo.*

Él te ama.

ROMANOS 8:26 | *El Espíritu Santo nos ayuda en nuestra debilidad. Por ejemplo, nosotros no sabemos qué quiere Dios que le pidamos en oración, pero el Espíritu Santo ora por nosotros con gemidos que no pueden expresarse con palabras.*

Él intercede por ti.

SALMO 55:17 | *Mañana, tarde y noche clamo en medio de mi angustia, y el SEÑOR oye mi voz.*

Él te escucha.

SALMO 94:19 | *Cuando mi mente se llenó de dudas, tu consuelo renovó mi esperanza y mi alegría.*

Él te da esperanza y alegría.

2 TESALONICENSES 2:16-17 | *Que nuestro Señor Jesucristo mismo y Dios nuestro Padre, quien nos amó y por su gracia nos dio consuelo eterno y una esperanza maravillosa, los conforten y fortalezcan en todo lo bueno que ustedes hagan y digan.*

Él te da el regalo de la vida eterna.

SALMO 147:3 | *Él sana a los de corazón quebrantado y les venda las heridas.*

Él sana tu corazón destrozado.

¿Cómo puedo consolar a otros?

JOB 42:11 | *Todos sus hermanos, hermanas y anteriores amigos vinieron y festejaron con él en su casa. Y lo consolaron y lo alentaron por todas las pruebas que el SEÑOR había enviado en su contra.*

Puedes estar con ellos en sus momentos de necesidad. El solo estar con ellos les demostrará cuánto te importan.

JOB 21:2 | *Escuchen con atención lo que digo; es una forma de consolarme.*

Puedes ser un buen oyente. Generalmente, es más importante que escuches a que hables.

RUT 2:13 | *"Espero continuar siendo de su agrado, señor —respondió ella—. Usted me consoló al hablarme con tanta bondad, aunque ni siquiera soy una de sus trabajadoras".*

Puedes decir cosas amables y esperanzadoras.

FILEMÓN 1:7 | *Hermano, tu amor me ha dado mucha alegría y consuelo, porque muchas veces tu bondad reanimó el corazón del pueblo de Dios.*

Puedes consolar a otros realizando buenas acciones.

2 CORINTIOS 1:3-4 | *Toda la alabanza sea para Dios, el Padre de nuestro Señor Jesucristo. Dios es nuestro Padre misericordioso y la fuente de todo consuelo. Él nos consuela en todas nuestras dificultades para que nosotros podamos consolar a otros. Cuando otros pasen por dificultades, podremos ofrecerles el mismo consuelo que Dios nos ha dado a nosotros.*

Recuerda la manera en que Dios te ha consolado, y brinda ese mismo consuelo a los demás. Cuando hayas experimentado el amor de Dios que da seguridad, su sabiduría orientadora y su poder sustentador, podrás consolar a otros con discernimiento.

La promesa de Dios SALMO 94:19 | *Cuando mi mente se llenó de dudas, tu consuelo renovó mi esperanza y mi alegría.*

LAS CONVICCIONES

¿Cuáles son las convicciones fundamentales que debo tener para vivir eficazmente mi fe?

ÉXODO 20:2-3 | *"Yo soy el SEÑOR tu Dios, quien te rescató de la tierra de Egipto, donde eras esclavo. No tengas ningún otro dios aparte de mí".*

Aceptar que Dios debe ocupar el primer lugar en tu vida.

COLOSENSES 1:23 | *Pero deben seguir creyendo esa verdad y mantenerse firmes en ella. No se alejen de la seguridad que recibieron cuando oyeron la Buena Noticia.*

2 TIMOTEO 3:16 | *Toda la Escritura es inspirada por Dios y es útil para enseñarnos lo que es verdad y para hacernos ver lo que está mal en nuestra vida. Nos corrige cuando estamos equivocados y nos enseña a hacer lo correcto.*

Creer que la Biblia fue escrita por Dios y que es la verdad de Dios para todas las cuestiones de fe y de la vida.

ROMANOS 4:21 | *Abraham estaba plenamente convencido de que Dios es poderoso para cumplir todo lo que promete.*

Tener la seguridad de que Dios siempre cumple sus promesas.

ROMANOS 10:9 | *Si confiesas con tu boca que Jesús es el Señor y crees en tu corazón que Dios lo levantó de los muertos, serás salvo.*

2 CORINTIOS 5:17 | *Todo el que pertenece a Cristo se ha convertido en una persona nueva. La vida antigua ha pasado, ¡una nueva vida ha comenzado!*

1 JUAN 1:9 | *Si confesamos nuestros pecados a Dios, él es fiel y justo para perdonarnos nuestros pecados y limpiarnos de toda maldad.*

Aceptar que la salvación viene de Dios. Si estás verdaderamente apenado por tus pecados y se los confiesas a Dios (arrepentimiento), y si crees que el Hijo de Dios, Jesús, murió por ti, cargando en sí mismo el castigo que tú merecías por tus pecados, entonces Dios te perdona y te da el regalo de la salvación. A partir de ese momento, el Espíritu Santo entra en tu vida y comienza a transformarte en una nueva persona. Y así sabrás que tu vida puede ser diferente, y que lo será.

EFESIOS 4:15 | *Hablaremos la verdad con amor y así creceremos en todo sentido hasta parecernos más y más a Cristo.*

Confiar en que si vives por las verdades de la Palabra de Dios, serás cada vez más parecido a Jesús, que es tu meta principal.

ROMANOS 8:39 | *Ningún poder en las alturas ni en las profundidades, de hecho, nada en toda la creación podrá jamás separarnos del amor de Dios, que está revelado en Cristo Jesús nuestro Señor.*

Tener la seguridad de que nada puede separarte del amor que Dios tiene por ti.

1 PEDRO 1:21 | *Por medio de Cristo, han llegado a confiar en Dios. Y han puesto su fe y su esperanza en Dios, porque él levantó a Cristo de los muertos y le dio una gloria inmensa.*

Recordar que Cristo tiene poder sobre la muerte, porque él resucitó.

SALMO 17:6 | *Oh Dios, a ti dirijo mi oración porque sé que me responderás; inclínate y escucha cuando oro.*

Confiar en que Dios contesta a la oración.

SALMO 135:5 | *Yo conozco la grandeza del SEÑOR: nuestro SEÑOR es más grande que cualquier otro dios.*

Descansar en el conocimiento de que nadie es más grande que Dios. Él es soberano y todopoderoso.

¿Por qué es importante tener convicciones rectas?

ROMANOS 14:23 | *Si tienes dudas acerca de si debes o no comer algo en particular, entonces es pecado comerlo. Pues no eres fiel a tus convicciones. Si haces algo que crees que está mal, pecas.*

Las convicciones te protegen de cometer pecados.

DANIEL 1:8 | *Daniel estaba decidido a no contaminarse con la comida y el vino dados por el rey. Le pidió permiso al jefe del Estado Mayor para no comer esos alimentos inaceptables.*

Las convicciones te ayudan a hacer lo que sabes que es correcto.

ESDRAS 4:3 | *Zorobabel, Jesúa y los otros líderes de Israel respondieron: "De ninguna manera pueden tomar parte en esta obra. Nosotros solos construiremos el templo para el SEÑOR, el Dios de Israel".*

Las convicciones te ayudan a no hacer concesiones con aquellos que quieren influir negativamente sobre tus valores.

ÉXODO 20:6 | *[Dios dijo:] "Derramo amor inagotable por mil generaciones sobre los que me aman y obedecen mis mandatos".*

Las convicciones te ayudan a experimentar la bendición de Dios.

1 JUAN 3:21 | *Si no nos sentimos culpables, podemos acercarnos a Dios con plena confianza.*

Las convicciones te ayudan a acercarte a Dios con confianza.

EFESIOS 4:13-15 | *[El proceso de equipar y construir la iglesia] continuará hasta que todos alcancemos tal unidad en nuestra fe y conocimiento del Hijo de Dios que seamos maduros en el Señor, es decir, hasta que lleguemos a la plena y completa medida de Cristo. Entonces ya no seremos inmaduros como los niños. No seremos arrastrados de un lado a otro ni empujados por cualquier corriente de nuevas enseñanzas. No nos dejaremos llevar por personas que intenten engañarnos con mentiras tan hábiles que parezcan la verdad. En cambio, hablaremos la verdad con amor y así creceremos en todo sentido hasta parecernos más y más a Cristo.*

Las convicciones te ayudan a parecerte más a Cristo.

¿Cómo pongo en práctica mis convicciones?

SALMO 119:7 | *A medida que aprendo tus justas ordenanzas, te daré las gracias viviendo como debo hacerlo.*

SALMO 143:8 | *Hazme oír cada mañana acerca de tu amor inagotable, porque en ti confío. Muéstrame por dónde debo andar, porque a ti me entrego.*

Pones en práctica tus convicciones cuando decides obedecer a diario la Palabra de Dios, que es el parámetro que debe dirigirte.

DANIEL 3:16-18 | *Sadrac, Mesac y Abed-nego contestaron: "Oh Nabucodonosor, no necesitamos defendernos delante de usted. Si nos arrojan al horno ardiente, el Dios a quien servimos es capaz de salvarnos. . . . Pero aunque no lo hiciera, deseamos dejar en claro ante usted que jamás serviremos a sus dioses ni rendiremos culto a la estatua de oro que usted ha levantado".*

Pones en práctica tus convicciones cuando no comprometes tu conciencia y te mantienes enfocado en Dios.

DANIEL 1:8 | *Daniel estaba decidido a no contaminarse con la comida y el vino dados por el rey. Le pidió permiso al jefe del Estado Mayor para no comer esos alimentos inaceptables.*

Pones en práctica tus convicciones cuando negocias respetuosamente sobre determinadas cuestiones con otras personas, sin renunciar a tus valores.

1 TESALONICENSES 2:2 | *Saben lo mal que nos trataron en Filipos y cuánto sufrimos allí justo antes de verlos a ustedes. Aun así, nuestro Dios nos dio el valor de anunciarles la Buena Noticia con valentía, a pesar de gran oposición.*

Pones en práctica tus convicciones cuando le pides a Dios que te dé fortaleza.

2 CORINTIOS 4:13 | *Sin embargo, seguimos predicando porque tenemos la misma clase de fe que tenía el salmista cuando dijo: "Creí en Dios, por tanto hablé".*

Pones en práctica tus convicciones cuando crees que Dios es real y que su mensaje en la Biblia es verdad.

1 CORINTIOS 9:19-23 | *A pesar de que soy un hombre libre y sin amo, me he hecho esclavo de todos para llevar a muchos a Cristo. Cuando estaba con los judíos, vivía como un judío para llevar a los judíos a Cristo. . . . Cuando estoy con los gentiles, quienes no siguen la ley judía, yo también vivo independiente de esa ley para poder llevarlos a Cristo; pero no ignoro la ley de Dios, obedezco la ley de Cristo. Cuando estoy con los que son débiles, me hago débil con ellos, porque deseo llevar a los débiles a Cristo. Sí, con todos trato de encontrar algo que tengamos*

en común, y hago todo lo posible para salvar a algunos. Hago lo que sea para difundir la Buena Noticia y participar de sus bendiciones.

Pones en práctica tu convicción cuando tu objetivo es traer a otros a Cristo.

La promesa de Dios ROMANOS 2:7 | *Dará vida eterna a los que siguen haciendo el bien, pues de esa manera demuestran que buscan la gloria, el honor y la inmortalidad que Dios ofrece.*

LAS CRÍTICAS

¿Cómo debo responder a las críticas? ¿Cómo evalúo si son constructivas o destructivas?

PROVERBIOS 12:16-18 | *Una persona sabia mantiene la calma cuando la insultan. Un testigo honrado dice la verdad, un testigo falso dice mentiras. Algunas personas hacen comentarios hirientes, pero las palabras del sabio traen alivio.*

Mantén la calma y no respondas con otra agresión. Mide la crítica según el carácter de la persona que la emite. Evalúa si la crítica tiene la intención de sanarte o de lastimarte.

1 CORINTIOS 4:4 | *Tengo la conciencia limpia, pero eso no demuestra que yo tenga razón. Es el Señor mismo quien me evaluará y tomará la decisión.*

Esfuérzate siempre para mantener tranquila tu conciencia, siendo honrado y digno de confianza. Eso te permitirá hacer caso omiso a las críticas que consideres injustificadas.

1 PEDRO 4:14 | *Alégrense cuando los insulten por ser cristianos, porque el glorioso Espíritu de Dios reposa sobre ustedes.*

Considérate privilegiado si te critican por tu fe en Dios; él tiene bendiciones especiales para aquellos que soportan con paciencia esta clase de críticas.

PROVERBIOS 15:31-32 | *Si escuchas la crítica constructiva, te sentirás en casa entre los sabios. Si rechazas la disciplina, sólo te harás daño a ti mismo, pero si escuchas la corrección, crecerás en entendimiento.*

No rechaces la información verídica que te ayudará a crecer. Para eso hace falta mucha humildad, porque es difícil aceptar las críticas. A veces, es doloroso escuchar la verdad, pero es peor seguir con un comportamiento dañino.

PROVERBIOS 15:1 | *La respuesta apacible desvía el enojo, pero las palabras ásperas encienden los ánimos.*

Cuando te critiquen injustamente, responde amablemente con la verdad. Enojarse y ponerse a la defensiva sólo logrará que la crítica parezca acertada.

¿Cómo planteo una crítica en forma apropiada?

JUAN 8:7 | *¡El que nunca haya pecado que tire la primera piedra!*

ROMANOS 2:1 | *Cuando dices que son perversos y merecen ser castigados, te condenas a ti mismo porque tú, que juzgas a otros, también practicas las mismas cosas.*

Antes de criticar a alguien, haz un inventario de tus defectos y pecados, para que puedas acercarte a la persona con una actitud humilde y comprensiva.

1 CORINTIOS 13:5 | *[El amor] no exige que las cosas se hagan a su manera. No se irrita ni lleva un registro de las ofensas recibidas.*

La crítica constructiva siempre se hace con amor, con la intención de edificar. Apunta a una necesidad específica en la otra persona, no a una lista de sus errores o de los defectos de su carácter.

La promesa de Dios ROMANOS 14:17-18 | *El reino de Dios . . . [es] llevar una vida de bondad, paz y alegría en el Espíritu Santo. Si tú sirves a Cristo con esa actitud, agradarás a Dios y también tendrás la aprobación de los demás.*

LAS DECISIONES

¿Cuáles son los principios de una buena toma de decisiones?

ROMANOS 2:18 | *Tú sabes lo que a él [Dios] le agrada, sabes bien qué es lo correcto, porque se te ha enseñado su ley.*

Es correcto empezar tomando decisiones sencillas y obvias y hacer lo que enseña la Biblia, y evitar lo que la Biblia dice que está mal. No puedes tomar decisiones importantes y complicadas si no has practicado las fundamentales. Por ejemplo, si tomaste la decisión de decir sistemáticamente la verdad, será más fácil rechazar una oportunidad laboral tentadora, si sabes que el entorno de la empresa te alentará a decir pequeñas mentiras para sacar ventaja.

PROVERBIOS 18:13 | *Precipitarse a responder antes de escuchar los hechos es a la vez necio y vergonzoso.*

Asegúrate de que tienes toda la información necesaria.

PROVERBIOS 18:15 | *Las personas inteligentes están siempre dispuestas a aprender; tienen los oídos abiertos al conocimiento.*

Mantente abierto a nuevas ideas.

LUCAS 6:12-13 | *Jesús subió a un monte a orar y oró a Dios toda la noche. Al amanecer, llamó a todos sus discípulos y escogió a doce de ellos para que fueran apóstoles.*

1 JUAN 5:14 | *Estamos seguros de que él nos oye cada vez que le pedimos algo que le agrada.*

Mientras buscas la guía de Dios, empapa tu vida con la oración. Hablar con Dios calma tu espíritu, clarifica tus pensamientos y te da la posibilidad de escuchar mejor su consejo.

PROVERBIOS 12:15 | *Los necios creen que su propio camino es el correcto, pero los sabios prestan atención a otros.*

Busca el consejo de tus amigos de confianza.

MATEO 16:26 | *¿Qué beneficio obtienes si ganas el mundo entero pero pierdes tu propia alma? ¿Hay algo que valga más que tu alma?*

Resiste la tentación de tomar decisiones guiado por un deseo de satisfacción personal. Esa ambición te llevará a tomar algunas decisiones muy malas.

¿Debo "secar la lana"?

JUECES 6:39 | *Gedeón le dijo a Dios: ". . . Esta vez, que la lana se quede seca, mientras que el suelo alrededor esté mojado con el rocío".*

"Secar la lana" significa que determinas una señal que te confirmará que has tomado la decisión correcta, y luego le pides a Dios que se produzca esa señal. Debes ser muy prudente cuando pidas que "seque la lana", porque esto tiende a limitar las opciones de un Dios que tiene ilimitadas opciones a su disposición. Así también puede ser peligroso, porque puede usarse para echarle la culpa a Dios, si la decisión no da el resultado que esperabas. Deja que, de sus ilimitadas opciones, Dios decida cómo guiarte mejor.

¿Cuál es la decisión más importante que puedo tomar?

JOSUÉ 24:15 I *Elige hoy mismo a quién servirás. . . . En cuanto a mí y a mi familia, nosotros serviremos al SEÑOR.*

JUAN 3:16 I *Dios amó tanto al mundo que dio a su único Hijo, para que todo el que crea en él no se pierda, sino que tenga vida eterna.*

La decisión más importante que tú o cualquier otra persona tomará es la de seguir (o no) al único Dios verdadero. Esta decisión requiere que creas que su Hijo, Jesús, murió por tus pecados y que se levantó de la muerte para que tú puedas tener una relación con Dios para siempre. Es una decisión que tiene repercusiones eternas.

La promesa de Dios PROVERBIOS 3:6 I *Busca su voluntad [la del Señor] en todo lo que hagas, y él te mostrará cuál camino tomar.*

LA DEPRESIÓN

¿Dios se preocupa cuando me siento deprimido?

SALMO 34:18 | *El SEÑOR está cerca de los que tienen quebrantado el corazón; él rescata a los de espíritu destrozado.*

MATEO 5:4 | *Dios bendice a los que lloran, porque serán consolados.*

Tu depresión y luchas emocionales no decepcionan a Dios; por el contrario, él se siente especialmente cerca de ti. En realidad, puedes experimentar más la presencia de Dios en los momentos de quebranto.

SALMO 139:12 | *Ni siquiera en la oscuridad puedo esconderme de ti.*

No importa la profundidad a la que desciendas, Dios estará contigo. Aunque no sientas su presencia, él no te ha abandonado. No tienes que sentirte atrapado en la oscuridad si dejas que la luz reconfortante de Dios entre en tu alma.

SALMO 130:1 | *Desde lo profundo de mi desesperación, oh SEÑOR, clamo por tu ayuda.*

Date permiso para clamar a Dios, aun desde el pozo más oscuro de la desesperación. Él quiere ayudarte.

ISAÍAS 53:3 | *Fue despreciado y rechazado: hombre de dolores, conocedor del dolor más profundo.*

Recuerda que Jesús comprende el sufrimiento de la vida humana. Él sufrió todo lo que has sufrido tú, y más.

ROMANOS 8:39 | *Ningún poder en las alturas ni en las profundidades, de hecho, nada en toda la creación podrá jamás separarnos del amor de Dios, que está revelado en Cristo Jesús nuestro Señor.*

Ni la peor depresión de la vida puede separarte del amor que Jesús tiene por ti y que quiere prodigarte. Él sabe todo lo que te ha pasado y todas las dificultades que sufres, y te ama con un amor más grande del que podrías imaginar.

¿Sentirme deprimido significa que hay algo malo en mi fe?

JUECES 15:18 | *Después Sansón tuvo mucha sed y clamó al SEÑOR: "Has logrado esta gran victoria por medio de la fuerza de tu siervo, ¿y ahora tengo que morir de sed . . . ?".*

1 REYES 19:3-4 | *Elías tuvo miedo y huyó para salvar su vida. . . . Se sentó bajo un solitario árbol de retama y pidió morirse.*

Hasta los hijos de Dios pueden sentirse deprimidos después de un gran logro o de una victoria espiritual. Llegas a un punto tan alto que lo único que te queda es descender. Es algo común y, si lo reconoces, no te sorprenderás cuando te sientas triste poco después de creer que estás en lo más alto del mundo.

SALMO 40:2 | *[El Señor] me sacó del foso de desesperación. . . . Puso mis pies sobre suelo firme y a medida que yo caminaba, me estabilizó.*

MATEO 14:30-31 | *Cuando [Pedro] vio el fuerte viento y las olas, se aterrorizó y comenzó a hundirse. "¡Sálvame, Señor!", gritó. De inmediato, Jesús extendió la mano y lo agarró.*

Dios puede levantarte del pozo de la depresión y del temor, pero tú debes dejar que lo haga. Hay algo malo en tu fe solamente si te convences de que Dios no puede o no quiere ayudarte.

¿Puede resultar algo bueno de mi depresión?

SALMO 126:5 | *Los que siembran con lágrimas cosecharán con gritos de alegría.*

2 CORINTIOS 12:9 | *[Dios] dijo: "Mi gracia es todo lo que necesitas; mi poder actúa mejor en la debilidad". Así que ahora me alegra jactarme de mis debilidades, para que el poder de Cristo pueda actuar a través de mí.*

Cuando estás débil, estás más receptivo a la fuerza del Señor. Cuando todo sale como tú quieres, es fácil ignorar la mano de Dios en tu vida. Sin embargo, a medida que Dios obra a través de tus debilidades, aprendes a depender más de él, y a reconocer y ser agradecido por la buena obra que sólo él puede lograr en ti.

¿Cómo puedo ayudar a las personas que están deprimidas?

PROVERBIOS 25:20 | *Cantar canciones alegres a quien tiene el corazón afligido es como quitarle a alguien el abrigo cuando hace frío o echarle vinagre a una herida.*

ROMANOS 12:15 | *Alégrense con los que están alegres y lloren con los que lloran.*

2 CORINTIOS 1:4 | *[Dios] nos consuela en todas nuestras dificultades para que nosotros podamos consolar a otros.*

La mejor manera de ayudar a las personas que están tristes es demostrarles el dulce y comprensivo amor de Cristo. Las personas que luchan con la depresión necesitan consuelo y comprensión, no consejos y sermones. Puedes ayudar a quienes están deprimidos con tu presencia silenciosa, con tu amor y dándoles ánimo. Decirles que "no más se animen" o minimizar su dolor con una falsa alegría sólo logrará que se sientan peor.

La promesa de Dios MATEO 11:28-30 | *Dijo Jesús: "Vengan a mí todos los que están cansados y llevan cargas pesadas, y yo les daré descanso. Pónganse mi yugo. Déjenme enseñarles, porque yo soy humilde y tierno de corazón, y encontrarán descanso para el alma. Pues mi yugo es fácil de llevar y la carga que les doy es liviana".*

EL DESCANSO

¿Por qué es tan importante el descanso?

GÉNESIS 2:1-3 | *Quedó terminada la creación de los cielos y de la tierra, y de todo lo que hay en ellos. Cuando llegó el séptimo día, Dios ya había terminado su obra de creación, y descansó de toda su labor. Dios bendijo el séptimo día y lo declaró santo, porque ése fue el día en que descansó de toda su obra de creación.*

ÉXODO 31:17 | *[El día de descanso] es una señal perpetua de mi pacto con el pueblo de Israel. Pues en seis días el SEÑOR hizo los cielos y la tierra, pero en el séptimo dejó de trabajar y descansó.*

¿Por qué habrá descansado el Dios omnipotente del universo luego de su obra creadora? ¡Seguramente no fue porque el Todopoderoso estuviera cansado físicamente! La respuesta es que, al acto de dejar de trabajar, Dios lo llamó su descanso "santo". Dios sabía que necesitarías dejar de trabajar para atender tus necesidades físicas y espirituales. El trabajo es bueno, pero debes equilibrarlo con un descanso habitual y prestándole atención a la salud de tu alma. De lo contrario, te perderías los momentos divinos que Dios pone en tu camino. Asegúrate de separar tiempo para la adoración, el fortalecimiento espiritual y el descanso.

¿Qué diferencia hay entre el descanso y la holgazanería?

PROVERBIOS 6:10-11 | *Un rato más de sueño, una breve siesta, un pequeño descanso cruzado de brazos. Entonces la pobreza te asaltará como un bandido; la escasez te atacará como un ladrón armado.*

MARCOS 6:31-32 | *Jesús . . . dijo: "Vayamos solos a un lugar tranquilo para descansar un rato". Lo dijo porque había tanta gente que iba y venía que Jesús y sus apóstoles no tenían tiempo ni para comer. Así que salieron en la barca a un lugar tranquilo, donde pudieran estar a solas.*

2 TESALONICENSES 3:11 | *Algunos de ustedes llevan vidas de ocio, se niegan a trabajar y se entrometen en los asuntos de los demás.*

El holgazán siempre pone excusas para no hacer las cosas. El descanso es la recompensa por el trabajo bien hecho. Algún día tendrás que dar cuentas por el modo en que usaste tu tiempo aquí, en la tierra.

La promesa de Dios MATEO 11:28 | *Dijo Jesús: "Vengan a mí todos los que están cansados y llevan cargas pesadas, y yo les daré descanso".*

LOS DESEOS

¿Está bien desear algo?

1 REYES 3:5 | *Esa noche, el SEÑOR se le apareció a Salomón en un sueño y Dios le dijo: "¿Qué es lo que quieres? ¡Pídeme, y yo te lo daré!".*

PROVERBIOS 13:12 | *La esperanza postergada aflige al corazón, pero un sueño cumplido es un árbol de vida.*

Dios creó en tu interior el deseo como un medio para que te expreses. El deseo es bueno y sano, si está dirigido al objeto correcto: ese que es bueno, justo y que honra a Dios. Es una ironía que el deseo pueda ser bueno o malo, según la motivación que tengas y el objeto de tu deseo. Por ejemplo, el deseo de amar a una persona del sexo opuesto, si está dirigido a tu cónyuge, es sano y bueno. Pero el mismo deseo dirigido a alguien que no es tu pareja es adulterio. El deseo de liderar una organización es sano si tu objetivo es servir a otros, pero es malsano si tu motivación es el poder para controlar a los demás.

SALMO 73:25 | *Deseo [a Dios] más que cualquier cosa en la tierra.*

ISAÍAS 26:8 | *SEÑOR, mostramos nuestra confianza en ti al obedecer tus leyes; el deseo de nuestro corazón es glorificar tu nombre.*

Tu principal deseo debe ser el de mantener tu relación con Dios, porque eso influirá en el resto de tus deseos.

FILIPENSES 4:8 | *Concéntrense en todo lo que es verdadero, todo lo honorable, todo lo justo, todo lo puro, todo lo bello y todo lo admirable. Piensen en cosas excelentes y dignas de alabanza.*

El deseo de pecar siempre es algo malo. Asegúrate de que el objetivo de tu deseo sea bueno, que esté de acuerdo con la Palabra de Dios y que sea útil a los demás.

¿Cómo resisto los deseos malvados?

SANTIAGO 3:13 | *Si ustedes son sabios y entienden los caminos de Dios, demuéstrenlo viviendo una vida honesta y haciendo buenas acciones con la humildad que proviene de la sabiduría.*

Mantente ocupado haciendo buenas obras.

MATEO 6:13 | *No permitas que cedamos ante la tentación, sino rescátanos del maligno.*

Ora pidiendo que los buenos deseos venzan a los malos.

2 CRÓNICAS 34:33 | *Josías quitó todos los ídolos detestables de toda la tierra.*

Elimina la fuente de la tentación.

COLOSENSES 3:2 | *Piensen en las cosas del cielo, no en las de la tierra.*

Llena tu mente de Dios y de pensamientos que lo honren.

PROVERBIOS 15:22 | *Los planes fracasan por falta de consejo; muchos consejeros traen éxito.*

Busca a alguien que esté dispuesto a ayudarte. Tú y todos nosotros necesitamos a alguien que nos aliente y nos haga rendir cuentas.

¿Puede Dios ayudarme a cambiar los deseos de mi corazón? ¿Cómo?

ROMANOS 7:6 I *Podemos servir a Dios, no según el antiguo modo . . . sino mediante uno nuevo, el de vivir en el Espíritu.*

Cuando le das a Dios el control de tu vida, él te da un corazón nuevo, una nueva naturaleza y un deseo renovado de agradarle.

ESDRAS 1:5 I *Dios movió el corazón de los sacerdotes, [y] el de los levitas . . . para que fueran a Jerusalén a reconstruir el templo del Señor.*

Dios mueve tu corazón con los deseos adecuados. Depende de ti pedirle que te ayude a actuar sobre ellos.

La promesa de Dios EZEQUIEL 36:26 I *[El soberano Señor dijo:] "Les daré un corazón nuevo y pondré un espíritu nuevo dentro de ustedes. Les quitaré ese terco corazón de piedra y les daré un corazón tierno y receptivo".*

EL DINERO

¿Cuál es la perspectiva apropiada sobre el dinero?

MATEO 6:21 I *Donde esté tu tesoro, allí estarán también los deseos de tu corazón.*

La Biblia menciona muchas personas ricas que amaban a Dios, y no dice nada negativo sobre la cantidad de riquezas que tenían (Abraham, David, José de Arimatea, Lidia). Las Escrituras no se enfocan en cuánto dinero puedas tener o dejar de tener, sino en lo que haces con él. Jesús dejó algo en claro: donde vaya tu dinero, irá tu corazón. Así que trabaja duramente y prospera sin culpa, pero asegúrate de encontrar maneras de agradar a Dios con tu dinero.

SALMO 23:1 | *El SEÑOR es mi pastor; tengo todo lo que necesito.*

ECLESIASTÉS 5:10 | *Los que aman el dinero nunca tendrán suficiente. ¡Qué absurdo es pensar que las riquezas traen verdadera felicidad!*

El dinero puede cultivar un deseo peligroso: cuanto más tienes, más quieres. Es un círculo vicioso que nunca termina bien. Ten presente que Dios debe ocupar el primer lugar en tu vida, y que el dinero no puede satisfacer tus necesidades más profundas.

MATEO 6:24 | *Nadie puede servir a dos amos. . . . No se puede servir a Dios y al dinero.*

LUCAS 18:22-23 | *[Jesús dijo:] "Vende todas tus posesiones y entrega el dinero a los pobres, y tendrás tesoro en el cielo. Después ven y sígueme". Cuando el hombre oyó esto, se puso triste porque era muy rico.*

El amor al dinero puede trastornar tus prioridades. Cuanto más tienes, más tiempo debes pasar administrándolo y, por lo tanto, más importante se vuelve para ti. Esto no sólo ocurre porque tengas una gran cantidad de dinero, sino que suele suceder si no estás alerta y no te proteges de ese riesgo.

1 TIMOTEO 6:10 | *El amor al dinero es la raíz de toda clase de mal; y algunas personas, en su intenso deseo por el dinero,*

se han desviado de la fe verdadera y se han causado muchas heridas dolorosas.

HEBREOS 13:5 | *No amen el dinero; estén contentos con lo que tienen.*

El dinero no es la raíz de todos los males; ¡la raíz de todos los males es el amor al dinero!

PROVERBIOS 19:1 | *Es mejor ser pobre y honesto, que deshonesto y necio.*

MARCOS 8:36 | *¿Qué beneficio obtienes si ganas el mundo entero pero pierdes tu propia alma?*

No vale la pena tener ninguna suma de dinero, si fue ganado con engaños o de manera fraudulenta. Aprovecharte de otros para hacer dinero es robar. Los que hacen algo así pierden mucho más que lo que pueden llegar a ganar.

MARCOS 12:42-44 | *Llegó una viuda pobre y echó dos monedas pequeñas. Jesús . . . dijo: "Les digo la verdad, esta viuda pobre ha dado más que todos los demás que ofrendan. Pues ellos dieron una mínima parte de lo que les sobraba, pero ella, con lo pobre que es, dio todo lo que tenía para vivir".*

1 JUAN 3:17 | *Si alguien tiene suficiente dinero para vivir bien y ve a un hermano en necesidad pero no le muestra compasión, ¿cómo puede estar el amor de Dios en esa persona?*

La ofrenda generosa y sistemática es una de las maneras más eficaces para evitar ser codicioso con tu dinero. Cuando tus ofrendas satisfacen las necesidades de otros, eso puede darte mucha más satisfacción que haber gastado el dinero en ti mismo, o haberlo ahorrado.

PROVERBIOS 3:9-10 | *Honra al SEÑOR con tus riquezas y con lo mejor de todo lo que produces. Entonces él llenará tus graneros.*

MALAQUÍAS 3:10 | *"Traigan todos los diezmos al depósito del templo, para que haya suficiente comida en mi casa. Si lo hacen —dice el SEÑOR de los Ejércitos Celestiales— les abriré las ventanas de los cielos. ¡Derramaré una bendición tan grande que no tendrán suficiente espacio para guardarla! ¡Inténtenlo! ¡Pónganme a prueba!"*

En lugar de ver al dinero como algo que te pertenece para usarlo a tu antojo, tómalo como si fuera de Dios, para que lo use como él desee. Devolverle a Dios la primera parte de todo lo que recibes te ayudará a mantener esta perspectiva.

¿Es pecado tener deudas?

MATEO 18:23 | *[Jesús dijo:] "El reino del cielo se puede comparar a un rey que decidió poner al día las cuentas con los siervos que le habían pedido prestado dinero".*

Cuando Jesús enseñó sobre el perdón, usó esta parábola, que no dice que prestar dinero o pedirlo prestado sea, en sí mismo, pecaminoso.

PROVERBIOS 22:7 | *Así como el rico gobierna al pobre, el que pide prestado es sirviente del que presta.*

Aunque pedir dinero prestado no es pecado en sí, debes ser cuidadoso y sabio cuando pidas prestado, para no convertirte en un esclavo de la deuda.

PROVERBIOS 6:1-4 | *Si has salido fiador por la deuda de un amigo o has aceptado garantizar la deuda de un extraño, si quedaste atrapado por el acuerdo que hiciste y estás enredado por tus palabras, sigue mi consejo y sálvate, pues te has puesto a merced de tu amigo. Ahora trágate tu orgullo; ve y suplica que tu amigo borre tu nombre. No postergues el asunto, ¡hazlo enseguida!*

Una deuda puede ser peligrosa porque agrega la presión de tener un compromiso con alguien que quizás ni conozcas.

ROMANOS 13:8 I *No deban nada a nadie, excepto el deber de amarse unos a otros.*

Aunque incurrir en una deuda pueda no ser pecado, no devolver lo prestado sí lo es.

La promesa de Dios MATEO 6:31-33 I *No se preocupen por todo eso diciendo: "¿Qué comeremos?, ¿qué beberemos?, ¿qué ropa nos pondremos?". . . . Su Padre celestial ya conoce todas sus necesidades. Busquen el reino de Dios por encima de todo lo demás y lleven una vida justa, y él les dará todo lo que necesiten.*

EL DOLOR

¿Qué puede causarme dolor?

RUT 1:9 I *Les dio un beso de despedida y todas se echaron a llorar desconsoladas.*

Cuando tienes que despedirte de personas a las que amas, sientes dolor.

NEHEMÍAS 2:2-3 I *El rey me preguntó:*

—¿Por qué te ves tan triste?" . . .

Le contesté:

—. . . ¿Cómo no voy a estar triste cuando la ciudad donde están enterrados mis antepasados está en ruinas, y sus puertas han sido consumidas por el fuego?

Sientes dolor cuando ves que tus seres amados sufren o padecen una gran necesidad.

JUAN 11:13, 35 | *Lázaro había muerto. . . . Entonces Jesús lloró.*

HECHOS 9:37, 39 | *Se enfermó y murió. . . . El cuarto estaba lleno de viudas que lloraban.*

Sufres por la muerte de un ser querido.

2 CORINTIOS 7:10 | *La clase de tristeza que Dios desea que suframos nos aleja del pecado y trae como resultado salvación. No hay que lamentarse por esa clase de tristeza.*

SANTIAGO 4:9 | *Derramen lágrimas por lo que han hecho. Que haya lamento y profundo dolor.*

Sufres por el pecado. Es correcto que sufras sinceramente por tus pecados y que le supliques a Dios que los borre. Hasta que Cristo te haya limpiado de tus pecados, sufrirás por causa de ellos mientras merodean en tu interior. La confesión y el perdón limpiarán el pecado y secarán las lágrimas causadas por la culpa.

LUCAS 13:34 | *[Jesús dijo:] "¡Oh, Jerusalén, Jerusalén . . . ! Cuántas veces quise juntar a tus hijos como la gallina protege a sus pollitos debajo de sus alas, pero no me dejaste".*

Cuando tu corazón está en sintonía con el de Dios, sufres por quienes no lo conocen.

¿Cómo supero mi dolor?

GÉNESIS 50:1 | *José se abrazó al cuerpo de su padre, y lloró y lo besó.*

2 SAMUEL 18:33 | *El rey se sintió abrumado por la emoción. Subió a la habitación que estaba sobre la entrada y se echó a llorar. Y mientras subía, clamaba: "¡Oh, mi hijo Absalón! ¡Hijo mío, hijo mío Absalón!".*

Considera al dolor como algo necesario e importante. Necesitas tener la libertad de apenarte; es una parte importante de la sanidad, porque permite que te liberes de la presión emocional de tu dolor.

GÉNESIS 23:1-4 | *A la edad de ciento veintisiete años, Sara murió. . . . Abraham hizo duelo y lloró por ella. Luego, se apartó del cuerpo de su esposa y dijo a los ancianos hititas: ". . . Por favor, véndanme una parcela de terreno para darle un entierro apropiado a mi esposa".*

Tómate el tiempo para llorar por tu dolor personal pero, asimismo, comprométete con los pasos necesarios para aceptar la pérdida. Sientes dolor porque has perdido algo que era importante para ti. Atravesar el duelo es una forma de honrar lo que fue significativo.

ECLESIASTÉS 3:1, 4 | *Hay una temporada para todo. . . . Un tiempo para llorar y un tiempo para reír. Un tiempo para entristecerse y un tiempo para bailar.*

El dolor lleva un tiempo, y ese período puede prolongarse. Pero Dios quiere que, al final, sigas adelante y puedas consolar a otras personas que también sufren. Cuando ese momento llegue, necesitarás despojarte de tu dolor, o correr el riesgo de quedar aferrado a él, y ser incapaz de funcionar adecuadamente.

ISAÍAS 66:12-13 | *Esto dice el SEÑOR: ". . . Los consolaré . . . como una madre consuela a su hijo".*

2 CORINTIOS 1:3 | *Dios es nuestro Padre misericordioso y la fuente de todo consuelo.*

Dios conoce tu dolor, comprende tu sufrimiento y te consuela. No promete protegerte del dolor, pero asegura que te ayudará a atravesarlo.

APOCALIPSIS 21:4 | *Él les secará toda lágrima de los ojos, y no habrá más muerte ni tristeza ni llanto ni dolor. Todas esas cosas ya no existirán más.*

Aférrate a la esperanza de que en el cielo no habrá más sufrimiento.

¿Cómo puedo ayudar a otras personas que están sufriendo?

SALMO 69:20 | *Si al menos una persona me tuviera compasión; si tan sólo alguien volviera y me consolara.*

PROVERBIOS 25:20 | *Cantar canciones alegres a quien tiene el corazón afligido es como quitarle a alguien el abrigo cuando hace frío o echarle vinagre a una herida.*

ROMANOS 12:15 | *Lloren con los que lloran.*

Dale atención, comprensión y consuelo a la persona que sufre. Fingir que el dolor no existe es como frotar una llaga con sal. Es difícil acompañar a una persona que sufre, pero no se trata de decir las palabras apropiadas para hacer que el dolor desaparezca. No podrás lograrlo. Tu preocupación y tu presencia ayudarán a quien sufre, más que las palabras.

PROVERBIOS 15:13 | *El corazón contento alegra el rostro; el corazón quebrantado destruye el espíritu.*

PROVERBIOS 17:22 | *El corazón alegre es una buena medicina, pero el espíritu quebrantado consume las fuerzas.*

Sé consciente del costo espiritual, mental y físico que atraviesa la persona que está afligida. Saberlo te lleva a la comprensión; la comprensión te lleva a aliviar a los heridos; y el alivio produce sanidad.

2 CORINTIOS 1:4 | *Él nos consuela en todas nuestras dificultades para que nosotros podamos consolar a otros. Cuando otros pasen por dificultades, podremos ofrecerles el mismo consuelo que Dios nos ha dado a nosotros.*

Comparte tus experiencias sobre el consuelo de Dios. Es posible que otros comiencen su proceso de sanidad gracias a ti.

1 PEDRO 5:12 | *Les escribí y envié esta breve carta. . . . Mi propósito al escribirles es alentarlos.*

Anima a los afligidos.

JOB 16:2 | *Ya escuché todo esto antes, ¡qué consejeros tan miserables son ustedes!*

JOB 21:34 | *¿Cómo podrán consolarme sus frases huecas?*

Sé cuidadoso con las palabras que uses con las personas que sufren. Las explicaciones y las frases hechas rara vez sirven de consuelo. Lo que más necesita el que sufre es tu amor, tu comprensión y el poder de tu compañía. A veces, el mejor consuelo que puedes dar es, simplemente, estar ahí.

JOB 42:11 | *Entonces todos sus hermanos, hermanas y anteriores amigos vinieron y festejaron con él en su casa. Y lo consolaron y lo alentaron por todas las pruebas. . . . Y cada uno de ellos le regaló dinero y un anillo de oro.*

MARCOS 16:10 | *[María] fue a ver a los discípulos, quienes estaban lamentándose y llorando, y les dijo lo que había sucedido.*

Pueden sostenerse unos a otros como familiares y amigos. La familia cristiana debe ser el refugio seguro para protegerse de un mundo que produce heridas.

La promesa de Dios SALMO 147:3 | *[El Señor] sana a los de corazón quebrantado y les venda las heridas.*

EL DOMINIO PROPIO

¿Por qué pareciera que no puedo controlar ciertos deseos?

ROMANOS 7:21-25 | *He descubierto el siguiente principio de vida: que cuando quiero hacer lo que es correcto, no puedo evitar hacer lo que está mal. Amo la ley de Dios con todo mi corazón, pero hay otro poder dentro de mí que está en guerra con mi mente. Ese poder me esclaviza al pecado que todavía está dentro de mí. ¡Soy un pobre desgraciado! ¿Quién me libertará de esta vida dominada por el pecado y la muerte? ¡Gracias a Dios! La respuesta está en Jesucristo nuestro Señor. Así que ya ven: en mi mente de verdad quiero obedecer la ley de Dios, pero a causa de mi naturaleza pecaminosa, soy esclavo del pecado.*

Por causa de la naturaleza pecadora con la que naciste, para ti siempre será una lucha hacer lo correcto, y no hacer lo que está mal. Afortunadamente, Dios comprende tus debilidades y te da el deseo de agradarle. En la medida que obedezcas a Dios, crecerá más tu dominio propio, y decrecerá la batalla contra tu naturaleza pecadora.

ROMANOS 12:1 | *Entreguen su cuerpo a Dios por todo lo que él ha hecho a favor de ustedes. Que sea un sacrificio vivo y santo, la clase de sacrificio que a él le agrada. Esa es la verdadera forma de adorarlo.*

Debes tener la firme voluntad de abandonar los malos deseos que tienes.

¿Cuáles son los pasos para ejercitar el dominio propio?

SALMO 119:9 | *¿Cómo puede un joven mantenerse puro? Obedeciendo tu palabra.*

2 TIMOTEO 2:5 | *Ningún atleta puede obtener el premio a menos que siga las reglas.*

Para desarrollar el dominio propio, primero necesitas conocer las instrucciones de Dios para vivir una vida correcta, tal como están en la Biblia. Debes saber qué es lo que tienes que controlar antes de que puedas mantenerlo bajo control. La lectura sistemática de la Palabra de Dios —si lo haces a diario, mejor— te recuerda sus consejos para que vivas una vida de rectitud.

1 TIMOTEO 4:8 | *El entrenamiento físico es bueno, pero entrenarse en la sumisión a Dios es mucho mejor, porque promete beneficios en esta vida y en la vida que viene.*

El dominio propio comienza con la obra de Dios en ti, pero también requiere de tu esfuerzo. Así como los músicos y atletas talentosos deben desarrollar su talento, fuerza y coordinación mediante una práctica deliberada, el buen estado espiritual también debe ser el resultado de un ejercicio deliberado. Dios promete recompensar esos esfuerzos.

1 CORINTIOS 10:13 | *Las tentaciones que enfrentan en su vida no son distintas de las que otros atraviesan. Y Dios es fiel; no permitirá que la tentación sea mayor de lo que puedan soportar. Cuando sean tentados, él les mostrará una salida, para que puedan resistir.*

No estás solo en tus pruebas y tentaciones. En lugar de pensar que no tienes esperanza de resistir, recurre a Dios para que te saque de la tentación. Pídele a tus amigos de confianza que te apoyen y te pidan cuentas. Si se lo pides, Dios promete darte lo que necesites para que puedas resistir.

SALMO 141:3 | *Toma control de lo que digo, oh SEÑOR, y guarda mis labios.*

PROVERBIOS 13:3 | *Los que controlan su lengua tendrán una larga vida; el abrir la boca puede arruinarlo todo.*

SANTIAGO 1:26 | *Si afirmas ser religioso pero no controlas tu lengua, te engañas a ti mismo y tu religión no vale nada.*

Ejerces dominio propio cuando eres cuidadoso con lo que hablas. ¿Cuán a menudo te gustaría poder retractarte de algo que acabas de decir?

ROMANOS 8:6 | *Permitir que la naturaleza pecaminosa les controle la mente lleva a la muerte. Pero permitir que el Espíritu les controle la mente lleva a la vida y a la paz.*

Para tener dominio propio debes dejar que Dios tome el control de tu mente, luchando contra los deseos que sabes no son correctos.

La promesa de Dios SANTIAGO 1:12 | *Dios bendice a los que soportan con paciencia las pruebas y las tentaciones, porque después de superarlas, recibirán la corona de vida que Dios ha prometido a quienes lo aman.*

LA DUDA

¿Dudar de Dios es pecado? ¿Significa que me falta fe?

GÉNESIS 15:8 | *Abram [dijo]: "Oh Soberano SEÑOR, ¿cómo puedo estar seguro?".*

MATEO 11:2-3 | *Juan el Bautista . . . envió a sus discípulos para que le preguntaran a Jesús: "¿Eres tú el Mesías a quien hemos esperado o debemos seguir buscando a otro?".*

2 PEDRO 1:4-5 | *[Dios,] debido a su gloria y excelencia, nos ha dado grandes y preciosas promesas . . . [así que] esfuércense al máximo por responder a las promesas de Dios.*

Muchos de los personajes bíblicos que consideramos "pilares de fe" tuvieron momentos de duda. Eso no significa que tuvieran menos fe, sino que su fe era puesta a prueba de una nueva manera. Deja que tu duda te acerque a Dios, no que te aleje de él. A medida que te acerques a él, encontrarás la fuerza para confiar en él, y tu fe se fortalecerá más aún.

SALMO 94:19 | *Cuando mi mente se llenó de dudas, tu consuelo renovó mi esperanza y mi alegría.*

MATEO 14:31 | *De inmediato, Jesús extendió la mano y lo agarró. "Tienes tan poca fe —le dijo Jesús—. ¿Por qué dudaste de mí?"*

David, Juan el Bautista y Pedro, junto a muchos otros héroes bíblicos, lucharon con diversas dudas sobre Dios y su capacidad o su deseo de ayudar. A Dios no le preocupan tus dudas, siempre que, en medio de ellas, busques respuestas de parte de él. La duda puede convertirse en pecado si te aleja de Dios y te hace una persona escéptica y de corazón duro.

GÉNESIS 3:4 | *"¡No morirán!" respondió la serpiente a la mujer.*

Una de las tácticas de Satanás es hacer que dudes de la bondad de Dios. Él procura que te olvides de todo lo que Dios te ha dado, y que te concentres en lo que no tienes. Si pasas la mayor parte del tiempo pensando en lo que no tienes, podrías estar cayendo en una duda enfermiza.

SALMO 95:8-9 | *El SEÑOR dice: ". . . Sus antepasados me tentaron y pusieron a prueba mi paciencia, a pesar de haber visto todo lo que hice".*

Dios les da a todos abundantes evidencias para que crean en él. La duda surge cuando dejas, por un tiempo suficientemente prolongado, de observar las evidencias. Y cuando las dudas se convierten en incredulidad, corres el peligro de ignorar totalmente a Dios.

¿Qué debo hacer cuando me descubro dudando de Dios?

HABACUC 1:2 | *¿Hasta cuándo debo pedir ayuda, oh SEÑOR?*

Presenta tus dudas abiertamente a Dios en oración. Sé cándido y honesto cuando derrames tu corazón ante el Señor.

MARCOS 9:24 | *Al instante el padre clamó: "¡Sí, creo, pero ayúdame a superar mi incredulidad!".*

Ora para que Dios te dé la fe firme que necesitas.

DEUTERONOMIO 7:18 | *¡No . . . tengas miedo! Sólo recuerda lo que el SEÑOR tu Dios le hizo al faraón y a toda la tierra de Egipto.*

MARCOS 8:17-19 | *Jesús . . . dijo: "¿Por qué [se preocupen] por no tener pan? . . . ¿No recuerdan nada en absoluto? Cuando alimenté a los cinco mil con cinco panes, ¿cuántas canastas con sobras recogieron después?".*

Cuando estés luchando con tus dudas, tómate un momento para recordar cómo ha obrado Dios en tu vida. Cuando recuerdes el "historial" de Dios, aumentará tu confianza en que él obrará también en tu situación actual.

JUAN 20:27 | *[Jesús] le dijo a Tomás: "Pon tu dedo aquí y mira mis manos; mete tu mano en la herida de mi costado. Ya no seas incrédulo. ¡Cree!".*

Cuando tengas dudas, revisa la evidencia. Hay mucha evidencia histórica para verificar la exactitud de las declaraciones de la Biblia.

HABACUC 2:1 | *Esperaré hasta ver qué dice el SEÑOR y cómo responderá a mi queja.*

Ten paciencia. Deja que Dios responda tus preguntas a su tiempo, no al tuyo. No arrojes tu fe a la basura sólo porque Dios no resuelve tus dudas inmediatamente.

1 TESALONICENSES 5:11 | *Aliéntense y edifíquense unos a otros, tal como ya lo hacen.*

HEBREOS 10:25 | *No dejemos de congregarnos.*

Cuando estés luchando con tus dudas, sigue concurriendo a la iglesia y mantente cerca de otros cristianos. Resiste la tentación de aislarte, porque eso únicamente servirá para debilitar más tu fe. La duda se alimenta de la soledad.

¿Hay cosas de las que jamás debo dudar?

JUAN 6:37 | *[Jesús dijo:] "Los que el Padre me ha dado, vendrán a mí, y jamás los rechazaré".*

JUAN 10:28-29 | *[Jesús dijo:] "Les doy vida eterna, y nunca perecerán. Nadie puede quitármelas, porque mi Padre me las ha dado, y él es más poderoso que todos. Nadie puede quitarlas de la mano del Padre".*

EFESIOS 1:14 | *El Espíritu es la garantía que tenemos de parte de Dios de que nos dará la herencia que nos prometió y de que nos ha comprado para que seamos su pueblo.*

Nunca tengas dudas sobre tu salvación. Una vez que te conviertes en cristiano, Satanás nunca más puede arrebatarte de las manos de Dios.

2 CORINTIOS 6:2 | *Dios dice: "En el momento preciso, te oí. En el día de salvación te ayudé". Efectivamente, el "momento preciso" es ahora. Hoy es el día de salvación.*

Nunca dudes del deseo de Dios o de su capacidad para ayudarte.

La promesa de Dios HEBREOS 13:5 | *Dios ha dicho: "Nunca te fallaré. Jamás te abandonaré".*

EL EGOÍSMO

¿Por qué es tan destructivo el egoísmo?

GÉNESIS 13:8-11 | *Abram le dijo a Lot: "No permitamos que este conflicto se interponga entre nosotros o entre los que cuidan nuestros animales. Después de todo, ¡somos parientes cercanos! Toda la región está a tu disposición. Escoge la parte de la tierra que prefieres, y nos separaremos". . . . Lot miró con detenimiento las fértiles llanuras del valle del Jordán. . . . Toda esa región tenía abundancia de agua, como el jardín del SEÑOR. . . . Lot escogió para sí todo el valle del Jordán.*

GÉNESIS 27:35-37, 41 | *Isaac le dijo:*

—Tu hermano estuvo aquí y me engañó. Él se ha llevado tu bendición.

—Con razón su nombre es Jacob —exclamó Esaú—, porque ahora ya me ha engañado dos veces. Primero tomó mis derechos del hijo mayor, y ahora me robó la bendición. ¿No has guardado ni una bendición para mí?

—He puesto a Jacob como tu amo —dijo Isaac a Esaú—, y he declarado que todos sus hermanos serán sus siervos. . . .

Desde ese momento, Esaú odió a Jacob. . . . Entonces Esaú comenzó a tramar: . . . "Mataré a mi hermano Jacob".

El egoísmo puede destruir relaciones y destrozar familias enteras. La ausencia de egoísmo puede fortalecer las relaciones y hacer que las familias se acerquen. Abraham lo reconoció y sacrificó su beneficio personal por el bien de su familia; Esaú y Jacob, en cambio, lucharon con el egoísmo.

HECHOS 8:18 | *Cuando Simón vio que el Espíritu se recibía cuando los apóstoles imponían sus manos sobre la gente, les ofreció dinero para comprar ese poder.*

La ambición egoísta puede hacer que hagas casi cualquier cosa por beneficio personal.

¿Cómo puedo abordar el egoísmo de mi propia vida?

MARCOS 8:34 | *Entonces [Jesús] llamó a la multitud para que se uniera a los discípulos, y dijo: "Si alguno de ustedes quiere ser mi seguidor, tiene que abandonar su manera egoísta de vivir, tomar su cruz y seguirme".*

GÁLATAS 2:20 | *Mi antiguo yo ha sido crucificado con Cristo. Ya no vivo yo, sino que Cristo vive en mí. Así que vivo en este cuerpo terrenal confiando en el Hijo de Dios, quien me amó y se entregó a sí mismo por mí.*

Cuando te entregas a Dios, renuncias a lo que crees que es mejor para tu vida, y lo reemplazas por lo que Dios sabe que es lo mejor. Dejas de lado la ambición que tú mismo promueves, para poder hacer el trabajo que Jesús tiene para ti. Le pides a Jesús que, por medio del poder del Espíritu Santo, more en ti y a través de ti.

MATEO 20:28 | *Ni aun el Hijo del Hombre vino para que le sirvan, sino para servir a otros y para dar su vida en rescate por muchos.*

1 CORINTIOS 10:24 | *No se preocupen por su propio bien, sino por el bien de los demás.*

FILIPENSES 2:3 | *No sean egoístas; no traten de impresionar a nadie. Sean humildes, es decir, considerando a los demás como mejores que ustedes.*

SANTIAGO 3:16 | *Donde hay envidias y ambiciones egoístas, también habrá desorden y toda clase de maldad.*

Los motivos egoístas producen acciones egoístas. Para escapar del egoísmo, debes desear sinceramente lo mejor para los demás, más que aquello que deseas para ti mismo.

1 JUAN 3:17 | *Si alguien tiene suficiente dinero para vivir bien y ve a un hermano en necesidad pero no le muestra compasión, ¿cómo puede estar el amor de Dios en esa persona?*

Uno de los mejores remedios para el corazón egoísta es dar con generosidad.

El mundo es despiadado. Si no me cuido a mí mismo, ¿quién lo hará?

LUCAS 14:8, 10-11 | *Cuando te inviten a una fiesta de bodas, no te sientes en el lugar de honor. . . . Más bien, ocupa el lugar más humilde, al final de la mesa. Entonces, cuando el anfitrión te vea, vendrá y te dirá: "¡Amigo, tenemos un lugar mejor para ti!" Entonces serás honrado delante de todos los demás invitados. Pues aquellos que se exaltan a sí mismos serán humillados, y los que se humillan a sí mismos serán exaltados.*

A quienes viven sus vidas intentando servir y honrar a los demás, les espera el más alto honor de Dios.

FILIPENSES 4:19 | *Este mismo Dios quien me cuida suplirá todo lo que necesiten, de las gloriosas riquezas que nos ha dado por medio de Cristo Jesús.*

Cuando dejas que Jesús se haga cargo de tu vida,puedes tener la seguridad de que él está atento a ti y, por consiguiente, eres libre de preocuparte por tus propias necesidades y puedes concentrarte en los demás.

La promesa de Dios MATEO 16:25 | *[Jesús dijo:] "Si tratas de aferrarte a la vida, la perderás, pero si entregas tu vida por mi causa, la salvarás".*

EL EJEMPLO

¿De qué maneras puedo ser un buen ejemplo?

JEREMÍAS 1:10 | *[El Señor dijo:] "Hoy te nombro para que hagas frente a naciones y reinos".*

Un buen modelo de conducta no sólo hace el bien, sino que se manifiesta en contra del mal.

1 TESALONICENSES 1:5 | *Ya saben de nuestra preocupación por ustedes por la forma en que nos comportamos entre ustedes.*

La persona que es un buen modelo de conducta es responsable, cuidadosa y demuestra su fe con hechos.

HEBREOS 5:12 | *Hace tanto que son creyentes que ya deberían estar enseñando a otros.*

Un buen modelo de conducta les enseña a otros los caminos de Dios.

MATEO 5:13 | *Ustedes son la sal de la tierra. ¿Pero para qué sirve la sal si ha perdido su sabor?*

TITO 2:7 | *Sé . . . un ejemplo . . . al hacer todo tipo de buenas acciones. Que todo lo que hagas refleje la integridad y la seriedad de tu enseñanza.*

Un buen modelo de conducta no se deja influir por el mal, sino más bien hace el bien a los demás y también influye en ellos para bien.

OSEAS 6:3 | *¡Oh, si conociéramos al SEÑOR! Esforcémonos por conocerlo.*

Ser un buen modelo de conducta no significa que seas perfecto, sino que te esfuerzas por alcanzar la madurez.

MATEO 20:28 | *Pues ni aun el Hijo del Hombre vino para que le sirvan, sino para servir a otros y para dar su vida en rescate por muchos.*

Ser un buen modelo de conducta no te convierte en una celebridad, sino en un siervo.

1 TIMOTEO 4:12 | *No permitas que nadie te subestime por ser joven. Sé un ejemplo para todos los creyentes en lo que dices, en la forma en que vives, en tu amor, tu fe y tu pureza.*

La edad no tiene por qué ser un obstáculo para ser un buen modelo.

¿Quién es el máximo modelo de conducta?

1 CORINTIOS 11:1 | *Ustedes deberían imitarme a mí, así como yo imito a Cristo.*

En otras personas encuentras algunas características que te gustaría desarrollar en tu vida. En Jesucristo están todas las características que debes imitar. Cuando tienes una duda sobre qué hacer, pregúntate qué haría Jesús.

La promesa de Dios HEBREOS 12:12-13 | *Renueven las fuerzas de sus manos cansadas y fortalezcan sus rodillas debilitadas. Tracen un camino recto para sus pies, a fin de que los débiles y los cojos no caigan, sino que se fortalezcan.*

LOS ENEMIGOS

¿Qué significa amar a mis enemigos?

MATEO 5:43-44 | *[Jesús dijo:] "Han oído la ley que dice: 'Ama a tu prójimo' y odia a tu enemigo. Pero yo digo: ¡ama a tus enemigos! ¡Ora por los que te persiguen!".*

ROMANOS 12:20-21 | *"Si tus enemigos tienen hambre, dales de comer. Si tienen sed, dales de beber. Al hacer eso, amontonarás carbones encendidos de vergüenza sobre su cabeza". No dejen que el mal los venza, más bien venzan el mal haciendo el bien.*

Amar a tus enemigos es siempre algo ilógico, a menos que te des cuenta de que eras enemigo de Dios hasta que él te perdonó. Cuando amas a un enemigo, lo ves como Cristo lo ve: una persona que necesita la gracia. Para llegar a eso, necesitas orar. No puedes orar por las personas y no sentir compasión por ellas.

MATEO 18:21-22 | *Pedro . . . preguntó:*

—Señor, ¿cuántas veces debo perdonar a alguien que peca contra mí? ¿Siete veces?

—No siete veces —respondió Jesús—, sino setenta veces siete.

A tus enemigos respóndeles con el perdón, sin que importe qué intenten hacerte.

¿Es posible transformar a un enemigo en un amigo?

HECHOS 9:1-6 | *Saulo pronunciaba amenazas en cada palabra y estaba ansioso por matar a los seguidores del Señor. . . . Su intención era llevarlos —a hombres y mujeres por igual— de regreso a Jerusalén encadenados. Al acercarse a Damasco para cumplir esa misión, una luz del cielo de repente brilló alrededor de él. Saulo cayó al suelo y oyó una voz que le decía:*

—¡Saulo, Saulo! ¿Por qué me persigues?

—¿Quién eres, señor? —preguntó Saulo.

—Yo soy Jesús, ¡a quien tú persigues! —contestó la voz—. Ahora levántate, entra en la ciudad y se te dirá lo que debes hacer.

GÁLATAS 1:23 | *La gente decía: "¡El que antes nos perseguía ahora predica la misma fe que trataba de destruir!".*

¡Todos los días hay enemigos de Dios que se convierten en seguidores de él! Es un misterio por qué Dios agobia a ciertos enemigos como Saulo (cuyo nombre fue cambiado a Pablo) para que se pasen a su lado, y por qué parece dejar en paz a otros enemigos, por lo menos, en este mundo. Pero en casi todas las iglesias del mundo hay creyentes que alguna vez se opusieron activamente a Dios, al pueblo de Dios y al estilo de vida de Dios.

1 PEDRO 2:12 | *Procuren llevar una vida ejemplar entre sus vecinos no creyentes. Así, por más que ellos los acusen de actuar mal, verán que ustedes tienen una conducta honorable y le darán honra a Dios cuando él juzgue al mundo.*

No hay nada más poderoso y efectivo que un enemigo convertido en un amigo. Con amor, perdón, oración y palabras suaves, podrás transformar a algunos de tus enemigos en amigos.

¿Existen realmente los enemigos espirituales —los poderes de las tinieblas— que tratan de atacarme?

DANIEL 10:12-13 | *[El hombre de la visión] dijo: "No tengas miedo, Daniel. Desde el primer día que comenzaste a orar para recibir entendimiento y a humillarte delante de tu Dios, tu petición fue escuchada en el cielo. He venido en respuesta a tu oración. Pero durante veintiún días el espíritu príncipe del reino de Persia me impidió el paso. Entonces vino a ayudarme Miguel, uno de los arcángeles".*

MATEO 4:1 | *El Espíritu llevó a Jesús al desierto para que allí lo tentara el diablo.*

La Biblia enseña claramente que los seres humanos estamos envueltos en una guerra espiritual. Lejos de dejarte afuera de esta lucha espiritual, la fe te pone justamente en el centro de ella. Luchas por tu alma. Debes reconocerlo y armarte, o serás derrotado.

EFESIOS 6:12 | *No luchamos contra enemigos de carne y hueso, sino contra gobernadores malignos y autoridades del mundo invisible, contra fuerzas poderosas de este mundo tenebroso y contra espíritus malignos de los lugares celestiales.*

El propósito del diablo es desafiar a Dios y debilitar a los creyentes, hasta llevarlos al pecado. Eso complace a Satanás y le da un poder más grande. Pero Dios es el Guerrero. Una batalla ruge en el reino espiritual y, como creyente, tú estás en el medio de la acción. Dios está siempre listo para pelear por ti; está siempre dispuesto a venir en tu defensa. Además, te da la armadura para que puedas pelear junto a él (ver Efesios 6:11-18). Pero debes unirte a Dios en la batalla, o te volverás vulnerable e indefenso para resistir al enemigo. Si te unes a Dios, tienes la victoria garantizada.

La promesa de Dios 2 TESALONICENSES 3:3 | *El Señor es fiel; él los fortalecerá y los protegerá del maligno.*

EL ENGAÑO/LA DECEPCIÓN

¿Cómo sé cuando estoy siendo engañado?

JUECES 16:6 | *Dalila le dijo a Sansón: "Dime, por favor, qué te hace tan fuerte, y con qué podrían amarrarte sin que te liberes".*

Pregúntate si en tu interior escuchas fuertemente la voz de tu conciencia. Cuando tu conciencia te dice que no y tu deseo te dice que sí, ¿puedes prestar atención a tu conciencia y hacerle caso? En ese ejemplo, la belleza de Dalila y la promesa del placer sexual convencieron a Sansón de que ella era sincera. Sansón era el líder espiritual de Israel, pero pasaba la noche en la casa de una mujer malvada que lo tentaba sexualmente. ¿Qué le había pasado a su conciencia? Cuando hagas una práctica de no escuchar a tu conciencia, en poco tiempo dejarás de oírla.

HECHOS 17:11 | *Día tras día examinaban las Escrituras para ver si Pablo y Silas enseñaban la verdad.*

2 TIMOTEO 3:16 | *Toda la Escritura es inspirada por Dios y es útil para enseñarnos lo que es verdad y para hacernos ver lo que está mal en nuestra vida. Nos corrige cuando estamos equivocados y nos enseña a hacer lo correcto.*

Si una persona trata de convencerte de hacer algo que contradice a las Escrituras, puedes estar seguro de que es algo malo. Debes conocer la Biblia bastante bien para discernir cuándo alguien está diciéndote algo falso.

GÉNESIS 3:6 | *La mujer quedó convencida. Vio que el árbol era hermoso y su fruto parecía delicioso, y quiso la sabiduría que le daría. Así que tomó del fruto y lo comió.*

Si algo parece demasiado bueno para ser verdad, pregúntate si se trata de un engaño. En algunos casos, estás siendo muy bendecido y todo es auténtico. Pero la mayoría de las veces, si algo parece demasiado bueno para ser verdad, no es verdad.

PROVERBIOS 14:7 | *No te acerques a los necios, porque no encontrarás conocimiento en sus labios.*

¡Cuántas veces ignoramos verdades obvias! Si quieres evitar ser engañado aléjate de las personas mentirosas.

2 TIMOTEO 3:13 | *Los malos y los impostores serán cada vez más fuertes. Engañarán a otros, y ellos mismos serán engañados.*

Mientras Satanás tenga poder para engañar, engañará a las personas y estas, a su vez, tratarán de engañarte a ti. El peor tipo de mentiroso es el falso maestro, quien aparenta dar un buen consejo pero, en realidad, te conduce a un camino de destrucción.

¿Cómo me engaño a mí mismo?

JEREMÍAS 17:9 | *El corazón humano es lo más engañoso que hay.*

GÁLATAS 6:7 | *No se dejen engañar: nadie puede burlarse de la justicia de Dios. Siempre se cosecha lo que se siembra.*

Te engañas a ti mismo cuando piensas que puedes salirte con la tuya con el pecado, y te engañas a ti mismo cuando crees que puedes ignorar a Dios y, aun así, recibir sus bendiciones.

1 CORINTIOS 3:18 | *Dejen de engañarse a sí mismos. Si piensan que son sabios de acuerdo con los criterios de este mundo, necesitan volverse necios para ser verdaderamente sabios.*

Te engañas a ti mismo cuando vives como si este mundo fuese lo único que hubiera. Y te engañas a ti mismo cuando apoyas la moral y los valores de tu cultura, sin evaluarlos a través del filtro de la Palabra de Dios.

La promesa de Dios SALMO 32:2 | *¡Qué alegría para aquellos a quienes el SEÑOR les borró la culpa de su cuenta, los que llevan una vida de total transparencia!*

EL ENOJO

¿Cuáles son los motivos más comunes de mi enojo?

GÉNESIS 4:4-5 | *El SEÑOR aceptó a Abel y a su ofrenda, pero no aceptó a Caín ni a su ofrenda. Esto hizo que Caín se enojara mucho, y se veía decaído.*

NÚMEROS 22:29 | *"¡Me has dejado en ridículo!", gritó Balaam.*

ESTER 3:5 | *Cuando Amán comprobó que Mardoqueo no se inclinaba ante él ni le rendía homenaje, se llenó de furia.*

A menudo, el enojo es una reacción de tu orgullo herido. Es común que te sientas enojado cuando has sido confrontado con tus propios actos pecaminosos, porque no quieres que otros piensen que has hecho algo malo.

1 SAMUEL 18:8 | *Saúl se enoj[ó] mucho. "¿Qué es esto? —dijo—. Le dan crédito a David por diez miles y a mí sólo por miles. ¡Sólo falta que lo hagan su rey!".*

El enojo suele ser una reacción de celos por lo que tiene otra persona, o por lo que otros han logrado.

¿Cuáles son los efectos del enojo?

GÉNESIS 27:41-43 | *Esaú odió a Jacob, porque su padre le había dado la bendición a él. Entonces Esaú comenzó a tramar: ". . . Mataré a mi hermano Jacob". Entonces Rebeca se enteró de los planes de Esaú y llamó a Jacob y le dijo: "Escucha, Esaú se consuela haciendo planes para matarte. . . . Huye a casa de mi hermano Labán, en Harán".*

El enojo te aísla de los demás.

SALMO 37:8 | *¡Ya no sigas enojado! . . . No pierdas los estribos, que eso sólo trae daño.*

SANTIAGO 1:19-20 | *Todos ustedes deben ser rápidos para escuchar, lentos para hablar y lentos para enojarse. El enojo humano no produce la rectitud que Dios desea.*

El enojo hace que seas irreverente y que tengas móviles malvados.

1 SAMUEL 20:30-31 | *Saúl se puso muy furioso con Jonatán. . . . "Mientras ese hijo de Isaí esté vivo, jamás serás rey. ¡Ahora ve y búscalo para que lo mate!"*

El enojo no te deja ver lo que es realmente bueno y correcto. En su forma más extrema, el enojo puede llevar al asesinato.

PROVERBIOS 15:1 | *La respuesta apacible desvía el enojo, pero las palabras ásperas encienden los ánimos.*

El enojo provoca conflictos y discusiones.

¿Qué provoca el enojo de Dios?

EFESIOS 2:2-3 | *Vivían en pecado, igual que el resto de la gente, obedeciendo al diablo . . . , quien es el espíritu que actúa en el corazón de los que se niegan a obedecer a Dios. Todos vivíamos así en el pasado, siguiendo los deseos de nuestras pasiones y la inclinación de nuestra naturaleza pecaminosa. Por nuestra propia naturaleza, éramos objeto del enojo de Dios igual que todos los demás.*

Dios no puede pasar por alto el pecado ni tolerarlo, porque el pecado es una violación deliberada a su rectitud y lo hace enojar.

JUECES 2:13-14 | *Abandonaron al SEÑOR . . . , lo cual hizo que el SEÑOR ardiera de enojo.*

Cuando las personas deliberadamente se alejan de Dios y lo abandonan, él se enoja porque las creó para relacionarse con ellas.

MALAQUÍAS 3:5 | *"En ese día, yo los pondré a juicio. . . . Declararé en contra de los que estafan a sus empleados con sus sueldos, de los que oprimen a viudas y huérfanos o privan de justicia a los extranjeros que viven entre ustedes, porque gente que hace estas cosas no me teme", dice el SEÑOR de los Ejércitos Celestiales.*

Dios se enoja cuando las personas descuidan o abusan de los desdichados y de los necesitados.

¿Dios está enojado conmigo?

ÉXODO 34:6-7 | *El SEÑOR pasó por delante de Moisés proclamando: . . . "Soy lento para enojarme y estoy lleno de amor inagotable y fidelidad. Yo derramo amor inagotable a mil generaciones, y perdono la iniquidad, la rebelión y el pecado. Pero no absuelvo al culpable".*

SALMO 18:26-27 | *Con los puros te muestras puro, pero te muestras hostil con los perversos. Rescatas al humilde, pero humillas al orgulloso.*

Dios no puede tolerar el pecado y la rebelión contra su persona; por lo tanto, cualquier tipo de pecado o de maldad le produce enojo. Pero está dispuesto a perdonar, porque él es amable y misericordioso. Cuando confieses tu pecado con humildad y vuelvas a él con fe, en lugar de su enojo, recibirás su amor y su misericordia abundante.

SALMO 30:5 | *Su ira dura sólo un instante, ¡pero su favor perdura toda una vida! El llanto podrá durar toda la noche, pero con la mañana llega la alegría.*

SALMO 145:8 | *El SEÑOR es misericordioso y compasivo, lento para enojarse y lleno de amor inagotable.*

1 TESALONICENSES 5:9 | *Pues Dios escogió salvarnos por medio de nuestro Señor Jesucristo y no derramar su enojo sobre nosotros.*

La Biblia afirma que Dios es amable, misericordioso y que siempre está dispuesto a recibirte con amor a ti, y a todos sus hijos. El "Dios siempre enojado" es una de las peores caricaturas que se han hecho de él. Su enojo con nosotros se expresa con una disciplina bondadosa, que es una manifestación de su amor en acción.

Cuando estoy enojado, ¿qué debo evitar?

2 CORINTIOS 2:5-7 | *El hombre que causó todos los problemas los lastimó más a todos ustedes que a mí. La mayoría de ustedes se le opusieron, y eso ya fue suficiente castigo. No obstante, ahora es tiempo de perdonarlo y consolarlo; de otro modo, podría ser vencido por el desaliento.*

EFESIOS 6:4 | *No hagan enojar a sus hijos con la forma en que los tratan.*

Evita castigar a tus hijos durante un arranque de cólera. La mayoría de las veces, te arrepentirás de las palabras que digas y de los actos que cometas al reaccionar en forma exagerada ante alguna situación.

SANTIAGO 3:5 | *La lengua es algo pequeño que pronuncia grandes discursos. Así también una sola chispa, puede incendiar todo un bosque.*

Evita "decir lo que piensas" cuando estés enojado. Seguramente dirás algo de lo que te arrepentirás.

1 SAMUEL 19:9-10 | *Mientras David tocaba el arpa, Saúl le arrojó su lanza, pero David la esquivó y, dejando la lanza clavada en la pared, huyó y escapó en medio de la noche.*

Evita actuar impulsivamente durante un arranque de cólera. Seguramente harás algo de lo que te arrepentirás.

Todos nos enojamos en algún momento, entonces ¿qué debo hacer yo al respecto?

EFESIOS 4:26-27 | *"No pequen al dejar que el enojo los controle". No permitan que el sol se ponga mientras siguen enojados, porque el enojo da lugar al diablo.*

Permanece bajo el control del Espíritu Santo por medio de la oración, y trata de resolver rápidamente tu enojo. El enojo impregna todos los aspectos de tu vida, como un zorrino dentro de una casa. No alimentes al enojo alentándolo a quedarse. Libérate de él lo antes posible.

MATEO 5:21-22, 24 | *[Jesús dijo:] "Han oído que a nuestros antepasados se les dijo: 'No asesines'. . . . Pero yo digo: aun si te enojas con alguien, ¡quedarás sujeto a juicio! . . . Anda y reconcíliate con esa persona".*

Enfrenta con calma a las personas con las cuales estés enojado, para reanudar tu relación.

1 CORINTIOS 13:5 | *[El amor] no se irrita ni lleva un registro de las ofensas recibidas.*

El amor es el arma más poderosa para vencer al enojo.

La promesa de Dios SALMO 103:8 | *El SEÑOR es compasivo y misericordioso, lento para enojarse y está lleno de amor inagotable.*

LOS ERRORES

¿Qué dice la Biblia sobre los errores?

GÉNESIS 3:11-13 | *[Dios preguntó:] —¿Acaso has comido del fruto del árbol que te ordené que no comieras?*

El hombre contestó:

—La mujer que tú me diste fue quien me dio del fruto, y yo lo comí.

Entonces el SEÑOR Dios le preguntó a la mujer:

—¿Qué has hecho?

—La serpiente me engañó —contestó ella—. Por eso comí.

Adán y Eva reaccionaron a sus errores tratando de transferirle a otro la culpa, en lugar de aceptar la responsabilidad por sus actos.

JUECES 16:17, 21, 28 | *Finalmente Sansón le reveló su secreto. . . . Así que los filisteos lo capturaron y le sacaron los ojos. . . . Entonces Sansón oró al SEÑOR: "Soberano SEÑOR, acuérdate de mí otra vez".*

La vida de Sansón, aunque estuvo llena de errores tontos, pudo ser usada poderosamente por Dios.

JONÁS 1:3 | *Pero Jonás . . . fue en dirección contraria para huir del SEÑOR.*

Jonás cometió el peor de los errores: huir de Dios.

ÉXODO 2:12; 33:17 | *Moisés miró a todos lados para asegurarse de que nadie lo observaba, y mató al egipcio y escondió el cuerpo en la arena. . . . El SEÑOR [dijo] a Moisés: "Ciertamente haré lo que me pides, porque te miro con agrado y te conozco por tu nombre".*

Aun la vida de Moisés fue estropeada por un error inmaduro y terrible; sin embargo, Dios lo perdonó y tuvo una relación especial con él.

MATEO 26:74-75; 16:18-19; JUAN 21:16 | *Pedro juró: "¡Que me caiga una maldición si les miento! ¡No conozco al hombre!". Inmediatamente, el gallo cantó. . . . Y Pedro salió llorando amargamente. . . . [Jesús dijo:] "Ahora te digo que tú eres Pedro (que quiere decir 'roca'), y sobre esta roca edificaré mi iglesia, y el poder de la muerte no la conquistará. Y te daré las llaves del reino del cielo. . . .*

Jesús [preguntó]:

—. . . ¿Me amas?

—Sí, Señor —dijo Pedro—, tú sabes que te quiero.

—Entonces, cuida de mis ovejas —dijo Jesús.

Cristo restauró la comunión —y el liderazgo— de Pedro, a pesar de su más lamentable error.

SANTIAGO 3:2 | *Es cierto que todos cometemos muchos errores. Pues, si pudiéramos dominar la lengua, seríamos perfectos, capaces de controlarnos en todo sentido.*

La Biblia dice que uno de los errores más comunes es hablar, y luego arrepentirse de haberlo hecho.

Cuando cometo un error muy grande, ¿cómo hago para seguir adelante?

2 SAMUEL 12:13 | *David confesó a Natán:*

—He pecado contra el SEÑOR.

Natán respondió:

—Sí, pero el SEÑOR te ha perdonado.

1 JUAN 1:10 | *Si afirmamos que no hemos pecado, llamamos a Dios mentiroso y demostramos que no hay lugar para su palabra en nuestro corazón.*

Comienza por reconocer tus errores y pecados, para que estés abierto al perdón y a la restauración de tus relaciones.

1 JUAN 1:9 | *Si confesamos nuestros pecados a Dios, él es fiel y justo para perdonarnos.*

Recibe el perdón de Dios. Él quiere dártelo tanto como tú necesitas recibirlo.

2 CORINTIOS 2:7-8 | *Es tiempo de perdonarlo y consolarlo; de otro modo, podría ser vencido por el desaliento. Así que ahora les ruego que reafirmen su amor por él.*

SANTIAGO 5:16 | *Confiésense los pecados unos a otros y oren los unos por los otros.*

Perdona a los demás; pídele perdón a otros cuando sea necesario, y recíbelo cuando te lo otorguen.

JEREMÍAS 8:4-6 | *Esto dice el SEÑOR: "Cuando una persona se cae, ¿no vuelve a levantarse? Cuando descubre que está en un camino equivocado, ¿no regresa? Entonces, ¿por qué esta gente continúa en su camino de autodestrucción? ¿Por qué los habitantes de Jerusalén rehúsan regresar? . . . ¿Hay alguien que esté apenado por haber hecho lo malo? ¿Alguien que diga: '¡Qué cosa tan terrible he hecho!'?".*

HEBREOS 12:1 | *Ya que estamos rodeados por una enorme multitud de testigos de la vida de fe, quitémonos todo peso que nos impida correr, especialmente el pecado que tan fácilmente nos hace tropezar. Y corramos con perseverancia la carrera que Dios nos ha puesto por delante.*

No tengas miedo de cometer errores. Si nunca te equivocas, es porque nunca has intentado triunfar. Y, una vez que te perdonen, no pienses demasiado en tus errores. Déjalos atrás, y cruza la puerta de entrada hacia tu futuro.

1 CORINTIOS 10:1, 11 | *Amados hermanos, no quiero que se olviden de lo que les sucedió a nuestros antepasados hace mucho tiempo en el desierto. . . . Esas cosas les sucedieron a ellos como ejemplo*

para nosotros. Se pusieron por escrito para que nos sirvieran de advertencia.

Si no aprendes de los errores pasados, estarás adormecido en una falsa sensación de seguridad. Aprender de tus errores pasados te prepara para no repetirlos en el futuro.

La promesa de Dios FILIPENSES 3:13-14 | *No, amados hermanos, no lo he logrado, pero me concentro sólo en esto: olvido el pasado y fijo la mirada en lo que tengo por delante, y así avanzo hasta llegar al final de la carrera para recibir el premio celestial al cual Dios nos llama por medio de Cristo Jesús.*

ESCUCHAR

¿Por qué es tan importante escuchar?

PROVERBIOS 1:9 | *Lo que aprendas de [tu padre y tu madre] te coronará de gracia y será como un collar de honor alrededor de tu cuello.*

Escuchar te ayuda a crecer y a madurar. El escuchar con atención fomenta el aprendizaje, lo cual lleva al conocimiento y a la sabiduría.

PROVERBIOS 5:13-14 | *¿Por qué no escuché a mis maestros? ¿Por qué no presté atención a mis instructores? He llegado al borde de la ruina y ahora mi vergüenza será conocida por todos.*

Escuchar te ayuda a no cometer errores que podrías haber evitado.

PROVERBIOS 2:1, 9 | *Hijo mío, presta atención a lo que digo y atesora mis mandatos. . . . Entonces comprenderás lo que es correcto . . . y encontrarás el buen camino que debes seguir.*

Escuchar a Dios es esencial para tomar buenas decisiones. Cuando realmente escuches al Espíritu Santo y las órdenes de Dios, tendrás la orientación que necesitas para decidir con sabiduría.

PROVERBIOS 8:6 | *¡Escúchenme! Tengo cosas importantes que decirles.*

Escuchar te ayuda a no tener prejuicios. Te da la oportunidad de recibir una variedad de ideas de muchas fuentes diferentes.

ÉXODO 18:24 | *Moisés escuchó el consejo de su suegro y siguió sus recomendaciones.*

Cuando escuchas a otros, les demuestras que los respetas. Honras sus palabras, y haces que se sientan apoyados porque los has escuchado.

PROVERBIOS 21:13 | *Los que tapan sus oídos al clamor del pobre tampoco recibirán ayuda cuando pasen necesidad.*

Escuchar es más que oír; es aquello que te conecta con otros. Te ayuda a saber cuando tienen necesidades y cuál es la mejor manera de ayudarlos.

¿Qué cosas no debería escuchar?

GÉNESIS 3:1, 6 | *La serpiente . . . le preguntó a la mujer: "¿De veras Dios les dijo que no deben comer del fruto de ninguno de los árboles del huerto?". . . . [Ella] vio que el árbol era hermoso y su fruto parecía delicioso, y quiso la sabiduría que le daría. Así que tomó del fruto y lo comió.*

MATEO 6:13 | *No permitas que cedamos ante la tentación.*

La tentación.

LEVÍTICO 19:16 | *No disemines chismes difamatorios entre tu pueblo.*

Los chismes.

MARCOS 13:21-23 | *Si alguien les dice: "Miren, aquí está el Mesías" o "Allí está", no lo crean. Pues se levantarán falsos mesías y falsos profetas y realizarán señales y milagros para engañar, de ser posible, aun a los elegidos de Dios. ¡Tengan cuidado!*

2 PEDRO 2:1 | *En Israel . . . hubo falsos profetas, tal como habrá falsos maestros entre ustedes.*

Las falsas enseñanzas.

EFESIOS 5:4 | *Los cuentos obscenos, las conversaciones necias y los chistes groseros no son para ustedes.*

Los insultos y las historias subidas de tono.

PROVERBIOS 13:5 | *Los justos odian las mentiras.*

Las mentiras.

PROVERBIOS 29:5 | *Adular a un amigo es tenderle una trampa para los pies.*

La adulación.

¿Cómo puedo escuchar mejor a Dios?

SALMO 4:3 | *De algo pueden estar seguros: . . . el SEÑOR me responderá cuando lo llame.*

SALMO 5:3 | *Cada mañana llevo a ti mis peticiones y quedo a la espera.*

A través de la oración. Luego de hablar con Dios, guarda silencio y escucha por un rato.

SALMO 46:10 | *¡Quédense quietos y sepan que yo soy Dios!*
Estar callado te ayuda a escuchar mejor la voz de Dios. Busca momentos y lugares en los que no escuches otra cosa que la voz de Dios.

LUCAS 8:18 | *Presten atención a cómo oyen. A los que escuchan mis enseñanzas se les dará más entendimiento; pero a los que no escuchan, se les quitará aun lo que piensan que entienden.*

Cuando creas haber escuchado algo de Dios, préstale atención. No te pierdas la oportunidad de recibir una lección del Sumo Maestro.

La promesa de Dios PROVERBIOS 1:23 | *Vengan y escuchen mi consejo. Les abriré mi corazón y los haré sabios.*

LA ESPERANZA

¿Qué puedo hacer cuando mi situación parece desesperada?

1 SAMUEL 1:10 | *Ana, con una profunda angustia, lloraba amargamente mientras oraba al SEÑOR.*

Puedes orar. Ana, en medio de su desesperación, oró a Dios, sabiendo que si tenía alguna esperanza, la encontraría en él.

HECHOS 16:24-25 | *El carcelero los puso en el calabozo de más adentro y les sujetó los pies en el cepo. Alrededor de la medianoche, Pablo y Silas estaban orando y cantando himnos a Dios, y los demás prisioneros escuchaban.*

Puedes adorar. Pablo y Silas estaban en el pabellón de la muerte por predicar acerca de Jesús pero aun así, en esa situación desesperada, cantaron canciones de alabanza a Dios. ¿Por qué? Porque tenían confianza en la promesa de que Dios siempre estaría con ellos.

PROVERBIOS 10:28 | *Las esperanzas del justo traen felicidad, pero las expectativas de los perversos no resultan en nada.*

Puedes concentrarte en la eternidad. Más allá de lo desesperantes que parezcan las cosas aquí, en la tierra, la esperanza que tienes en Jesús es terminante y eterna. Porque lo conoces, has recibido la promesa de un futuro eterno lleno de felicidad en el cielo. Hay mucha más vida por vivir, después de la sepultura.

HAGEO 1:9 | *Esperaban cosechas abundantes, pero fueron pobres. Y cuando trajeron la cosecha a su casa, yo la hice desaparecer con un soplo. ¿Por qué? Porque mi casa está en ruinas —dice el* SEÑOR *de los Ejércitos Celestiales— mientras ustedes se ocupan de construir sus casas propias y elegantes.*

Puedes perseverar en poner a Dios en el primer lugar, porque cuando lo sigues adonde él te guía, sabes que vas en la dirección correcta.

¿Cómo pongo mi esperanza en Dios?

ROMANOS 8:24 | *Recibimos esa esperanza cuando fuimos salvos. (Si uno ya tiene algo, no necesita esperarlo).*

Por definición, la esperanza es tener la expectativa de algo que todavía no ha ocurrido. Una vez que la esperanza se realiza, deja de ser una esperanza. Por lo tanto, una parte importante de la esperanza es esperar pacientemente que Dios obre.

HEBREOS 11:1 | *La fe es la confianza de que en verdad sucederá lo que esperamos; es lo que nos da la certeza de las cosas que no podemos ver.*

Ten fe en lo que Dios ha prometido, y confía en que él actuará. Tus esperanzas no son inútiles, porque se levantan sobre la sólida base de que él es digno de confianza.

JEREMÍAS 29:11 | *"Yo sé los planes que tengo para ustedes —dice el SEÑOR—. Son planes para lo bueno y no para lo malo, para darles un futuro y una esperanza".*

FILIPENSES 3:13-14 | *Olvido el pasado y fijo la mirada en lo que tengo por delante, y así avanzo hasta llegar al final de la carrera para recibir el premio celestial al cual Dios nos llama por medio de Cristo Jesús.*

La esperanza implica un entendimiento del futuro. Incluso aquí, en la tierra, los planes de Dios son bendecirte, no lastimarte. De modo que, si tú cumples con los planes que él tiene para ti, puedes esperar tu futuro con una expectativa llena de alegría.

¿Cómo me ayuda la esperanza a vivir mejor el día de hoy?

1 JUAN 3:3 | *Todos los que tienen esta gran expectativa se mantendrán puros, así como [Dios] es puro.*

La esperanza es el factor motivador que te ayuda a resistir la tentación y a guardar pura tu vida delante de Dios.

La promesa de Dios JOB 11:18 | *Tener esperanza te dará valentía. Estarás protegido y descansarás seguro.*

ESTAFAR

¿Qué piensa Dios del estafar? ¿Siempre es malo?

LEVÍTICO 19:11 | *No se engañen ni se estafen unos a otros.*

PROVERBIOS 11:1 | *El SEÑOR detesta el uso de las balanzas adulteradas, pero se deleita en pesas exactas.*

Si quieres ser bendecido por Dios, debes vivir de acuerdo con sus pautas de rectitud y justicia. El engaño es lo opuesto a la honestidad porque siempre esconde la motivación de hacerle trampa a alguien.

ROMANOS 13:9-10 | *Los mandamientos dicen: "No cometas adulterio. No mates. No robes. No codicies". Estos y otros mandamientos semejantes se resumen en uno solo: "Ama a tu prójimo como a ti mismo". El amor no hace mal a otros, por eso el amor cumple con las exigencias de la ley de Dios.*

El engaño es la evidencia de que no amas ni respetas a la persona que engañaste, y de que solamente estás pensando en ti.

SALMO 101:7 | *No permitiré que los engañadores sirvan en mi casa, y los mentirosos no permanecerán en mi presencia.*

Cuando engañas, en realidad estás engañándote a ti mismo respecto a lo que Dios proyectó para ti.

¿Hay algún engaño peor que otro?

MARCOS 12:40 | *[Los maestros de la ley religiosa] estafan descaradamente a las viudas para apoderarse de sus propiedades y luego pretenden ser piadosos haciendo largas oraciones en público. Por eso serán castigados con más severidad.*

El pecado es pecado, pero algunos pecados reciben un castigo mayor de parte de Dios. Engañar a los menos afortunados, y luego cubrir eso tratando de hacer que esos actos parezcan espirituales, es un doble pecado: primero, el pecado del engaño y, en segundo lugar, el pecado de la mentira de aparentar piedad.

LUCAS 16:10 | *Si son fieles en las cosas pequeñas, serán fieles en las grandes; pero si son deshonestos en las cosas pequeñas, no actuarán con honradez en las responsabilidades más grandes.*

El carácter se prueba en las pequeñas elecciones que haces. El engaño pequeño está hecho de la misma tela que un gran engaño. Así como una gotita de tintura roja colorea una gran cantidad de agua cristalina, un pequeño acto engañoso tiñe todo tu carácter.

La promesa de Dios PROVERBIOS 11:1 | *El SEÑOR detesta el uso de las balanzas adulteradas, pero se deleita en pesas exactas.*

EL ESTRÉS

¿Cuáles son algunos de los peligros del estrés?

NÚMEROS 11:10-15 | *Moisés . . . estaba muy molesto, y le dijo al SEÑOR: "¿Por qué me tratas a mí, tu servidor, con tanta dureza? . . . ¿Qué hice para merecer la carga de todo este pueblo? . . . ¿De dónde se supone que voy a conseguir carne para toda esta gente? No dejan de quejarse conmigo diciendo: '¡Danos carne para comer!'. ¡Solo no puedo soportar a todo este pueblo! ¡La carga es demasiado pesada! Si esta es la manera como piensas tratarme, sería mejor que me mataras. ¡Hazme ese favor y ahórrame esta miseria!".*

2 CORINTIOS 1:8 | *Amados hermanos, pensamos que tienen que estar al tanto de las dificultades que hemos atravesado en la provincia de Asia. Fuimos oprimidos y agobiados más allá de nuestra capacidad de aguantar y hasta pensamos que no saldríamos con vida.*

Las intensas demandas de la vida pueden llegar a aplastarte. Las expectativas, las críticas, la magnitud de la necesidad y de la responsabilidad son amenazas hasta para la persona más fuerte.

MATEO 13:22 | *Las semillas que cayeron entre los espinos representan a los que oyen la palabra de Dios, pero muy pronto el mensaje queda desplazado por las preocupaciones de esta vida.*

LUCAS 10:40-41 | *Marta estaba distraída con los preparativos para la gran cena. Entonces se acercó a Jesús y le dijo:*

—Maestro, ¿no te parece injusto que mi hermana esté aquí sentada mientras yo hago todo el trabajo? Dile que venga a ayudarme.

El Señor le dijo:

—Mi apreciada Marta, ¡estás preocupada y tan inquieta con todos los detalles!

El estrés puede hacerte concentrar en lo trivial y que te pierdas lo importante. Cuando la presión hace que tu perspectiva se centre en tu interior, dejas de ver la escena general. Las preocupaciones por las cuestiones del momento te impiden ver lo que es realmente importante.

¿Cómo puedo hacerle frente al estrés?

2 CORINTIOS 4:9 | *Somos perseguidos pero nunca abandonados por Dios. Somos derribados, pero no destruidos.*

¡Sigue adelante! Saber que Dios está a tu lado en los momentos difíciles y de estrés puede ayudarte a no darte por vencido.

SALMO 55:22 | *Entrégale tus cargas al SEÑOR, y él cuidará de ti.*

MATEO 11:28 | *Dijo Jesús: "Vengan a mí todos los que están cansados y llevan cargas pesadas, y yo les daré descanso".*

Trae todas tus cargas al Señor. Él es el único que ofrece la verdadera paz interior. La disponibilidad y las promesas de Dios son eficaces reductoras de estrés.

2 SAMUEL 22:7 | *En mi angustia, clamé al SEÑOR. . . . Él me oyó desde su santuario; mi clamor llegó a sus oídos.*

SALMO 86:7 | *A ti clamaré cada vez que esté en apuros, y tú me responderás.*

Sé persistente en la oración.

MARCOS 6:31 | *Jesús les dijo: "Vayamos solos a un lugar tranquilo para descansar un rato". Lo dijo porque había tanta gente que iba y venía que Jesús y sus apóstoles no tenían tiempo ni para comer.*

Tómate un tiempo para bajar de revoluciones y descansar un poco de las situaciones que te presionan.

1 CORINTIOS 6:19-20 | *¿No se dan cuenta de que su cuerpo es el templo del Espíritu Santo, quien vive en ustedes y les fue dado por Dios? Ustedes no se pertenecen a sí mismos, porque Dios los compró a un alto precio. Por lo tanto, honren a Dios con su cuerpo.*

Cuida tu cuerpo. El suficiente descanso, el ejercicio regular y una nutrición adecuada son esenciales para encarar eficazmente el estrés.

GÁLATAS 6:9 | *No nos cansemos de hacer el bien. A su debido tiempo, cosecharemos numerosas bendiciones si no nos damos por vencidos.*

No dejes que el estrés te venza. Cuando estés cansado de hacer el bien, tal vez se deba a que, sencillamente, estás demasiado cansado.

ISAÍAS 41:10 | *No tengas miedo, porque yo estoy contigo; no te desalientes, porque yo soy tu Dios. Te daré fuerzas y te ayudaré; te sostendré con mi mano derecha victoriosa.*

Cambia miedo y ansiedad por fe y paz. Dios promete darte el poder para que pases los momentos difíciles.

La promesa de Dios JUAN 16:33 | *Les he dicho todo lo anterior para que en mí tengan paz. Aquí en el mundo tendrán muchas pruebas y tristezas; pero anímense, porque yo he vencido al mundo.*

LA EXCELENCIA

¿Dónde tiene su origen la excelencia en el trabajo?

GÉNESIS 1:31 | *Dios miró todo lo que había hecho, ¡y vio que era muy bueno!*

SALMO 19:1 | *Los cielos proclaman la gloria de Dios y el firmamento despliega la destreza de sus manos.*

El esplendor de la creación original —la naturaleza, los animales y las personas— era la excelencia en su forma más pura. El producto final no sólo era excelente, sino que lo era hasta en el mínimo detalle. La gloria del Creador se reflejaba en la excelencia de su creación.

ISAÍAS 35:2 I *Así es, habrá abundancia de flores, de cantos y de alegría. Los desiertos se pondrán tan verdes como los montes del Líbano, tan bellos como el monte Carmelo o la llanura de Sarón. Allí el SEÑOR manifestará su gloria, el esplendor de nuestro Dios.*

Toda la naturaleza canta y manifiesta la belleza de una simetría que supera al genio musical, poético o artístico de todos los tiempos.

¿Por qué Dios estimula la excelencia? ¿Por qué debiera esforzarme yo por ser excelente?

ÉXODO 35:31-33 I *El SEÑOR llenó a Bezalel del Espíritu de Dios, y le dio gran sabiduría, capacidad y destreza en toda clase de artes manuales y oficios. Él es un maestro artesano. . . . Es hábil. . . . ¡Es un maestro en todo trabajo artístico!*

Dios le da un gran valor a la excelencia; por lo tanto, te ha creado con dones únicos y especiales, para ayudarte a que llegues a ser excelente en determinada área.

1 CRÓNICAS 26:6 I *Semaías . . . tuvo hijos muy capaces que obtuvieron posiciones de gran autoridad.*

La excelencia es altamente valorada. Los que se esfuerzan por lograr la excelencia, generalmente, son ascendidos a posiciones importantes para impactar a un mayor número de personas.

2 CRÓNICAS 30:21-22, 26 I *Cada día los levitas y los sacerdotes cantaban al SEÑOR, al son de instrumentos resonantes. Ezequías les dio ánimo a todos los levitas en cuanto a la habilidad que*

demostraban. . . . Hubo gran alegría en la ciudad, porque en Jerusalén no se había presenciado una celebración como ésta desde los días de Salomón, hijo del rey David.

La excelencia es sumamente apreciada. Inspira, satisface, bendice y motiva a otras personas.

NEHEMÍAS 13:13 | *Estos hombres gozaban de una excelente reputación, y su tarea consistía en hacer distribuciones equitativas a sus compañeros levitas.*

Normalmente, la excelencia realza tu reputación. Sería trágico que fueras recordado por preferir la mediocridad.

EFESIOS 4:11-12 | *Cristo dio los siguientes dones a la iglesia . . . [para] preparar al pueblo de Dios para que lleve a cabo la obra de Dios y edifique la iglesia, es decir, el cuerpo de Cristo.*

La excelencia te compromete y te desafía; te impulsa a que lleves a cabo tu contribución singular.

1 PEDRO 4:11 | *¿Has recibido el don de ayudar a otros? Ayúdalos con toda la fuerza y la energía que Dios te da.*

La excelencia es útil para los demás. Por ejemplo, los médicos que se esfuerzan por ser excelentes tienen más oportunidades de ayudar a que otras personas se recuperen. Los padres que se esmeran por criar a sus hijos les darán herramientas esenciales que los prepararán mejor para el mundo real.

SALMO 98:5 | *Canten alabanzas al SEÑOR con el arpa, con el arpa y dulces melodías.*

Procurar la excelencia es un acto de adoración.

2 CORINTIOS 3:18 | *El Señor, quien es el Espíritu, nos hace más y más parecidos a él a medida que somos transformados a su gloriosa imagen.*

La excelencia es una muestra de que estamos esforzándonos por llegar a ser como Cristo, quien fue y es excelente en todo sentido.

La promesa de Dios COLOSENSES 3:23-24 | *Trabajen de buena gana en todo lo que hagan, como si fuera para el Señor y no para la gente. Recuerden que el Señor los recompensará con una herencia y que el Amo a quien sirven es Cristo.*

LAS EXCUSAS

¿Cuál es la primera excusa que se encuentra en la Biblia?

GÉNESIS 3:11-12 | *[El Señor Dios preguntó:] —¿Acaso has comido del fruto del árbol que te ordené que no comieras?*

El hombre contestó:

—La mujer que tú me diste fue quien me dio del fruto, y yo lo comí.

Adán, el primer hombre, dio la primera excusa. Él comió el fruto, pero culpó a Eva de ofrecérselo e, indirectamente, culpó a Dios, porque Dios le había entregado a "la mujer". Luego, Eva le echó la culpa a la serpiente por convencerla de comer el fruto (ver Génesis 3:13). Los dos intentaron justificar sus acciones echándole la culpa a otro. ¡Es interesante que las personas hayan empezado a poner excusas después de su primer pecado!

¿Qué ejemplos hay de otras personas que hayan puesto excusas pobres?

GÉNESIS 16:5 | *Sarai le dijo a Abram: "¡Todo esto es culpa tuya! Puse a mi sierva en tus brazos pero, ahora que está embarazada, me trata con desprecio".*

Sarai, la esposa de Abram, no podía tener hijos, así que le dio su esclava a Abram para tener un hijo por medio de ella. Luego se arrepintió y le echó la culpa a Abram por aceptar tan fácilmente su ofrecimiento.

ÉXODO 32:24 | *[Aarón le dijo a Moisés:] "Así que yo les dije: 'Los que tengan joyas de oro, que se las quiten'. Cuando me las trajeron, no hice más que echarlas al fuego, ¡y salió este becerro!"*

La pobre excusa que puso Aarón por hacer un ídolo (algo que Dios expresamente condenaba) fue que ¡simplemente ocurrió! ¿Con cuánta frecuencia haces lo mismo: echarle la culpa de tu pecado intencional a circunstancias que están más allá de tu control?

1 SAMUEL 15:1, 3, 9, 15 | *[Samuel le dijo a Saúl:] "¡Escucha este mensaje del SEÑOR! . . . Ve ahora y destruye por completo a toda la nación amalecita". . . . [Pero] Saúl y sus hombres . . . se quedaron con lo mejor. . . . "Es cierto que los soldados dejaron con vida lo mejor de las ovejas, las cabras y el ganado —admitió Saúl—, pero van a sacrificarlos al SEÑOR tu Dios. Hemos destruido todo lo demás".*

Saúl trató de justificar su conducta pecaminosa con la excusa de que pecaba para hacer algo bueno. Su vida fue una historia de una excusa tras otra. Finalmente, se quedó sin excusas y perdió su reino por el simple hecho de no admitir sus errores y reconocer que estaba equivocado (ver 1 Samuel 15:26).

LUCAS 22:60 | *Pedro dijo: "¡Hombre, no sé de qué hablas!".*

Pedro tenía una excusa para fingir que no conocía a Jesús: quería salvar su vida o, por lo menos, evitar que se burlaran de él por ser relacionado con Jesús. Irónicamente, cuando empiezas a inventar excusas sobre tu relación con Jesús es cuando más peligro corres de perder todo lo que él te ofrece.

¿Alguna vez podría excusarme de no realizar la obra de Dios por carecer de habilidades o de recursos?

ÉXODO 4:10 | *Moisés rogó al SEÑOR: "Oh SEÑOR, no tengo facilidad de palabra; nunca la tuve, ni siquiera ahora que tú me has hablado. Se me traba la lengua y se me enredan las palabras".*

JUECES 6:15-16 | *—Pero, SEÑOR —respondió Gedeón—, ¿cómo podré yo rescatar a Israel? ¡Mi clan es el más débil de toda la tribu de Manasés, y yo soy el de menor importancia en mi familia!*

El SEÑOR le dijo:

—Yo estaré contigo.

Tanto Moisés como Gedeón pensaban que tenían una buena excusa para sacarse de encima el servicio a Dios. Pero las capacidades que busca Dios son diferentes de las que nosotros suponemos. Él suele elegir a las personas menos probables para realizar su obra, para demostrar su poder con una mayor efectividad. Si sabes que Dios te ha llamado para hacer algo, deja de tratar de disculparte a ti mismo. Él te dará la ayuda y la fuerza que tú necesitas para concluir el trabajo.

¿Tengo alguna excusa para no aceptar al Señor?

FILIPENSES 2:9-11 | *Dios lo elevó [a Jesús] al lugar de máximo honor . . . para que, ante el nombre de Jesús, se doble toda rodilla . . . y toda lengua confiese que Jesucristo es el Señor para la gloria de Dios Padre.*

Puedes tener toda clase de excusas para evitar a Dios: estar demasiado ocupado, culpar a Dios por tus sufrimientos, postergar las cosas, no querer renunciar a tus vicios favoritos o, incluso, no saber por dónde empezar. ¿Acaso piensas que alguna de esas excusas prevalecerán cuando veas a Dios cara a cara?

ROMANOS 1:20 | *Desde la creación del mundo, todos han visto los cielos y la tierra. Por medio de todo lo que Dios hizo, ellos pueden ver a simple vista las cualidades invisibles de Dios: su poder eterno y su naturaleza divina. Así que no tienen ninguna excusa para no conocer a Dios.*

Todos pueden ver el testimonio de la naturaleza, la obra de Dios, de la que la Biblia dice claramente que deja ver la mano de un Creador todopoderoso. Eso por sí solo basta como testigo de su presencia y de su poder. Si no logras aceptar a Dios, realmente no tienes excusa.

La promesa de Dios 1 PEDRO 1:17 | *Recuerden que el Padre celestial, a quien ustedes oran, no tiene favoritos. Él los juzgará o los recompensará según lo que hagan.*

EL ÉXITO

¿Cuál es el verdadero éxito a los ojos de Dios?

MATEO 22:37 | *Jesús [dijo]: "Amarás al SEÑOR tu Dios con todo tu corazón, con toda tu alma y con toda tu mente".*

JUAN 15:8 | *[Jesús dijo:] "Cuando producen mucho fruto, demuestran que son mis verdaderos discípulos. Eso le da mucha gloria a mi Padre".*

El éxito es conocer a Dios y vivir como a él le agrada.

HECHOS 16:31 | *Cree en el Señor Jesús y serás salvo.*

JUAN 17:3 | *La manera de tener vida eterna es conocerte a ti, el único Dios verdadero, y a Jesucristo, a quien tú enviaste a la tierra.*

La fe en Jesús es tener éxito, porque solamente por la fe tendrás la salvación y la vida eterna.

JOSUÉ 1:8-9 | *Estudia constantemente este Libro de Instrucción. Medita en él de día y de noche para asegurarte de obedecer todo lo que allí está escrito. Sólo entonces prosperarás y te irá bien en todo lo que hagas. . . . Porque el SEÑOR tu Dios está contigo dondequiera que vayas.*

SALMO 25:4-5 | *Muéstrame la senda correcta, oh SEÑOR; señálame el camino que debo seguir. Guíame con tu verdad y enséñame.*

El estudio de la Biblia te revela la voluntad de Dios para tu vida, y ese es el camino más exitoso que puedes tomar.

MATEO 20:25-26 | *Los gobernantes de este mundo tratan a su pueblo con prepotencia y los funcionarios hacen alarde de su autoridad frente a los súbditos. Pero entre ustedes será diferente. El que quiera ser líder entre ustedes deberá ser sirviente.*

Servir y ayudar a otros te da el éxito, pues en el servicio a los demás encuentras verdadera alegría.

JUAN 15:8, 16 | *Cuando producen mucho fruto, demuestran que son mis verdaderos discípulos. Eso le da mucha gloria a mi Padre. . . . Ustedes no me eligieron a mí, yo los elegí a ustedes. Les encargué que vayan y produzcan frutos duraderos, así el Padre les dará todo lo que pidan en mi nombre.*

El éxito es ser productivo: producir resultados que le interesan a Dios.

PROVERBIOS 16:3 | *Pon todo lo que hagas en manos del SEÑOR, y tus planes tendrán éxito.*

El éxito es confiarle a Dios todo lo que haces. Pon a Dios en el primer lugar de tu vida, pues sólo de esa manera podrás comprender plenamente cuáles son las cosas que son importantes en la vida.

La promesa de Dios SALMO 60:12 | *Con el auxilio de Dios haremos cosas poderosas.*

LA FE

¿Por qué debo tener fe en Dios?

JUAN 3:16 | *Dios amó tanto al mundo que dio a su único Hijo, para que todo el que crea en él no se pierda, sino que tenga vida eterna.*

JUAN 5:24 | *[Jesús dijo:] "Les digo la verdad, todos los que escuchan mi mensaje y creen en Dios, quien me envió, tienen vida eterna".*

Según la Biblia (las mismas palabras de Dios), la fe en Dios significa creer que él envió al mundo a su Hijo, Jesucristo, para salvarte de la muerte eterna. La única manera de recibir el don de la vida eterna en el cielo es creyendo que Jesús murió por tus pecados y que resucitó de la muerte. El Único, el que creó los cielos, te ha dicho claramente cómo entrar allí.

HEBREOS 11:1 | *La fe es la confianza de que en verdad sucederá lo que esperamos; es lo que nos da la certeza de las cosas que no podemos ver.*

La fe te da esperanza. Aunque el mundo parezca un lugar desquiciado y confuso, puedes tener la absoluta seguridad de que, un día, Jesús vendrá y arreglará las cosas nuevamente. Tu fe en la promesa de que eso sucederá algún día te permitirá seguir adelante hoy.

La fe parece tan complicada; ¿cómo podré entenderla alguna vez?

MARCOS 5:36 | *Jesús . . . le dijo a Jairo: "No tengas miedo. Sólo ten fe".*

Muchas veces, hacemos que la fe sea demasiado complicada. Simplemente significa creer que Jesús hace lo que ha prometido, y él prometió darte la vida eterna en los cielos si crees que él es quien ha dicho ser: el Hijo de Dios.

¿Cuánta fe debo tener?

MATEO 17:20 | *[Jesús dijo:] "Les digo la verdad, si tuvieran fe, aunque fuera tan pequeña como una semilla de mostaza, podrían decirle a esta montaña: 'Muévete de aquí hasta allá', y la montaña se movería. Nada sería imposible".*

La semilla de mostaza solía usarse como ejemplo de la semilla más pequeña que se conocía. Jesús dijo que lo que marca la diferencia no es el tamaño de tu fe, sino el tamaño de Aquel en quien tú crees. No tienes que tener una gran fe en Dios; más bien, necesitas tener fe en un Dios grande.

¿Cómo puedo fortalecer mi fe?

GÉNESIS 12:1, 4 | *El SEÑOR le había dicho a Abram: "Deja tu patria . . . y vete a la tierra que yo te mostraré". . . . Entonces Abram partió como el SEÑOR le había ordenado.*

La fe, como si fuera un músculo, se fortalece cuanto más la ejercitas. Cuando obedeces lo que Dios te pide que hagas y, como consecuencia, ves que él te bendice, tu fe aumenta.

SALMO 119:48 | *Honro y amo tus mandatos; en tus decretos medito.*

ROMANOS 10:17 | *La fe viene . . . por oír la Buena Noticia acerca de Cristo.*

La fe tiene sus fundamentos en la Palabra de Dios. Tu fe se fortalecerá a medida que estudies la Biblia y reflexiones en las verdades sobre quién es Dios, en las pautas que da para tu vida y cómo quiere llevar a cabo su obra en la tierra a través de ti.

2 REYES 6:17 | *Eliseo oró: "Oh SEÑOR, ¡abre los ojos de este joven para que vea!" Así que el SEÑOR abrió los ojos del joven, y*

cuando levantó la vista vio que la montaña alrededor de Eliseo estaba llena de caballos y carros de fuego.

JUAN 20:27-29 | *[Jesús] le dijo a Tomás:*

—Pon tu dedo aquí y mira mis manos; mete tu mano en la herida de mi costado. Ya no seas incrédulo. ¡Cree!

—¡Mi Señor y mi Dios! —exclamó Tomás.

Entonces Jesús le dijo:

—Tú crees porque me has visto, benditos los que creen sin verme.

2 CORINTIOS 3:14 | *Pero la mente de ellos se endureció, y hasta el día de hoy, cada vez que se lee el antiguo pacto, el mismo velo les cubre la mente para que no puedan entender la verdad. Este velo puede quitarse solamente al creer en Cristo.*

La fe más fuerte no se basa en los sentidos físicos, sino en una convicción espiritual. En este mundo hay un elemento espiritual que tú no puedes ver, pero que es muy real. Tu fe se fortalecerá en la medida en que permitas que el Espíritu Santo fortalezca tu "visión espiritual"; entonces, sentirás y verás los resultados de la obra de Dios en tu vida y en la vida de los que te rodean.

La promesa de Dios HECHOS 16:31 | *Cree en el Señor Jesús y serás salvo.*

EL FRACASO

¿Qué es el fracaso, a los ojos de Dios?

ÉXODO 34:6-7 | *El SEÑOR pasó por delante de Moisés proclamando: "¡Yahveh! ¡El SEÑOR! ¡El Dios de compasión y misericordia! Soy lento para enojarme y estoy lleno de amor inagotable y fidelidad. Yo derramo amor inagotable a mil generaciones, y perdono la iniquidad, la rebelión y el pecado. Pero no absuelvo al culpable".*

MALAQUÍAS 3:5 | *"En ese día, yo los pondré a juicio. . . . Declararé en contra de los que estafan a sus empleados con sus sueldos, de los que oprimen a viudas y huérfanos o privan de justicia a los extranjeros que viven entre ustedes, porque gente que hace estas cosas no me teme", dice el SEÑOR de los Ejércitos Celestiales.*

A los ojos de Dios, el fracaso es vivir en contra del propósito para el que te creó. Dios te dio el don de la vida y te creó para que te relacionaras con él. Tu mayor fracaso sería rechazar ese camino de vida y rechazar a Dios, quien te dio la vida.

¿Qué debo aprender acerca del fracaso?

GÉNESIS 3:12-13 | *[Adán le dijo a Dios:] "La mujer que tú me diste fue quien me dio del fruto, y yo lo comí". . . . "La serpiente me engañó", contestó [Eva].*

2 CORINTIOS 12:9 | *[Dios] dijo: "Mi gracia es todo lo que necesitas; mi poder actúa mejor en la debilidad".*

Una cosa es cierta: debes aprender a vivir con el fracaso. Todas las personas tienen debilidades. La clave de tu carácter no es fracasar poco, sino cómo reaccionas ante el fracaso. Adán y Eva, por ejemplo, reaccionaron a sus fracasos tratando de culparse mutuamente, en lugar de reconocer sus errores y pedir perdón.

JONÁS 1:3 | *Jonás . . . se fue en dirección contraria para huir del SEÑOR.*

No cometas el error de huir de Dios. Esa es la peor clase de fracaso, y te ocasionará la peor clase de consecuencias.

COLOSENSES 3:23-24 | *Trabajen de buena gana en todo lo que hagan, como si fuera para el Señor y no para la gente. Recuerden que el Señor los recompensará con una herencia y que el Amo a quien sirven es Cristo.*

Tu sensación de fracaso puede estar erróneamente condicionada por la falta de aprobación ajena. Las Escrituras te recuerdan que debes definir el éxito según la fidelidad a Dios. Dios recompensará tu fidelidad aunque, a los ojos del mundo, hayas fracasado.

GÉNESIS 4:6-7 | *"¿Por qué estás tan enojado? —preguntó el SEÑOR a Caín—. ¿Por qué te ves tan decaído? Serás aceptado si haces lo correcto, pero si te niegas a hacer lo correcto, entonces, ¡ten cuidado! El pecado está a la puerta, al acecho y ansioso por controlarte; pero tú debes dominarlo y ser su amo".*

PROVERBIOS 29:1 | *Quien se niega tercamente a aceptar la crítica será destruido de repente sin poder recuperarse.*

Si te dicen que has cometido un error, debes tener en cuenta la fuente y el fundamento de la crítica, y luego reflexionar y aprender para el futuro.

JUECES 16:17, 21, 28 | *Finalmente Sansón le reveló su secreto [a Dalila]. . . . Así que los filisteos lo capturaron y le sacaron los ojos. . . . Entonces Sansón oró al SEÑOR: "Soberano SEÑOR, acuérdate de mí otra vez".*

Dios todavía puede usarte, a pesar de tu fracaso. La vida de Sansón, a pesar de que estuvo llena de grandes fracasos, fue usada poderosamente por Dios.

MATEO 26:74 | *Pedro juró: "¡Que me caiga una maldición si les miento! ¡No conozco al hombre!".*

Seguir a Cristo significa dejar que él perdone tus fracasos para que puedas seguir adelante, y disfrutar de la alegría y del éxito. Jesús restauró la comunión con Pedro y lo reinsertó en el servicio, aun después de su fracaso más doloroso.

¿Cuáles son algunas maneras de evitar el fracaso?

1 CRÓNICAS 28:20 | *Sé fuerte y valiente y haz el trabajo. No tengas miedo ni te desanimes, porque el SEÑOR Dios, mi Dios, está contigo. Él no te fallará ni te abandonará. Él se asegurará de que todo el trabajo . . . se termine correctamente".*

Tener valor y perseverancia te ayuda a evitar el fracaso, especialmente si sabes que Dios aprueba la tarea que estás cumpliendo.

PROVERBIOS 15:22 | *Los planes fracasan por falta de consejo; muchos consejeros traen éxito.*

El buen consejo ayuda a evitar el fracaso. Un concierto de consejos sabios produce una buena melodía para tus aciertos.

MATEO 16:26 | *¿Qué beneficio obtienes si ganas el mundo entero pero pierdes tu propia alma? ¿Hay algo que valga más que tu alma?*

Si dirigieras una empresa exitosa, si tuvieras una buena familia y ganaras todo tipo de condecoraciones y te retiraras con una buena jubilación, ¿dirías que has tenido una vida exitosa? Dios dice que habrías fracasado si todo ello lo hicieras sin tenerlo en cuenta a él. Vivir lejos de él en el presente significa vivir lejos de él en la eternidad. No cometas el fracaso de abandonar o ignorar a Dios. No fracases por ignorar qué significa tener una relación con Dios para tu futuro.

Si fallo, ¿cómo supero el fracaso? ¿Cómo puedo transformarlo en un éxito?

1 JUAN 2:1-2 | *Mis queridos hijos, les escribo estas cosas, para que no pequen; pero si alguno peca, tenemos un abogado que defiende nuestro caso ante el Padre. Es Jesucristo, el que es verdaderamente justo. Él mismo es el sacrificio que pagó por nuestros pecados, y no sólo los nuestros sino también los de todo el mundo.*

Tu fracaso no toma a Dios por sorpresa. Dios dio a su Hijo, Jesucristo, para que pagara la deuda de tu fracaso y te devolviera a la comunión con él. Lo maravilloso del evangelio es que tu fracaso permite ver el éxito de Dios.

MIQUEAS 7:8 | *Aunque caiga, me levantaré otra vez. Aunque esté en oscuridad, el SEÑOR será mi luz.*

2 CORINTIOS 4:9 | *Somos perseguidos pero nunca abandonados por Dios. Somos derribados, pero no destruidos.*

Cuando fracases, debes volver a levantarte. No tengas miedo de fracasar. Muchas de las historias inspiradoras de la vida son de personas que fallaron muchas veces, pero que nunca se rindieron. Lo fundamental: nunca te des por vencido en tu relación con Dios, quien te promete la victoria final mediante la vida eterna.

1 REYES 8:23, 33-34 | *[Salomón] oró: "Oh SEÑOR, . . . si tu pueblo Israel cae derrotado ante sus enemigos por haber pecado contra ti, pero luego vuelve a ti y reconoce tu nombre y eleva oraciones a ti . . . , oye entonces desde el cielo y perdona el pecado de tu pueblo".*

Si tu fracaso es el resultado de algo que hiciste mal, acude a Dios y confiésale tu pecado. Esa es la primera y la mejor reacción que puedes tener.

1 CORINTIOS 10:6 | *Esas cosas sucedieron como una advertencia para nosotros.*

Recuerda que el fracaso puede ser útil: puede enseñarte lecciones importantes sobre qué cosas evitar en el futuro. ¡No tienes por qué repetir tus errores, ni imitar los errores que reconoces en otras personas!

HEBREOS 4:15-16 | *Nuestro Sumo Sacerdote comprende nuestras debilidades. . . . Así que acerquémonos con toda confianza al trono de la gracia de nuestro Dios. Allí . . . encontraremos la gracia que nos ayudará cuando más la necesitemos.*

Recuerda que la obra de Dios no se ve limitada por tus fracasos. Él no te rechaza por tus debilidades, sino que te abraza para que puedas recibir la fortaleza para que llegues a ser todo lo que él quiere que seas. Si tu fracaso te lleva a los brazos de Dios, entonces tu fracaso es un éxito.

La promesa de Dios 2 CORINTIOS 12:9 | *[Dios] dijo: "Mi gracia es todo lo que necesitas; mi poder actúa mejor en la debilidad".*

LA FRUSTRACIÓN

¿Cómo debo reaccionar ante la frustración?

GÉNESIS 3:17-19 | *La tierra es maldita por tu culpa. Toda tu vida lucharás para poder vivir de ella. Te producirá espinos y cardos, aunque comerás de sus granos. Con el sudor de tu frente obtendrás alimento para comer.*

La frustración es, a la larga, la consecuencia de la maldición del pecado: las cosas simplemente no salen como tú quieres. Aunque no te guste la frustración, no debe sorprenderte. Vives en un mundo degradado, con personas degradadas; por lo tanto, es normal que haya todo tipo de obstáculos y resistencia. Cuando comprendes la frustración y la aceptas como parte de tu vida diaria, estás mejor preparado para manejarla de una manera positiva.

PROVERBIOS 21:2 | *La gente puede considerarse en lo correcto según su propia opinión, pero el SEÑOR examina el corazón.*

Estudiar la fuente de tu frustración te ayuda a ocuparte de ella. Hay una gran diferencia entre estar frustrado por procurar hacer lo correcto y estar frustrado porque las cosas no salen como tú quieres. Cada frustración debe tratarse por separado.

ÉXODO 17:4 | *Moisés clamó al SEÑOR: "¿Qué hago con este pueblo?".*

JUAN 6:7 | *Felipe [dijo]: "¡Aunque trabajáramos meses enteros, no tendríamos el dinero suficiente para alimentar a toda esta gente!".*

No olvides que muchos de tus problemas no tienen una solución humana. Debes presentárselos a Dios.

JOSUÉ 1:9 | *¡Sé fuerte y valiente! No tengas miedo ni te desanimes, porque el SEÑOR tu Dios está contigo dondequiera que vayas.*

No te desanimes: Dios te dará las fuerzas y el valor que te ayudarán en tu camino.

¿Qué podría frustrar a Dios?

SALMO 78:40-42 | *Cuántas veces se rebelaron contra él en el desierto y entristecieron su corazón en esa tierra seca y baldía.*

Una y otra vez pusieron a prueba la paciencia de Dios y provocaron al Santo de Israel. No se acordaron de su poder ni de cómo los rescató de sus enemigos.

OSEAS 6:4 | *"Oh Israel y Judá, ¿qué debo hacer con ustedes? —pregunta el SEÑOR—. Pues su amor se desvanece como la niebla de la mañana y desaparece como el rocío a la luz del sol".*

Para Dios es frustrante el hecho de darle a su pueblo un amor infinito, misericordia y perdón, sólo para darse cuenta de que ellos obstruyen esas bendiciones y matan de hambre su alma en un desierto espiritual.

La promesa de Dios 1 CRÓNICAS 28:20 | *Sé fuerte y valiente y haz el trabajo. No tengas miedo ni te desanimes, porque el SEÑOR Dios, mi Dios, está contigo. . . . Él se asegurará de que todo el trabajo . . . se termine correctamente.*

EL GOZO

¿Cómo puedo encontrar un gozo real y duradero?

SALMO 86:4 | *Dame felicidad, oh SEÑOR, pues a ti me entrego.*

SALMO 146:5 | *Felices son los que tienen como ayudador al Dios de Israel, los que han puesto su esperanza en el SEÑOR su Dios.*

El mismo Señor es la fuente de la alegría verdadera. Cuanto más lo ames, lo conozcas, camines con él y te parezcas a él, más grande será tu alegría.

SALMO 112:1 | *Qué felices son los que temen al SEÑOR y se deleitan en obedecer sus mandatos.*

Parece una ironía que, cuanto más temas a Dios, más alegría tendrás. Pero la Biblia dice que el temor al Señor (respetarlo tanto como para querer escuchar lo que dice) es el camino a la sabiduría. La sabiduría te ayuda a tomar buenas decisiones, las cuales te producen alegría, y te ayuda a evitar las decisiones dañinas, que te harían sufrir.

MATEO 25:21 I *Has sido fiel en administrar esta pequeña cantidad. . . . ¡Ven a celebrar conmigo!*

El trabajo bien hecho produce una profunda sensación de satisfacción y es motivo de alegría.

¿Cómo puedo alegrarme cuando vivo circunstancias difíciles?

2 CORINTIOS 12:9-10 I *Cada vez [Dios] me dijo: "Mi gracia es todo lo que necesitas; mi poder actúa mejor en la debilidad". Así que ahora me alegra jactarme de mis debilidades, para que el poder de Cristo pueda actuar a través de mí. . . . Pues, cuando soy débil, entonces soy fuerte.*

1 PEDRO 4:12-13 I *No se sorprendan de las pruebas de fuego por las que están atravesando, como si algo extraño les sucediera. En cambio, alégrense mucho, porque . . . [tendrán] la inmensa alegría de ver su gloria [la de Cristo] cuando sea revelada a todo el mundo.*

Dios te promete una recompensa para cuando soportes circunstancias difíciles por causa de tu fe. El prever esta recompensa eterna te produce alegría en medio de la adversidad. El sufrimiento temporal será reemplazado por una alegría mayor y duradera.

HEBREOS 10:34 | *[Ustedes] sufrieron junto con los que fueron metidos en la cárcel y, cuando a ustedes les quitaron todos sus bienes, lo aceptaron con alegría. Sabían que en el futuro les esperaban cosas mejores, que durarán para siempre.*

La esperanza en la promesa divina de la vida eterna puede darte alegría porque sabes que lo que estás atravesando actualmente algún día terminará.

¿Cómo puedo alegrar a Dios?

DEUTERONOMIO 30:10 | *El SEÑOR tu Dios se deleitará en ti si obedeces su voz y cumples los mandatos y los decretos escritos en este Libro de Instrucciones, y si te vuelves al SEÑOR tu Dios con todo tu corazón y con toda tu alma.*

PROVERBIOS 11:20 | *El SEÑOR . . . se deleita en los que tienen integridad.*

PROVERBIOS 15:8 | *El Señor . . . se deleita con las oraciones de los íntegros.*

PROVERBIOS 15:26 | *El SEÑOR . . . se deleita en las palabras puras.*

¿Pueden los seres humanos, limitados y pecadores, causarle alegría y placer al Señor, el Creador del universo? Él dice que sí. Dios te creó porque quiere tener una relación contigo; quiere deleitarse de estar contigo. Pero tú también debes querer tener una relación con él. Una buena relación es de ida y vuelta, y está construida sobre principios fáciles de entender, pero difíciles de llevar a la práctica: la confianza, una comunicación permanente, la humildad para reconocer tus errores, un servicio ferviente y un amor incondicional.

La promesa de Dios SALMO 119:35 | *Hazme andar por el camino de tus mandatos, porque allí es donde encuentro mi felicidad.*

LA GRACIA

¿Qué es la gracia?

ROMANOS 6:23 | *La paga que deja el pecado es la muerte, pero el regalo que Dios da es la vida eterna por medio de Cristo Jesús nuestro Señor.*

EFESIOS 2:8-9 | *Dios los salvó por su gracia cuando creyeron. Ustedes no tienen ningún mérito en eso; es un regalo de Dios. La salvación no es un premio por las cosas buenas que hayamos hecho, así que ninguno de nosotros puede jactarse de ser salvo.*

La gracia es un gran favor que se hace por alguien, sin esperar nada a cambio. Cuando la Biblia dice que eres salvo por gracia, quiere decir que Dios te ha hecho el favor más grande de todos: te ha indultado de la condena a muerte que merecías por haberte rebelado contra él. Por gracia recibes el perdón por tu pecado y eres restaurado para vivir una comunión plena con Dios. Como el regalo de la vida, no puedes adjudicarte mérito por él. ¡Es como si un bebé hiciera alarde por haber nacido! El único problema de la gracia es que debes aceptarla como un regalo; de lo contrario, no podrás disfrutar sus beneficios.

¿De dónde proviene la gracia? ¿Cómo puedo recibirla?

SALMO 84:11 | *El SEÑOR Dios . . . nos da gracia y gloria. El SEÑOR no negará ningún bien a quienes hacen lo que es correcto.*

La gracia comienza por Dios y es dada gratuitamente por Dios. Tú simplemente la aceptas como un regalo. Luego, la bondad que mostró por ti es tu ejemplo para extender gracia y misericordia a otras personas.

EFESIOS 2:8 | *Dios los salvó por su gracia cuando creyeron. Ustedes no tienen ningún mérito en eso; es un regalo de Dios.*

Es por su gracia que Dios decidió ofrecerte el regalo de la salvación. No hay nada que puedas hacer para ganarla. Lo único que tienes que hacer es recibirla con fe y gratitud.

HEBREOS 4:16 | *Acerquémonos con toda confianza al trono de la gracia de nuestro Dios. Allí recibiremos su misericordia y encontraremos la gracia que nos ayudará cuando más la necesitemos.*

Puedes acercarte libremente a Dios en cualquier momento, y él te dará su misericordia y su gracia con generosidad.

¿Cómo influye la gracia en mi vida cotidiana?

ROMANOS 6:14 | *El pecado ya no es más su amo, porque ustedes ya no viven bajo las exigencias de la ley. En cambio, viven en la libertad de la gracia de Dios.*

La gracia de Dios perdona tu pecado y rompe el poder que tiene en tu vida. El Espíritu Santo hace que desees agradar a Dios y te da sabiduría espiritual para poder discernir la verdad y buscarla.

GÁLATAS 3:3 | *¿Será posible que sean tan tontos? Después de haber comenzado a vivir la vida cristiana en el Espíritu, ¿por qué ahora tratan de ser perfectos mediante sus propios esfuerzos?*

Necesitas recordar continuamente que Dios te aprueba sólo por su gracia. Dios no te aprueba por lo que haces o por lo que no haces, sino porque te ama y ha perdonado todos tus pecados.

¿Cómo afecta la gracia mi percepción de Dios?

SALMO 103:8 | *El SEÑOR es compasivo y misericordioso, lento para enojarse y está lleno de amor inagotable.*

Si crees que Dios siempre está enojado contigo, te pondrás a la defensiva, estarás lleno de miedo o te pondrás hostil a él. Cuando entiendes la profundidad de su amor y su gracia, vives con la alegría de ser perdonado y sabiendo que vivirás en el cielo para siempre. Nunca más tendrás miedo del castigo de Dios, sino que buscarás tener una relación con él.

La promesa de Dios ROMANOS 6:14 | *El pecado ya no es más su amo. . . . En cambio, viven en la libertad de la gracia de Dios.*

LA GRATITUD

¿Por qué debo darle gracias a Dios?

1 CRÓNICAS 16:34 | *¡Den gracias al SEÑOR, porque él es bueno! Su fiel amor perdura para siempre.*

Dale gracias a Dios porque él siempre es bueno y porque siempre te amará, sin importarle lo que hayas hecho. Darle gracias a Dios por su carácter te ayuda a apreciar y a respetar más las cualidades en él y en las otras personas.

LUCAS 17:16 | *Cayó al suelo, a los pies de Jesús, y le agradeció por lo que había hecho.*

El corazón agradecido aumenta tu fe en la medida en que reconoces la obra de Dios en tu vida.

1 CORINTIOS 15:57 | *¡Gracias a Dios! Él nos da la victoria sobre el pecado y la muerte por medio de nuestro Señor Jesucristo.*

Dale gracias a Dios porque él te da la victoria sobre el pecado y la muerte cuando depositas tu fe en Jesucristo.

COLOSENSES 4:2 | *Dedíquense a la oración con una mente alerta y un corazón agradecido.*

SANTIAGO 5:16 | *La oración ferviente de una persona justa tiene mucho poder y da resultados maravillosos.*

Dale gracias a Dios porque él contesta la oración. La gratitud en la oración reconoce que Dios hizo algo específico por ti, y que le das el crédito a él.

1 TIMOTEO 4:4 | *Ya que todo lo que Dios creó es bueno, no deberíamos rechazar nada, sino recibirlo con gratitud.*

Dale gracias a Dios por la bondad y la belleza de la creación.

HABACUC 3:17-19 | *Aunque las higueras no florezcan y no haya uvas en las vides, aunque se pierda la cosecha de oliva y los campos queden vacíos y no den fruto, aunque los rebaños mueran en los campos y los establos estén vacíos, ¡aun así me alegraré en el SEÑOR! ¡Me gozaré en el Dios de mi salvación! ¡El SEÑOR Soberano es mi fuerza!*

Un espíritu de gratitud y alabanza cambia tu manera de ver la vida. La queja te conecta con tu infelicidad; la gratitud y la alabanza te conectan con la fuente de la verdadera alegría. Cuando la acción de gracias forma parte habitual de tu vida, permaneces enfocado en todo lo que Dios ha hecho y sigue haciendo por ti. Expresar tu gratitud por la ayuda de Dios es una forma de adoración.

¿Cómo puedo expresar mi gratitud?

SALMO 147:7 | *Canten su gratitud al SEÑOR; al son del arpa, entonen alabanzas a nuestro Dios.*

COLOSENSES 3:16 | *Canten salmos e himnos y canciones espirituales a Dios con un corazón agradecido.*

Con música y canciones.

SALMO 116:17 | *Te ofreceré un sacrificio de agradecimiento.*

Por medio de la ofrenda generosa.

SALMO 119:7 | *A medida que aprendo tus justas ordenanzas, te daré las gracias viviendo como debo hacerlo.*

A través de la obediencia y el servicio.

COLOSENSES 4:2 | *Dedíquense a la oración con una mente alerta y un corazón agradecido.*

Por medio de la oración.

SALMO 9:1 | *Te alabaré, SEÑOR, con todo mi corazón.*

SALMO 104:1 | *Que todo lo que soy, alabe al SEÑOR. ¡Oh SEÑOR mi Dios, eres grandioso! Te has vestido de honor y majestad.*

Alabando y honrando a Dios.

1 CRÓNICAS 16:8 | *Den gracias al SEÑOR y proclamen su grandeza; que todo el mundo sepa lo que él ha hecho.*

Contándoles a los demás lo que Dios ha hecho en tu vida, e invitándolos a tener una relación personal con él.

¿Cuándo debo darle las gracias al Señor?

SALMO 92:2 | *Es bueno proclamar por la mañana tu amor inagotable y por la noche tu fidelidad.*

Todas las mañanas y todas las noches.

LUCAS 9:16 | *Jesús tomó los cinco panes y los dos pescados, miró hacia el cielo y los bendijo.*

Antes de comer.

1 TESALONICENSES 5:18 | *Sean agradecidos en toda circunstancia, pues esta es la voluntad de Dios para ustedes, los que pertenecen a Cristo Jesús.*

Constante y sistemáticamente.

La promesa de Dios 1 CRÓNICAS 16:34 | *¡Den gracias al SEÑOR, porque él es bueno! Su fiel amor perdura para siempre.*

LA GUERRA ESPIRITUAL

¿Qué dice la Biblia acerca de la guerra espiritual?

EFESIOS 6:11-12 | *Pónganse toda la armadura de Dios para poder mantenerse firmes contra todas las estrategias del diablo. Pues no luchamos contra enemigos de carne y hueso, sino contra gobernadores malignos y autoridades del mundo invisible, contra fuerzas poderosas de este mundo tenebroso y contra espíritus malignos de los lugares celestiales.*

La guerra espiritual es la batalla invisible que se libra por tu alma. Para ganar esta batalla hace falta que te prepares —por medio de la oración, de una fe inquebrantable y del conocimiento de la verdad bíblica— para derrotar a tu enemigo espiritual.

1 PEDRO 5:8 | *¡Estén alerta! Cuídense de su gran enemigo, el diablo, porque anda al acecho como un león rugiente, buscando a quién devorar.*

Debes estar alerta en todo momento por los ataques furtivos del diablo.

FILIPENSES 2:10 | *Ante el nombre de Jesús, se dobl[a] toda rodilla en el cielo y en la tierra y debajo de la tierra.*

SANTIAGO 4:7 | *Resistan al diablo, y él huirá de ustedes.*

Cuando resistas al diablo en el nombre y el poder de Jesús, él huirá de ti. Ante el nombre de Jesús, Satanás no tiene ningún poder.

MATEO 4:1, 3-4 | *El Espíritu llevó a Jesús al desierto para que allí lo tentara el diablo. . . . En ese tiempo, el diablo se le acercó y le dijo:*

—Si eres el Hijo de Dios, di a estas piedras que se conviertan en pan.

Jesús le dijo:

—¡No! Las Escrituras dicen . . .

Cuando Satanás lo atacaba, Jesús confiaba en la Palabra de Dios para combatir las mentiras de su adversario.

La promesa de Dios EFESIOS 6:11 | *Pónganse toda la armadura de Dios para poder mantenerse firmes contra todas las estrategias del diablo.*

LOS HÁBITOS

¿Cuáles son los malos hábitos que menciona la Biblia?

1 JUAN 3:8 | *Cuando alguien sigue pecando, demuestra que pertenece al diablo, el cual peca desde el principio.*

El pecado es un hábito que no podrás frenar por completo, pero el modelo de vida pecaminosa, sin ningún cambio de comportamiento, muestra que no tomas en serio la decisión de ser un seguidor de Dios.

ÉXODO 8:28, 32 | *"Está bien, pueden ir —contestó el faraón—. Los dejaré ir". . . . Pero el faraón volvió a ponerse terco y se negó a dejar salir al pueblo.*

El faraón tenía el mal hábito de mentir para conseguir lo que deseaba.

NÚMEROS 11:1 | *El pueblo comenzó a quejarse de las privaciones.*

Los israelitas adoptaron el mal hábito de quejarse. La queja crónica puede convertirse rápidamente en amargura.

1 TIMOTEO 5:13 | *Si [las viudas jóvenes] están en la lista [de ayuda], se acostumbrarán a ser perezosas y pasarán todo el*

tiempo yendo de casa en casa chismeando, entrometiéndose en la vida de los demás y hablando de lo que no deben.

Tener mucho tiempo libre y poco para hacer puede convertirse en tierra fértil para los malos hábitos. La vagancia facilita la mala costumbre de chismear. Aquí, Pablo les exhortaba a varias viudas, quienes tenían más tiempo libre porque la iglesia las ayudaba económicamente, que no cayeran en el hábito de chismear.

MATEO 15:8-9 | *Este pueblo me honra con sus labios, pero su corazón está lejos de mí. Su adoración es una farsa porque enseñan ideas humanas como si fueran mandatos de Dios.*

Participar de rituales religiosos sin una fe sincera es un mal hábito. Asegúrate de no haberte inventado hábitos de "adoración" que Dios no considera en absoluto como adoración.

¿Cómo puede ayudarme Dios a eliminar mis malos hábitos?

ROMANOS 7:15, 25 | *[Pablo dijo:] "Realmente no me entiendo a mí mismo, porque quiero hacer lo que es correcto pero no lo hago. En cambio, hago lo que odio. . . . La respuesta está en Jesucristo".*

Pablo sabía que no podía dejar completamente el hábito de pecar. Pero también sabía que, con la ayuda de Dios, podía progresar día a día. Al igual que él, tú puedes dejar un hábito en etapas, dando un paso a la vez.

ROMANOS 6:12-14 | *No permitan que el pecado controle la manera en que viven; no caigan ante los deseos pecaminosos. No dejen que ninguna parte de su cuerpo se convierta en un instrumento . . . para servir al pecado. En cambio, entréguense completamente a Dios. . . . Usen todo su cuerpo como un instrumento para hacer lo que es correcto para la gloria de Dios. El pecado ya no es más su amo. . . . [Ahora] viven en la libertad de la gracia de Dios.*

Una de las grandes mentiras de Satanás es que eres una víctima que no tiene el poder para resistir algunas de las influencias poderosas que te rodean. El mundo te enseña que la herencia, el entorno y las circunstancias te dispensan de tu responsabilidad. Pero Dios es más poderoso que cualquier cosa que intente controlarte. Al entregarte a él completamente, le permites usar su poder en tu vida.

1 JUAN 2:15 | *No amen este mundo ni las cosas que les ofrece porque cuando aman al mundo, no tienen el amor del Padre en ustedes.*

Permitirse caer en los malos hábitos suele ser agradable, aunque sepas que, a la larga, son malos para ti. Romper una mala costumbre puede resultar difícil, porque estás renunciando a algo que te gusta. Tienes que entender que puedes pasar por un proceso de duelo, pero que cuando abandones un mal hábito, a la larga, te sentirás más satisfecho por hacer lo que agrada a Dios.

COLOSENSES 3:2 | *Piensen en las cosas del cielo, no en las de la tierra.*

Será mucho más fácil romper con los malos hábitos si los reemplazas con otros buenos, los cuales puedes aprender estudiando la vida de Jesús.

¿Cuáles son algunos buenos hábitos que Dios puede ayudarme a cultivar?

HEBREOS 10:25 I *No dejemos de congregarnos, como lo hacen algunos, sino animémonos unos a otros.*

Reunirse con otros creyentes es una buena costumbre porque da la comunión y el sostén necesarios; te enriquece a medida que exploran juntos la Palabra de Dios; te mantiene ocupado cuando, de otro modo, podrías ceder a los malos hábitos; y te exige rendir cuentas.

GÉNESIS 26:21-22 I *Luego los hombres de Isaac cavaron otro pozo, pero de nuevo hubo conflicto. . . . Isaac abandonó ese pozo, siguió adelante y cavó otro. Esta vez no hubo ningún conflicto.*

Isaac practicó el hábito de vivir en paz. En su caso, eso significó mantenerse alejado de la fuente del conflicto, los filisteos, incluso a un alto precio personal.

SALMO 28:7 I *El SEÑOR es mi fortaleza y mi escudo; confío en él con todo mi corazón. Me da su ayuda y mi corazón se llena de alegría; prorrumpo en canciones de acción de gracias.*

Desde joven, David desarrolló la costumbre de hablar con Dios, de cantarle canciones de alabanza y escribirle salmos. Estos le ayudaron a confiar en Dios y a seguirlo a lo largo de toda su vida.

1 CORINTIOS 9:25 I *Todos los atletas se entrenan con disciplina. Lo hacen para ganar un premio que se desvanecerá, pero nosotros lo hacemos por un premio eterno.*

1 TIMOTEO 4:7-8 I *No pierdas el tiempo discutiendo sobre ideas mundanas y cuentos de viejas. En lugar de eso, entrénate*

para la sumisión a Dios. "El entrenamiento físico es bueno, pero entrenarse en la sumisión a Dios es mucho mejor, porque promete beneficios en esta vida y en la vida que viene".

Los buenos hábitos —como leer la Palabra de Dios, orar y ofrendar tu tiempo y tu dinero para el servicio— te dan resistencia espiritual, propósito y dirección. Además, te ayudan a mantener la mirada fija en la meta suprema de la vida eterna.

La promesa de Dios ROMANOS 8:6 | *Permitir que la naturaleza pecaminosa les controle la mente lleva a la muerte. Pero permitir que el Espíritu les controle la mente lleva a la vida y a la paz.*

LA HONESTIDAD

¿Por qué es tan importante ser honesto?

SALMO 24:3-4 | *¿Quién puede subir al monte del SEÑOR? ¿Quién puede estar en su lugar santo? Sólo los de manos limpias y corazón puro, que . . . nunca dicen mentiras.*

Para caminar con Dios hace falta ser honesto, porque la honestidad demuestra pureza, integridad y un deseo de hacer lo que es verdadero y justo.

MATEO 12:33 | *A un árbol se le identifica por su fruto. Si el árbol es bueno, su fruto será bueno.*

LUCAS 16:10 | *Si son deshonestos en las cosas pequeñas, no actuarán con honradez en las responsabilidades más grandes.*

Tu nivel de honestidad demuestra la calidad de tu carácter.

1 TIMOTEO 1:19 | *Aférrate a tu fe en Cristo y mantén limpia tu conciencia. Pues algunas personas desobedecieron a propósito lo que les dictaba su conciencia y, como resultado, su fe naufragó.*

La honestidad garantiza una conciencia tranquila.

DEUTERONOMIO 25:13-15 | *Usa balanzas exactas cuando tengas que pesar mercadería, y que tus medidas sean completas y legítimas . . . para que disfrutes de una larga vida.*

La deshonestidad y el engaño son formas de esclavitud porque son necesarias para ocultar motivos egoístas. La honestidad te libera de la culpa y de las consecuencias de los actos engañosos.

ROMANOS 12:3 | *Sean realistas al evaluarse a ustedes mismos.*

Evaluar sinceramente tu andar con el Señor es la única forma de seguir madurando en la fe.

2 REYES 22:7 | *No les exijas a los supervisores de la construcción que lleven cuenta del dinero que reciben, porque son hombres honestos y dignos de confianza.*

Esforzarte por ser honesto te ayuda a desarrollar una reputación de integridad. La honestidad constante en el pasado y en el presente forja la confianza en que te mantendrás honesto en el futuro.

ISAÍAS 33:15-16 | *Los que son honestos y justos, los que se niegan a obtener ganancias por medio de fraudes, los que se mantienen alejados de los sobornos, . . . los que cierran los ojos para no ceder ante la tentación de hacer el mal; éstos son los que habitarán en las alturas.*

Esforzarte por ser honesto te ayudará a vivir los beneficios de la justicia y protección superior de Dios.

SALMO 37:37 | *Miren a los que son buenos y honestos, porque a los que aman la paz les espera un futuro maravilloso.*

Esforzarte por ser honesto te ayuda a disfrutar la vida porque puedes vivir en paz con Dios y contigo mismo.

¿Honestidad significa decir siempre todo lo que sé?

PROVERBIOS 29:20 | *Hay más esperanza para un necio que para la persona que habla sin pensar.*

ECLESIASTÉS 3:1, 7 | *Hay una temporada para todo, un tiempo para cada actividad bajo el cielo. . . . Un tiempo para callar y un tiempo para hablar.*

COLOSENSES 4:6 | *Que sus conversaciones sean cordiales y agradables, a fin de que ustedes tengan la respuesta adecuada para cada persona.*

La honestidad no debe confundirse con el chisme. El hecho de que sepas algo no significa que tengas que contárselo a todo el mundo. La honestidad también implica integridad, estar seguro de que lo que dices es de ayuda y que edifica a los demás, en lugar de arruinarlos. La persona sabia es aquella que piensa antes de hablar. No revelar información que los demás no necesitan saber no es ser un engañador, a menos que, desde luego, estés bajo juramento en un juicio.

La promesa de Dios PROVERBIOS 12:19 | *Las palabras veraces soportan la prueba del tiempo, pero las mentiras pronto se descubren.*

LA HUMILDAD

¿Qué es la verdadera humildad?

SOFONÍAS 3:12 | *Quedarán sólo los sencillos y humildes, porque son ellos quienes confían en el nombre del SEÑOR.*

Ser humilde es no tener un concepto demasiado elevado de ti mismo.

MATEO 18:4 | *El que se vuelva tan humilde como este pequeño, es el más importante en el reino del cielo.*

Ser humilde es tener una actitud de niño. Es una muestra de confianza total en un Dios grande.

TITO 3:2 | *[Los creyentes] no deben calumniar a nadie y tienen que evitar pleitos. En cambio, deben ser amables y mostrar verdadera humildad en el trato con todos.*

Ser humilde es preocuparse verdaderamente por los demás y velar por el bienestar de otros.

SALMO 51:3-4 | *Reconozco mis rebeliones; día y noche me persiguen. Contra ti y sólo contra ti he pecado; he hecho lo que es malo ante tus ojos. Quedará demostrado que tienes razón en lo que dices y que tu juicio contra mí es justo.*

Ser humilde es estar dispuesto a reconocer y confesar el pecado.

PROVERBIOS 12:23 | *Los sabios no hacen alarde de sus conocimientos, pero los necios hacen pública su necedad.*

Ser humilde es abstenerte de demostrar lo que sabes o lo bueno que eres en determinada área, o insistir que siempre tienes la razón.

PROVERBIOS 13:10 | *El orgullo lleva a conflictos; los que siguen el consejo son sabios.*

Ser humilde te permite pedir consejo.

GÉNESIS 32:9-10 | *Jacob oró: "Oh Dios . . . me prometiste: 'Te trataré con bondad'. No soy digno de todo el amor inagotable y de la fidelidad que has mostrado a mí, tu siervo".*

La humildad llega cuando reconoces tu necesidad de Dios y tomas conocimiento de qué manera él provee para tu vida.

¿Cómo mostró humildad Jesús?

LUCAS 2:6-7 | *Llegó el momento para que naciera el bebé. María dio a luz a su primer hijo, un varón. Lo envolvió en tiras de tela y lo acostó en un pesebre, porque no había alojamiento disponible para ellos.*

Dios quiso que Jesús tuviera un nacimiento humilde como muestra de que su ofrecimiento de salvación era para todo el mundo, más allá de su raza, clase social o posición económica.

ZACARÍAS 9:9 | *¡Alégrate, oh pueblo de Sión! ¡Grita de triunfo, oh pueblo de Jerusalén! Mira, tu rey viene hacia ti. Él es justo y victorioso, pero es humilde, montado en un burro: montado en la cría de una burra.*

Jesús fue el Rey de reyes; sin embargo, cuando la multitud lo proclamó rey, hizo su entrada triunfal a Jerusalén montado en un humilde burro (ver Mateo 21:1-11).

HEBREOS 2:9 | *A Jesús . . . se le dio una posición "un poco menor que los ángeles"; y debido a que sufrió la muerte por nosotros, ahora está "coronado de gloria y honor". Efectivamente, por la gracia de Dios, Jesús conoció la muerte por todos.*

Jesús disfrutaba de toda la gloria y el honor de sentarse a la diestra de Dios pero, por amor a ti, renunció a todo eso para padecer la muerte de un criminal, a fin de que tú te salvaras del castigo eterno y disfrutaras con él eternamente.

¿Cómo me convierto en una persona humilde?

DEUTERONOMIO 8:2-3 | *[Moisés le dijo al pueblo de Israel:] "Recuerda cómo el SEÑOR tu Dios te guió por el desierto durante cuarenta años, donde te humilló y te puso a prueba para revelar tu carácter y averiguar si en verdad obedecerías sus mandatos. Sí, te humilló permitiendo que pasaras hambre y luego alimentándote con maná. . . . Lo hizo para enseñarte que la gente no vive sólo de pan".*

La humildad viene cuando reconoces que necesitas a Dios.

1 PEDRO 3:8 | *Todos deben ser de un mismo parecer. Compadézcanse unos de otros. Ámense como hermanos y hermanas. Sean de buen corazón y mantengan una actitud humilde.*

La humildad es consecuencia de desarrollar un corazón compasivo y tierno para con los demás.

FILIPENSES 2:3 | *No sean egoístas; no traten de impresionar a nadie. Sean humildes, es decir, considerando a los demás como mejores que ustedes.*

Humildad es pensar en el bienestar de los demás, antes que en el de uno mismo.

1 PEDRO 5:5 | *Ustedes hombres más jóvenes tienen que aceptar la autoridad de los ancianos. Y todos sírvanse unos a otros con*

humildad, porque "Dios se opone a los orgullosos pero muestra su favor a los humildes".

Servir a los demás hará que crezca en ti la humildad. Humildad también quiere decir aceptar la autoridad que otras personas tienen sobre ti.

¿Cómo me ayuda la humildad a servir mejor a Dios?

FILIPENSES 2:5-8 | *Tengan la misma actitud que tuvo Cristo Jesús. Aunque era Dios, no consideró que el ser igual a Dios fuera algo a lo cual aferrarse. En cambio, renunció a sus privilegios divinos; adoptó la humilde posición de un esclavo y nació como un ser humano. Cuando apareció en forma de hombre, se humilló a sí mismo en obediencia a Dios y murió en una cruz como morían los criminales.*

La humildad es el camino que conduce al servicio. Los pacientes que recobran su salud gracias a los cuidados de un doctor suelen ser más humildes porque se dan cuenta de su vulnerabilidad. Asimismo, eres más humilde cuando te das cuenta de que Dios ha sanado tu alma y reconoces tu completa dependencia de él. Cuando lo hagas, serás feliz de servir al Señor de la forma en que él te lo pida.

¿Cómo puede ayudarme la humildad a combatir el pecado?

SANTIAGO 4:6-10 | *[Dios] nos da aún más gracia, para que hagamos frente a esos malos deseos. Como dicen las Escrituras: "Dios se opone a los orgullosos pero muestra su favor a los humildes". Así que humíllense delante de Dios. Resistan al diablo, y él huirá de ustedes. Acérquense a Dios, y Dios se acercará a ustedes.*

Lávense las manos, pecadores; purifiquen su corazón, porque su lealtad está dividida entre Dios y el mundo. Derramen lágrimas por lo que han hecho. . . . Humíllense delante del Señor, y él los levantará con honor.

La humildad es imprescindible para reconocer el pecado en tu vida. El orgullo le da al diablo la llave de tu corazón; la humildad cambia la cerradura y le entrega la llave a Dios. El lugar del orgullo lo ocupa ahora la humildad que proviene de la tristeza por el pecado. Reconoce abiertamente que necesitas a Dios, y pídele perdón. Ninguna persona orgullosa puede hacerlo.

La promesa de Dios ISAÍAS 57:15 I *El Alto y Majestuoso que vive en la eternidad, el Santo, dice: "Yo vivo en el lugar alto y santo con los de espíritu arrepentido y humilde. Restauro el espíritu destrozado del humilde y reavivo el valor de los que tienen un corazón arrepentido".*

LA INTIMIDAD

¿Qué debo hacer para vivir una íntima relación con Dios?

GÉNESIS 5:23-24 I *Enoc vivió trescientos sesenta y cinco años andando en íntima comunión con Dios. Y un día desapareció, porque Dios se lo llevó.*

Camina con Dios, todos los días y constantemente.

EFESIOS 5:8-10, 15 I *Antes ustedes estaban llenos de oscuridad, pero ahora tienen la luz que proviene del Señor. Por lo tanto,*

¡vivan como gente de luz! Pues esa luz que está dentro de ustedes produce sólo cosas buenas, rectas y verdaderas. Averigüen bien lo que agrada al Señor. . . . Tengan cuidado de cómo viven. No vivan como necios sino como sabios.

Vive de la manera que Dios quiere que vivas, todos los días y constantemente.

SALMO 27:8 | *Mi corazón te ha oído decir: "Ven y conversa conmigo". Y mi corazón responde: "Aquí vengo, SEÑOR".*

SALMO 145:18 | *El SEÑOR está cerca de todos los que lo invocan . . . de verdad.*

Habla con Dios, todos los días y constantemente.

SANTIAGO 4:8 | *Acérquense a Dios, y Dios se acercará a ustedes. Lávense las manos, pecadores; purifiquen su corazón, porque su lealtad está dividida entre Dios y el mundo.*

Permanece unido a Dios, y trata siempre de mantener puro tu corazón, todos los días y constantemente.

ÉXODO 34:14 | *No adores a ningún otro dios, porque el SEÑOR . . . es Dios celoso de su relación contigo.*

Adora únicamente a Dios, todos los días y constantemente.

MATEO 22:37 | *Jesús [dijo]: "Amarás al SEÑOR tu Dios con todo tu corazón, con toda tu alma y con toda tu mente".*

Ama completamente a Dios, todos los días y constantemente.

ROMANOS 5:11 | *Podemos alegrarnos por nuestra nueva y maravillosa relación con Dios gracias a que nuestro Señor Jesucristo nos hizo amigos de Dios.*

A la luz de lo que Jesús ha hecho por ti, pon tu confianza en él, todos los días y constantemente.

SALMO 1:2 | *[Los piadosos] se deleitan en la ley del SEÑOR meditando en ella día y noche.*

Pasa tiempo con Dios, todos los días y constantemente.

¿Cuál es la base para tener una intimidad verdadera y perdurable en el matrimonio?

PROVERBIOS 5:15, 19 | *Bebe el agua de tu propio pozo, comparte tu amor sólo con tu esposa. . . . Que siempre seas cautivado por su amor.*

PROVERBIOS 31:10-11 | *¿Quién podrá encontrar una esposa virtuosa y capaz? Es más preciosa que los rubíes. Su marido puede confiar en ella, y ella le enriquecerá en gran manera la vida.*

EFESIOS 5:24-25 | *Así como la iglesia se somete a Cristo, de igual manera la esposa debe someterse en todo a su marido. . . . Para los maridos, eso significa: ame cada uno a su esposa tal como Cristo amó a la iglesia. Él entregó su vida por ella.*

La intimidad verdadera y perdurable en el matrimonio se basa en lo siguiente: (1) ser fieles uno al otro; (2) alegrarse el uno por el otro; (3) satisfacer el uno al otro en amor y en lo sexual; (4) aceptar a nuestro cónyuge como una bendición del Señor; (5) reconocer el gran valor que tiene nuestro cónyuge; (6) reconocer de qué manera nuestro cónyuge puede causarnos deleite y satisfacernos; (7) vivir felices el uno con el otro; (8) hablar juntos del Señor y de cosas espirituales; (9) darle juntos gracias a Dios; (10) sujetarse uno al otro; y (11) amarse el uno al otro con la misma pasión con que Cristo amó a la iglesia y murió por ella.

La promesa de Dios 1 CRÓNICAS 28:9 | *Aprende a conocer íntimamente al Dios de tus antepasados. Adóralo y sírvelo de todo corazón y con una mente dispuesta. Pues el SEÑOR ve cada corazón y conoce todo plan y pensamiento. Si lo buscas, lo encontrarás.*

LA JUSTICIA

¿Dios es siempre imparcial y justo?

2 TESALONICENSES 1:5-6 | *Dios usará . . . persecución para mostrar su justicia y . . . en su justicia él les dará su merecido a quienes los persiguen.*

Cuando estás cargado de problemas, es fácil pensar que Dios no es imparcial ni justo. ¿Cómo es posible que permita que el cristiano sufra, cuando tantas personas deshonestas prosperan? Pero Dios ha dejado en claro en la Biblia que la justicia y la equidad, aunque siempre son lo correcto, en esta vida serán frecuentemente abusadas por personas egoístas. La Biblia también aclara que la justicia no siempre será pervertida. Un día, la justicia verdadera prevalecerá, para siempre, para los que siguen a Dios.

ESDRAS 9:15 | *Oh SEÑOR, Dios de Israel, tú eres justo. Nos acercamos a ti con nuestra culpa . . . en semejante condición ninguno de nosotros puede estar en tu presencia.*

SALMO 6:1 | *Oh SEÑOR, no me reprendas en tu enojo ni me disciplines en tu ira.*

No implores justicia a Dios, porque es posible que él tenga que castigarte. En lugar de eso, implórale amor, para que te perdone. No le pidas equidad a Dios, porque eso puede traerte juicio. En lugar de eso, implórale misericordia, para que puedas ser salvo. Parte de la justicia de Dios consiste en otorgar misericordia a quienes tienen un corazón sincero.

¿Cómo puedo trabajar eficazmente a favor de la justicia?

AMÓS 5:21, 24 | *[El Señor dice:] "Odio todos sus grandes alardes y pretensiones, la hipocresía de sus festivales religiosos y asambleas solemnes. . . . En cambio quiero ver una tremenda inundación de justicia, y un río inagotable de rectitud".*

Que la justicia tenga la máxima prioridad.

SALMO 82:3 | *Hagan justicia al pobre y al huérfano; defiendan los derechos de los oprimidos y de los desposeídos.*

Denuncia la injusticia.

SALMO 59:1-2 | *Rescátame de mis enemigos, oh Dios; protégeme de los que han venido a destruirme. Rescátame de estos criminales; sálvame de estos asesinos.*

Ora para que Dios intervenga donde prevalece la injusticia.

ISAÍAS 1:17 | *Aprendan a hacer el bien. Busquen la justicia y ayuden a los oprimidos. Defiendan la causa de los huérfanos y luchen por los derechos de las viudas.*

Lucha en favor de la justicia con energía y compromiso.

SALMO 106:3 | *Hay alegría para los que tratan con justicia a los demás y siempre hacen lo que es correcto.*

ISAÍAS 56:1 | *Esto dice el SEÑOR: "Sean justos e imparciales con todos; hagan lo que es bueno y correcto, porque vendré pronto para rescatarlos y para manifestar mi justicia entre ustedes".*

ROMANOS 13:7 | *Den a cada uno lo que le deben.*

Persiste en hacer lo que sea justo. No te vuelvas tú una persona injusta.

PROVERBIOS 20:22 | *No digas: "Me voy a vengar de este mal"; espera a que el SEÑOR se ocupe del asunto.*

No devuelvas mal por mal. Trabaja por la justicia sin un espíritu vengativo.

¿Cómo se relacionan la justicia y la misericordia de Dios?

2 SAMUEL 24:14 | *Mejor que caigamos nosotros en las manos del SEÑOR, porque su misericordia es grande.*

ROMANOS 6:23 | *La paga que deja el pecado es la muerte, pero el regalo que Dios da es la vida eterna por medio de Cristo Jesús nuestro Señor.*

Dios es justo en el sentido que te dice, muy claramente, qué es el pecado y cuáles serán sus consecuencias. Justicia es obtener lo que mereces por tu pecado. Dios es misericordioso porque te ofrece una manera de quedar exento del castigo que mereces. Gracia es recibir algo que no mereces: el perdón de tus pecados y la amistad con Dios.

MATEO 5:43-44 | *[Jesús dijo:] "Han oído la ley que dice: 'Ama a tu prójimo' y odia a tu enemigo. Pero yo digo: ¡ama a tus enemigos!".*

La justicia castiga la maldad, el crimen y las malas acciones. La misericordia perdona al pecador. Jesús establece un nuevo parámetro de misericordia. Una de las cosas más difíciles que puedes hacer es perdonar a la persona que actuó mal contra ti, pero es sólo por medio del perdón que podrás librarte de la amargura de la injusticia. Tu misericordia puede ser exactamente lo que alguien necesita para entender la misericordia de Dios.

La promesa de Dios SALMO 58:11 | *Entonces, por fin, todos dirán: "Es verdad que hay recompensa para los que viven para Dios; es cierto que existe un Dios que juzga con justicia aquí en la tierra".*

EL LLAMADO DE DIOS

¿Cómo sé cuál es el llamado de Dios para mí?

SALMO 119:105 | *Tu palabra es una lámpara que guía mis pies y una luz para mi camino.*

El primer paso para saber cuál es tu llamado es conocer mejor a Dios, leyendo su Palabra. A medida que Dios se comunique contigo a través de la Biblia, él te mostrará qué hacer y dónde quiere que vayas.

DANIEL 1:17 | *A estos cuatro jóvenes Dios les dio aptitud excepcional para comprender todos los aspectos de la literatura y la sabiduría. Y a Daniel Dios le dio la capacidad especial de interpretar el significado de visiones y sueños.*

Dios ha dado a cada persona capacidades y habilidades especiales. Estas te dan la clave de lo que Dios quiere que hagas. Cuando te llame a hacer algo especial para él, te permitirá usar los dones que te dio para realizar la obra. Mientras tanto, desarrolla esas habilidades especiales y comienza a usarlas. Cuando Dios lo disponga, te darás cuanta de aquello que él quiere que hagas.

HECHOS 20:24 | *[Pablo dijo:] "Mi vida no vale nada para mí a menos que la use para terminar la tarea que me asignó el Señor Jesús".*

Cuando tienes un llamado específico de Dios, él llena tus pensamientos y te da el vivo deseo de procurarlo de todo corazón.

ROMANOS 12:2 | *Dejen que Dios los transforme en personas nuevas al cambiarles la manera de pensar. Entonces aprenderán a conocer la voluntad de Dios para ustedes.*

Cuando dejes que Dios te transforme por el poder de su Espíritu Santo, él, literalmente, comenzará a cambiar tu manera de pensar, para que sepas qué quiere que hagas.

¿Me llama Dios a hacer cosas específicas?

JEREMÍAS 1:4-5 | *El SEÑOR me dio el siguiente mensaje: "Te conocía aun antes de haberte formado en el vientre de tu madre; antes de que nacieras, te aparté y te nombré mi profeta a las naciones".*

Es posible que Dios te llame a hacer cierto trabajo o a realizar una tarea o un ministerio muy específico. Cuando eso suceda, sentirás la fuerte sensación de ser guiado por él.

Queda en ti responder y entrar por la puerta de la oportunidad que él abre para ti.

1 CORINTIOS 12:4, 7 I *Hay distintas clases de dones espirituales, pero el mismo Espíritu es la fuente de todos ellos. . . . A cada uno de nosotros se nos da un don espiritual para que nos ayudemos mutuamente.*

2 TIMOTEO 4:5 I *Lleva a cabo todo el ministerio que Dios te dio.*

Dios le da a cada persona un don espiritual (¡a veces, más de uno!) y un ministerio especial en la iglesia. Tú puedes usar tus dones para ayudar y animar a otros, y a glorificar su nombre. Estos dones espirituales específicos te ayudan a cumplir el propósito para el cual Dios te hizo.

1 CORINTIOS 10:31 I *Cualquier . . . cosa que hagan, háganlo todo para la gloria de Dios.*

GÁLATAS 5:14, 16 I *Pues toda la ley puede resumirse en un solo mandato: "Ama a tu prójimo como a ti mismo". . . . Por eso les digo: dejen que el Espíritu Santo los guíe en la vida. Entonces no se dejarán llevar por los impulsos de la naturaleza pecaminosa.*

El llamado a seguir a Jesús no necesariamente significa el llamado a un trabajo específico o a un ministerio cristiano. A veces, tu llamado puede simplemente ser el de obedecer a Dios en el lugar que estés en este momento.

¿Qué provee Dios para que yo pueda cumplir con su llamado?

HEBREOS 13:20-21 I *Que el Dios de paz . . . los capacite con todo lo que necesiten para hacer su voluntad. Que él produzca en ustedes, mediante el poder de Jesucristo, todo lo bueno que a él le agrada.*

Cuando Dios llama, él capacita. Si te comprometes a responder a su llamado, el poder del Señor resucitado te permitirá llevarlo a cabo.

La promesa de Dios 1 TESALONICENSES 5:23-24 | *Que el Dios de paz los haga santos en todos los aspectos, y que todo su espíritu, alma y cuerpo se mantenga sin culpa hasta que nuestro Señor Jesucristo vuelva. Dios hará que esto suceda, porque aquél que los llama es fiel.*

EL MATRIMONIO

¿Cuáles son las claves para un matrimonio feliz y sólido?

JOSUÉ 24:15 | *Elige hoy mismo a quién servirás. . . . En cuanto a mí y a mi familia, nosotros serviremos al SEÑOR.*

El propósito común de servir al Señor.

HEBREOS 13:4 | *Honren el matrimonio, y los casados manténganse fieles el uno al otro.*

La fidelidad. Sin fidelidad no existe confianza ni intimidad verdaderas.

ROMANOS 15:1-2 | *No debemos agradarnos solamente a nosotros mismos. Deberíamos ayudar a otros a hacer lo que es correcto y edificarlos en el Señor.*

Sacrificarse por el otro. Esto quiere decir: pensar primero en las necesidades y en los intereses de tu cónyuge.

ROMANOS 15:5-6 | *Que Dios . . . los ayude a vivir en plena armonía unos con otros, como corresponde a los seguidores de Cristo Jesús. Entonces todos ustedes podrán unirse en una sola voz para dar alabanza y gloria a Dios.*

Entender y celebrar las diferencias de cada uno.

EFESIOS 5:21, 33 | *Sométanse unos a otros por reverencia a Cristo. . . . Cada hombre debe amar a su esposa como se ama a sí mismo, y la esposa debe respetar a su marido.*

Mutua sumisión.

1 CORINTIOS 13:4-5 | *El amor es paciente y bondadoso. El amor no es celoso ni fanfarrón ni orgulloso ni ofensivo. No exige que las cosas se hagan a su manera. No se irrita ni lleva un registro de las ofensas recibidas.*

Un amor incondicional.

SANTIAGO 5:16 | *Confiésense los pecados unos a otros y oren los unos por los otros.*

Orar el uno por el otro y con el otro.

COLOSENSES 4:6 | *Que sus conversaciones sean cordiales y agradables, a fin de que ustedes tengan la respuesta adecuada para cada persona.*

La comunicación.

PROVERBIOS 31:31 | *Recompénsenla por todo lo que ha hecho.*

Un constante deseo de alentar al otro, de aumentar el valor del otro.

PROVERBIOS 5:18-19 | *Alégrate con la esposa de tu juventud. . . . Que sus pechos te satisfagan siempre. Que siempre seas cautivado por su amor.*

CANTAR DE LOS CANTARES 1:2 | *Bésame, una y otra vez, porque tu amor es más dulce que el vino.*

1 CORINTIOS 7:3 | *El esposo debe satisfacer las necesidades sexuales de su esposa, y la esposa debe satisfacer las necesidades sexuales de su marido.*

Una vida sexual sana.

¿Cómo puedo demostrar el cariño que tengo por mi pareja?

EFESIOS 5:25 | *Maridos . . . ame cada uno a su esposa tal como Cristo amó a la iglesia. Él entregó su vida por ella.*

Cristo amó tanto a la iglesia como para morir por ella. Comprométete a que tu amor por tu cónyuge sea así de fuerte.

CANTAR DE LOS CANTARES 7:11 | *Ven, amor mío, salgamos a las praderas y pasemos la noche entre las flores silvestres.*

Compartir tiempo muestra el nivel de cariño que sienten el uno por el otro. Consideren prioritario encarar actividades que disfruten haciendo juntos.

CANTAR DE LOS CANTARES 1:9 | *Amada mía, tú eres tan cautivante como una yegua entre los sementales del faraón.*

Expresa verbalmente el afecto por tu cónyuge. No te concentres en sus fallas, porque eso hará que él o ella se fije en las tuyas. En lugar de eso, identifica lo que aprecias y exprésalo. Normalmente, tu cónyuge responderá de la misma manera.

CANTAR DE LOS CANTARES 2:4 | *Él me escolta hasta la sala de banquetes; es evidente lo mucho que me ama.*

Deja que otras personas sepan cuánto valoras a tu pareja. En ocasiones, a tu cónyuge puede agradarle saber que lo haces.

CANTAR DE LOS CANTARES 1:12 | *El rey está descansando en su sofá, encantado por la fragancia de mi perfume.*

Busquen maneras de complacer al otro. La gente experimenta el amor de maneras diferentes. Al parecer, Salomón sentía amor y placer por medio del perfume. Pregúntale a tu pareja qué le da más placer, y haz un esfuerzo para experimentar eso juntos.

¿Qué pasa si me he casado con un no creyente? ¿Debemos seguir juntos?

1 CORINTIOS 7:12-14, 16 | *Si un hombre cristiano está casado con una mujer que no es creyente y ella está dispuesta a seguir viviendo con él, no debe abandonarla. Y, si una mujer cristiana tiene un esposo que no es creyente y él está dispuesto a seguir viviendo con ella, no debe abandonarlo. Pues la esposa cristiana da santidad a su matrimonio, y el esposo cristiano da santidad al suyo. . . . ¿Acaso ustedes, esposas, no se dan cuenta de que sus maridos podrían ser salvos a causa de ustedes? Y ustedes, esposos, ¿no se dan cuenta de que sus esposas podrían ser salvas a causa de ustedes?*

No dejes a tu cónyuge solamente porque no es cristiano. Si puedes, gana a tu cónyuge para Cristo con tu amor. Pero si eso no sucede, sigue amándolo como amó Cristo, sacrificial y desinteresadamente. Preséntale a Dios tu situación y pídele que él atraiga a tu pareja. Asimismo, ora para que tu fe sea fortalecida, para que no seas tentado a caer.

La promesa de Dios EFESIOS 5:31 | *Como dicen las Escrituras: "El hombre deja a su padre y a su madre, y se une a su esposa, y los dos se convierten en uno solo".*

EL MEDIO AMBIENTE

¿Qué dice la Biblia sobre el medio ambiente y sobre mi responsabilidad en cuestiones ambientales?

GÉNESIS 1:28 | *Dios los bendijo [a los seres humanos] con las siguientes palabras: "Sean fructíferos y multiplíquense. Llenen la tierra y gobiernen sobre ella. Reinen sobre . . . todos los animales".*

Los seres humanos fueron creados para compartir la responsabilidad sobre el planeta, siendo buenos mayordomos del medio ambiente creado por Dios.

GÉNESIS 2:15 | *El SEÑOR Dios puso al hombre en el jardín de Edén para que se ocupara de él y lo custodiara.*

La primera tarea que Dios le dio a Adán fue la de cuidar y atender el jardín de Edén, y Dios espera que tú también cuides tu pequeño rincón del planeta.

DEUTERONOMIO 20:19 | *Si al atacar una ciudad la guerra se prolonga, no debes cortar los árboles. . . . ¿Acaso los árboles son enemigos a los que tienes que atacar?*

Hasta en tiempos de guerra Dios se preocupa por la destrucción innecesaria del medio ambiente.

LEVÍTICO 25:4-5 | *Durante el séptimo año la tierra deberá tener un año completo para descansar.*

Las órdenes que Dios le dio al pueblo de Israel de permitir que la tierra cultivable descansara cada siete años posibilitaron que se conservara como una tierra buena y productiva.

SALMO 96:11-13 | *¡Que los cielos se alegren, y la tierra se goce! ¡Que el mar y todo lo que contiene exclamen sus alabanzas! ¡Que los campos y sus cultivos estallen de alegría! Que los árboles del bosque susurren con alabanza delante del SEÑOR, ¡porque él viene!*

Dios creó la naturaleza para que proclamara su gloria. Tú debes hacer todo lo posible para preservar este testimonio de Dios.

La promesa de Dios SALMO 19:1-2, 4 | *Los cielos proclaman la gloria de Dios y el firmamento despliega la destreza de sus manos. Día tras día no cesan de hablar; noche tras noche lo dan a conocer. . . . Su mensaje se ha difundido por toda la tierra y sus palabras, por todo el mundo.*

LA MISERICORDIA

¿Cómo me muestra Dios su misericordia?

SALMO 103:3-5 | *[El Señor] perdona todos mis pecados. . . . Me redime de la muerte. . . . Colma mi vida de cosas buenas.*

Todos los días, Dios te colma de numerosos actos de misericordia. Todo lo bueno en tu vida viene de la mano misericordiosa de Dios.

ÉXODO 34:6 | *¡El SEÑOR! ¡El Dios de compasión y misericordia! Soy lento para enojarme y estoy lleno de amor inagotable y fidelidad.*

EFESIOS 2:4-5 | *Dios es tan rico en misericordia y nos amó tanto que, a pesar de que estábamos muertos por causa de nuestros pecados, nos dio vida.*

Dios se muestra misericordioso siendo lento para enojarse por tus pecados, ofreciéndote la vida eterna y la salvación, y dándote muestras de un amor inagotable, no importa lo que hayas hecho contra él.

TITO 3:4-7 | *Cuando Dios nuestro Salvador dio a conocer su bondad y amor, él nos salvó, no por las acciones justas que nosotros habíamos hecho, sino por su misericordia. Nos lavó, quitando nuestros pecados, y nos dio un nuevo nacimiento y vida nueva por medio del Espíritu Santo. Él derramó su Espíritu sobre nosotros en abundancia por medio de Jesucristo nuestro Salvador. Por su gracia él nos declaró justos y nos dio la seguridad de que vamos a heredar la vida eterna.*

Por el amor de Dios, recibiste el regalo gratuito de la salvación, aunque no lo merecieras. Por la misericordia de Dios, has sido perdonado y estás libre de culpa. A través de la bondad de Dios has sido bendecido de una manera que no hubieras imaginado ni en tus sueños más locos, porque te ha asegurado una vida perfecta para toda la eternidad, en el cielo.

¿Cómo puedo mostrar misericordia?

COLOSENSES 3:12-13 | *Dado que Dios los eligió para que sean su pueblo santo y amado por él, ustedes tienen que vestirse de tierna compasión, bondad, humildad, gentileza y paciencia. Sean comprensivos con las faltas de los demás y perdonen a todo el que los ofenda. Recuerden que el Señor los perdonó a ustedes, así que ustedes deben perdonar a otros.*

Porque Dios te ha perdonado, debes seguir su ejemplo de misericordia y perdonar a otros.

MATEO 18:33 | *¿No deberías haber tenido compasión . . . así como yo tuve compasión de ti?*

Sé misericordioso con otros, aunque no lo merezcan.

MIQUEAS 6:8 | *Oh pueblo. El SEÑOR te ha dicho lo que es bueno, y lo que él exige de ti: que hagas lo que es correcto, que ames la compasión y que camines humildemente con tu Dios.*

Cuando obedezcas a Dios con sinceridad, tu vida se desbordará de actos misericordiosos.

ZACARÍAS 7:9 | *El SEÑOR de los Ejércitos Celestiales dice: Juzguen con imparcialidad y muestren compasión y bondad el uno por el otro.*

Puedes mostrar misericordia cuando juzgas con imparcialidad y honradez, y siendo amable con los demás.

La promesa de Dios LUCAS 1:50 | *Él muestra misericordia de generación en generación a todos los que le temen.*

LA MOTIVACIÓN

¿Importan mis motivos?

1 CRÓNICAS 29:17 | *Yo sé, mi Dios, que tú examinas nuestro corazón y te alegras cuando encuentras en él integridad. Tú sabes que he hecho todo esto con buenas intenciones y he visto a tu pueblo dando sus ofrendas por voluntad propia y con alegría.*

PROVERBIOS 20:27 | *La luz del SEÑOR penetra el espíritu humano y pone al descubierto cada intención oculta.*

Tus motivos son muy importantes para Dios; la condición de tu corazón es un aspecto fundamental de tu relación con Dios.

GÉNESIS 4:4-5 | *El SEÑOR aceptó a Abel y a su ofrenda, pero no aceptó a Caín ni a su ofrenda.*

Es bastante probable que el sacrificio de Caín haya sido considerado inapropiado porque sus motivos eran impuros. Cuando tus motivos son egoístas, hasta el comportamiento aparentemente correcto puede ser visto como inapropiado.

1 CRÓNICAS 21:2, 7 | *David les dijo a Joab y a los comandantes del ejército: "Hagan un censo de todo el pueblo . . . y tráiganme un informe para que yo sepa cuántos son". . . . Dios se disgustó mucho por el censo y castigó a Israel por haberlo levantado.*

Es probable que el motivo de David para censar a la población fuera ver cuánto poder había logrado, y eso fue lo que no le agradó a Dios. Hasta una decisión aparentemente inofensiva, si se realiza por un motivo inapropiado, puede volverse destructiva.

MATEO 6:1 | *No hagan sus buenas acciones en público para que los demás los admiren, porque perderán la recompensa de su Padre, que está en el cielo.*

Cuando tu búsqueda espiritual tiene una motivación autocomplaciente, te robas a ti mismo la alegría que Dios quiere darte.

1 SAMUEL 16:7 | *El SEÑOR le dijo a Samuel: "No juzgues por su apariencia o por su estatura. . . . El SEÑOR no ve las cosas de la manera en que tú las ves. La gente juzga por las apariencias, pero el SEÑOR mira el corazón".*

Dios se preocupa más por tus motivos que por tu apariencia o por los hechos que se vean por fuera, porque tus motivos son los que determinan qué hay en tu corazón.

SANTIAGO 4:3 | *Aun cuando se lo piden, tampoco lo reciben porque lo piden con malas intenciones: desean solamente lo que les dará placer.*

La motivación equivocada puede entorpecer tus oraciones cuando el egoísmo domina tu corazón.

¿Cómo puedo tener motivos más puros?

1 CORINTIOS 4:4 | *Tengo la conciencia limpia, pero eso no demuestra que yo tenga razón. Es el Señor mismo quien me evaluará y tomará la decisión.*

Recuerda que sólo Dios conoce tu corazón. Pídele que te revele cualquier área en la que tus motivos no sean puros.

SALMO 19:14 | *Que las palabras de mi boca y la meditación de mi corazón sean de tu agrado, oh SEÑOR, mi roca y mi redentor.*

Pídele a Dios que cambie tu manera de pensar cambiando tu corazón.

1 CRÓNICAS 28:9 | *Aprende a conocer íntimamente [a] Dios. . . . Adóralo y sírvelo de todo corazón y con una mente dispuesta. Pues el SEÑOR ve cada corazón y conoce todo plan y pensamiento.*

Tu actitud hacia Dios es un buen indicador de tus motivos hacia los demás. Si eres poco entusiasta en tu manera de acercarte a Dios, es probable que tu motivación para acercarte a otros sea poco entusiasta y más egocéntrica de lo que debería ser.

SALMO 26:2 | *Ponme a prueba, SEÑOR, e interrógame; examina mis intenciones y mi corazón.*

PROVERBIOS 17:3 | *El fuego prueba la pureza del oro y de la plata, pero el SEÑOR prueba el corazón.*

Alégrate cuando Dios ponga a prueba tu motivación. Eso te da la oportunidad de crecer.

PROVERBIOS 21:2 | *La gente puede considerarse en lo correcto según su propia opinión, pero el SEÑOR examina el corazón.*

Antes de hacer algo, recuerda que Dios se interesa por tus motivos, tanto como por tus hechos.

La promesa de Dios EZEQUIEL 36:26 | *[El Señor dice:] "Les daré un corazón nuevo y pondré un espíritu nuevo dentro de ustedes. Les quitaré ese terco corazón de piedra y les daré un corazón tierno y receptivo".*

LA MUERTE

¿Qué me sucederá cuando muera?

1 CORINTIOS 15:53 | *Nuestros cuerpos mortales tienen que ser transformados en cuerpos que nunca morirán; nuestros cuerpos mortales deben ser transformados en cuerpos inmortales.*

1 TESALONICENSES 4:13, 16-17 I *Amados hermanos, queremos que sepan lo que sucederá con los creyentes que han muerto, para que no se entristezcan como los que no tienen esperanza. . . . Pues el Señor mismo descenderá del cielo con un grito de mando. . . . Primero, los cristianos que hayan muerto se levantarán de sus tumbas. Luego, junto con ellos, nosotros los que aún sigamos vivos sobre la tierra, seremos arrebatados en las nubes para encontrarnos con el Señor en el aire. Entonces estaremos con el Señor para siempre.*

APOCALIPSIS 21:3 I *¡Miren, el hogar de Dios ahora está entre su pueblo! Él vivirá con ellos, y ellos serán su pueblo. Dios mismo estará con ellos.*

El cristiano, al morir, se encontrará cara a cara con Dios y vivirá con él para siempre. Tu cuerpo será completamente transformado en uno que nunca más se someterá al pecado, al dolor y a las limitaciones de este mundo.

JUAN 11:25-26 I *Jesús . . . dijo: "Yo soy la resurrección y la vida. El que cree en mí vivirá aun después de haber muerto. Todo el que vive en mí y cree en mí jamás morirá".*

ROMANOS 8:10 I *Cristo vive en ustedes; entonces, aunque el cuerpo morirá por causa del pecado, el Espíritu les da vida, porque ustedes ya fueron declarados justos a los ojos de Dios.*

Para los que creen que Jesús es su Salvador, la muerte no es el fin, sino el comienzo de una eternidad de un gozo indescriptible con el Señor y con otros creyentes.

¿Cómo mantengo una perspectiva adecuada en cuanto a la muerte? ¿Por qué le tengo tanto miedo?

2 CORINTIOS 5:4 | *Mientras vivimos en este cuerpo terrenal, gemimos y suspiramos, pero no es que queramos morir y deshacernos de este cuerpo que nos viste. Más bien, queremos ponernos nuestro cuerpo nuevo para que este cuerpo que muere sea consumido por la vida.*

COLOSENSES 3:1-3 | *Ya que han sido resucitados a una vida nueva con Cristo, pongan la mira en las verdades del cielo. . . . Piensen en las cosas del cielo, no en las de la tierra. Pues ustedes han muerto a esta vida, y su verdadera vida está . . . con Cristo en Dios.*

El miedo a lo desconocido es natural, pero obsesionarse con él no es sano. El temor a la muerte puede ser útil cuando te acerca a Dios, y te motiva a vivir cada día para él. Es útil pensar en la muerte como el comienzo, no como el fin. Es tu ingreso a la vida eterna con Dios.

FILIPENSES 1:21 | *Vivir significa vivir para Cristo y morir es aún mejor.*

El miedo a morir puede ser un indicador de una débil relación con Dios, de una confusión en cuanto al cielo o una falta de perspectiva de que lo que hagas aquí, en la tierra, afectará la manera en que vivirás eternamente. Cuanto más real sea Dios para ti, menos aterradora será la muerte.

ROMANOS 8:10 | *Cristo vive en ustedes; entonces, aunque el cuerpo morirá por causa del pecado, el Espíritu les da vida, porque ustedes ya fueron declarados justos a los ojos de Dios.*

Cuando aceptas a Jesucristo como el Señor de tu vida, recibes el regalo de la vida eterna. Eso no impide la muerte de tu cuerpo terrenal, pero sí garantiza que Dios te dará un cuerpo nuevo, en el que tu espíritu seguirá viviendo para siempre en el cielo, donde nadie envejecerá ni habrá más muerte ni enfermedad (ver Apocalipsis 21:4).

La promesa de Dios JUAN 11:25 | *Jesús . . . dijo: "Yo soy la resurrección y la vida. El que cree en mí vivirá aun después de haber muerto".*

LA OBEDIENCIA

¿Es realmente necesaria la obediencia a Dios, siendo que soy salvo por fe?

DEUTERONOMIO 6:18, 24-25 | *Haz lo que es bueno y correcto a los ojos de Dios, para que te vaya bien en todo. . . . El SEÑOR nuestro Dios nos ordenó obedecer todos estos decretos y temerlo a él, para que siguiera bendiciéndonos y preservara nuestra vida como lo ha hecho hasta el día de hoy. Pues cuando obedezcamos todos los mandatos que el SEÑOR nuestro Dios nos ha dado, entonces se nos considerará justos.*

JUAN 14:15 | *[Jesús dijo:] "Si me aman, obedezcan mis mandamientos".*

1 JUAN 3:24 | *Los que obedecen los mandamientos de Dios permanecen en comunión con él, y él permanece en comunión con ellos. Y sabemos que él vive en nosotros, porque el Espíritu que nos dio vive en nosotros.*

Los mandamientos de Dios no son obligaciones agobiantes, sino caminos que llevan a una vida plena, llena de alegría y de propósito. La obediencia a Dios es la única manera de mantener la comunión con él. El hecho de que él te llame a la obediencia se basa en su propio compromiso con tu bienestar. Dado que Dios es el Creador de la vida, él sabe cómo debe funcionar. La obediencia demuestra tu buena disposición a llevar a cabo lo que él propone, tu confianza en que el camino de Dios es lo mejor para ti y tu deseo de tener una relación estrecha con él.

¿De qué manera quiere Dios que lo obedezca?

GÉNESIS 6:22 | *Noé hizo todo exactamente como Dios se lo había ordenado.*

DEUTERONOMIO 5:32 | *Asegúrense de obedecer todos los mandatos del* SEÑOR *su Dios y de seguir sus instrucciones al pie de la letra.*

MATEO 5:18-19 | *Les digo la verdad, hasta que desaparezcan el cielo y la tierra, no desaparecerá ni el más mínimo detalle de la ley de Dios hasta que su propósito se cumpla. Entonces, si no hacen caso al más insignificante mandamiento y les enseñan a los demás a hacer lo mismo, serán llamados los más insignificantes en el reino del cielo; pero el que obedece las leyes de Dios y las enseña será llamado grande en el reino del cielo.*

La obediencia no consiste en seguir "en general" los mandamientos de Dios, o en obedecer algunos de sus mandatos que te vengan bien. La verdadera obediencia está en seguir hasta el último detalle de todos sus mandamientos, en la medida de tus posibilidades.

¿Obedecer a Dios me hará entrar en el cielo?

GÁLATAS 2:16 | *Una persona es declarada justa ante Dios por la fe en Jesucristo y no por la obediencia a la ley. . . . Pues nadie jamás será declarado justo ante Dios mediante la obediencia a la ley.*

La obediencia a las leyes o normas religiosas no es lo que te salva para toda la eternidad. Pero, cuando crees en Cristo Jesús y decides seguirlo, te sientes cada vez más estimulado a obedecer a Dios por amor a él.

HEBREOS 11:8 | *Fue por la fe que Abraham obedeció.*

La obediencia es motivada por la fe pero, en sí misma, no es el camino al cielo; únicamente la fe en Jesucristo como Salvador te hará entrar en el cielo. La obediencia es el resultado de la fe, no el camino a la fe.

¿Qué pasa si he vivido una vida en desobediencia?

MATEO 21:28-31 | *[Jesús dijo:] "Un hombre con dos hijos le dijo al mayor: 'Hijo, ve a trabajar al viñedo hoy'. El hijo le respondió: 'No, no iré', pero más tarde cambió de idea y fue. Entonces el padre le dijo al otro hijo: 'Ve tú', y él le dijo: 'Sí, señor, iré'; pero no fue. ¿Cuál de los dos obedeció al padre?"*

Nunca es demasiado tarde para cortar con una vida de desobediencia a Dios y comenzar una vida de obediencia a él. Lo único que necesitas para que puedas volver a empezar es estar genuinamente arrepentido de tus pecados y pedirle a Dios que te perdone.

¿Cómo me ayudará el Señor a obedecerlo?

FILIPENSES 2:12-13 | *Esfuércense por demostrar los resultados de su salvación obedeciendo a Dios con profunda reverencia y temor. Pues Dios trabaja en ustedes y les da el deseo y el poder para que hagan lo que a él le agrada.*

Cuando Dios exige que hagas algo, te capacita y te da poder. No sólo te guía por los mejores caminos para ti, sino que además te da el poder para vivir conforme a esos caminos.

JUAN 14:15-17 | *[Jesús dijo:] "Si me aman, obedezcan mis mandamientos. Y yo le pediré al Padre, y él les dará otro Abogado Defensor, quien estará con ustedes para siempre. Me refiero al Espíritu Santo, quien guía a toda la verdad. . . . Ustedes sí lo conocen, porque ahora él vive con ustedes y después estará en ustedes".*

El poder que Dios te da es su propio Espíritu Santo, el cual también es llamado el Defensor. Como defensor, te acompaña no sólo para aconsejarte e inspirarte, sino también para vivir y obrar en ti. Así como el aire que respiras renueva tu cuerpo físico, el Espíritu Santo te da fuerzas para obedecer a Dios.

SANTIAGO 1:25 | *Si miras atentamente en la ley perfecta que te hace libre y la pones en práctica y no olvidas lo que escuchaste, entonces Dios te bendecirá por tu obediencia.*

El seguir la Palabra de Dios te libera de la esclavitud del pecado y de todas sus consecuencias desagradables, para que puedas obedecer al Señor y disfrutar de todas sus bendiciones maravillosas.

La promesa de Dios HEBREOS 8:10 | *Éste es el nuevo pacto que haré con el pueblo . . . : Pondré mis leyes en su mente y las escribiré en su corazón. Yo seré su Dios, y ellos serán mi pueblo.*

LAS OFRENDAS

¿Por qué debo ofrendar?

MALAQUÍAS 3:10 | *"Traigan todos los diezmos al depósito del templo, para que haya suficiente comida en mi casa. Si lo hacen —dice el SEÑOR de los Ejércitos Celestiales— les abriré las ventanas de los cielos. ¡Derramaré una bendición tan grande que no tendrán suficiente espacio para guardarla! ¡Inténtenlo! ¡Pónganme a prueba!"*

Cuando ofrendas, tus pensamientos y acciones se alejan de ti (que es egocentrismo) y se dirigen a otros (lo cual es muestra de amor e interés).

LUCAS 21:3 | *"Les digo la verdad —dijo Jesús—, esta viuda pobre ha dado más que todos los [ricos]".*

JUAN 3:16 | *Dios amó tanto al mundo que dio a su único Hijo.*

Debes dar para ser un ejemplo de la ofrenda sacrificial de Dios y conocer el poder de esa entrega.

ÉXODO 23:19 | *Cuando recojas tus cosechas, lleva a la casa del SEÑOR tu Dios lo mejor de la primera cosecha.*

Debes dar primero a Dios, porque eso demuestra que él es lo primero en tu vida.

1 CRÓNICAS 29:14 | *¡Todo lo que tenemos ha venido de ti, y te damos sólo lo que tú primero nos diste!*

Debes ofrendar porque eso te recuerda que tus pertenencias son regalos de Dios.

SALMO 54:6 | *Sacrificaré una ofrenda voluntaria a ti.*

Debes ofrendar porque eso desarrolla el hábito de ser agradecido. Cuanto más das, estás más agradecido por lo que tienes.

2 CORINTIOS 9:11 | *Cuando llevemos sus ofrendas a los que las necesitan, ellos darán gracias a Dios.*

Debes dar a los demás, para que Dios sea glorificado.

1 PEDRO 4:10 | *Dios, de su gran variedad de dones espirituales, les ha dado un don a cada uno de ustedes. Úsenlos bien para servirse los unos a los otros.*

Cuanto más te entregas, más fluye la generosidad de Dios a través de ti.

PROVERBIOS 11:24-25 | *Da con generosidad y serás más rico; sé tacaño y lo perderás todo. El generoso prosperará, y el que reanima a otros será reanimado.*

LUCAS 6:38 | *Den, y recibirán. Lo que den a otros les será devuelto por completo: apretado, sacudido para que haya lugar para más, desbordante y derramado sobre el regazo. La cantidad que den determinará la cantidad que recibirán a cambio.*

2 CORINTIOS 9:6 | *Recuerden lo siguiente: un agricultor que siembra sólo unas cuantas semillas obtendrá una cosecha pequeña. Pero el que siembra abundantemente obtendrá una cosecha abundante.*

No debes dar para recibir más, pero tus recursos suelen acrecentarse cuanto más das. Una de las razones por las que esto sucede es que las cualidades que te hacen generoso también te hacen responsable y digno de confianza. Pero otro motivo importante es que Dios, en su gracia, puede confiarte más cosas, para que seas canal más grande de sus bendiciones a otras personas.

¿Cuánto debo dar?

DEUTERONOMIO 14:22 I *Deberás separar el diezmo de tus cosechas, es decir, la décima parte de todo lo que coseches cada año.*

1 CORINTIOS 16:2 I *El primer día de cada semana, cada uno debería separar una parte del dinero que ha ganado.*

2 CORINTIOS 9:7 I *Cada uno debe decidir en su corazón cuánto dar; y no den de mala gana ni bajo presión, "porque Dios ama a la persona que da con alegría".*

Mientras que el Antiguo Testamento habla específicamente de darle a Dios 10 por ciento de tus ganancias, el Nuevo Testamento te alienta a dar lo que puedas, a dar de manera sacrificial y a dar con un corazón agradecido y generoso. Para muchas personas, ¡esto significará dar mucho más que el diezmo!

Pero, si apenas cumplo con mi presupuesto. ¿Qué pasa si pareciera que no tengo suficiente para dar?

PROVERBIOS 28:27 I *Al que ayuda al pobre no le faltará nada.*

Dios promete proveer para ti cuando tú le devuelvas a él.

2 CORINTIOS 9:8 I *Dios proveerá con generosidad todo lo que necesiten. Entonces siempre tendrán todo lo necesario y habrá bastante de sobra que compartir con otros.*

Es fácil pensar que serías feliz si tan sólo tuvieras un poco más. Sin embargo, el secreto de la felicidad es aprender a disfrutar lo que tienes, sea mucho o poco, y aprender a vivir de manera abundante, aun con lo poco.

La promesa de Dios LUCAS 6:38 | *Den, y recibirán. Lo que den a otros les será devuelto por completo: apretado, sacudido para que haya lugar para más, desbordante y derramado sobre el regazo. La cantidad que den determinará la cantidad que recibirán a cambio.*

LAS OPORTUNIDADES

¿Cómo sé si una oportunidad viene de Dios?

1 TESALONICENSES 5:17 | *Nunca dejen de orar.*

Cuanto más cerca de Dios estés por medio de la oración, más fácil te resultará escuchar su voz.

JOSUÉ 1:7 | *Sé fuerte y muy valiente. Ten cuidado de obedecer todas las instrucciones que Moisés te dio. No te desvíes de ellas ni a la derecha ni a la izquierda. Entonces te irá bien en todo lo que hagas.*

SALMO 119:105 | *Tu palabra es una lámpara que guía mis pies y una luz para mi camino.*

Aunque la Biblia no siempre habla directamente de una oportunidad en particular, cualquier alternativa que contradiga la Palabra de Dios o que te aleje de sus principios no es de Dios.

PROVERBIOS 15:22 | *Los planes fracasan por falta de consejo; muchos consejeros traen éxito.*

Procura la sabiduría de los cristianos maduros y dignos de confianza.

DEUTERONOMIO 1:28 | *¿Adónde podemos ir? Nuestros hermanos nos desmoralizaron [con lo que] nos dijeron.*

No permitas que el temor o las dudas te hagan perder oportunidades de Dios. A menudo, Dios te envía oportunidades que requieren fe y valor para lograr que confíes en él.

MATEO 25:21 | *Bien hecho, mi buen siervo fiel. Has sido fiel en administrar esta pequeña cantidad, así que ahora te daré muchas más responsabilidades.*

Dios entrega a todo el mundo la capacidad y la oportunidad de invertir para el bien y la expansión de su Reino.

FILIPENSES 1:12 | *Mis amados hermanos, quiero que sepan que todo lo que me ha sucedido en este lugar ha servido para difundir la Buena Noticia.*

Si estás luchando con un problema, considéralo siempre como una oportunidad para mostrar a los demás cómo Dios saca algo bueno de las malas circunstancias.

ESDRAS 8:15 | *Descubrí que ni un solo levita se había ofrecido para acompañarnos.*

Aprovecha cualquier oportunidad de ofrecer tus dones para servir a Dios.

MATEO 25:10 | *Durante el lapso en que se fueron a comprar aceite, llegó el novio. Entonces las que estaban listas entraron con él a la fiesta de bodas y se cerró la puerta con llave.*

No pierdas la oportunidad de recibir libremente el don de la salvación de Dios. Esta oportunidad siempre proviene de él.

¿Cómo aprovecho las oportunidades?

JUAN 9:4 | *Debemos llevar a cabo cuanto antes las tareas que nos encargó el que nos envió. Pronto viene la noche cuando nadie puede trabajar.*

EFESIOS 5:16 | *Saquen el mayor provecho de cada oportunidad en estos días malos.*

FILIPENSES 1:14 | *Dado que estoy preso, la mayoría de los creyentes de este lugar ha aumentado su confianza y anuncia con valentía el mensaje de Dios sin temor.*

Cuando ves una oportunidad de hacer el bien, acéptala con entusiasmo. Cuanto más pienses en ella, será menos probable que actúes. Aunque estés viviendo dificultades personales, ayudar a otros puede ser algo terapéutico.

GÉNESIS 39:3-4, 6 | *El SEÑOR estaba con José, y le daba éxito en todo lo que hacía. Eso agradó a Potifar, quien pronto nombró a José su asistente personal. Lo puso a cargo de toda su casa y de todas sus posesiones. . . . Con José a cargo, Potifar no se preocupaba por nada.*

GÉNESIS 41:1, 14, 39-40 | *Después, el faraón . . . mandó llamar a José . . . y enseguida lo trajeron de la cárcel. . . . Así que el faraón dijo a José: "Como Dios te ha revelado el significado de los sueños a ti, es obvio que no hay nadie más sabio e inteligente que tú. Quedarás a cargo de mi palacio, y toda mi gente recibirá órdenes de ti. Sólo yo, sentado en mi trono, tendré un rango superior al tuyo".*

La responsabilidad te abrirá las puertas de la oportunidad. La manera en que manejas cada responsabilidad determina si tienes la capacidad de que te confíen más cosas. José fue encarcelado injustamente (ver Génesis 39:6-20). Él podría haberse lamentado y quejado; podría haberse amargado y no haber hecho nada. En lugar de eso, aprovechó todas las oportunidades que tuvo en su situación; rápidamente se convirtió en alguien de confianza por ser responsable; y, finalmente, alcanzó el puesto más prominente en Egipto.

La promesa de Dios APOCALIPSIS 3:8 I *Yo sé todo lo que haces y te he abierto una puerta que nadie puede cerrar.*

LA ORACIÓN

¿Qué es orar?

2 CRÓNICAS 7:14 I *[El Señor dijo:] "Si mi pueblo, que lleva mi nombre, se humilla y ora, busca mi rostro y se aparta de su conducta perversa, yo escucharé desde el cielo".*

SALMO 140:6 I *Le dije al SEÑOR: "¡Tú eres mi Dios!". ¡Escucha, oh SEÑOR, mis súplicas por misericordia!*

Orar es conversar con Dios. Sencillamente, es hablar con Dios y escucharlo; es contarle honestamente tus pensamientos y sentimientos, alabarlo, agradecerle, confesarle tus pecados, y pedirle ayuda y consejo. La esencia de la oración es entrar con humildad en la presencia del Dios todopoderoso.

SALMO 38:18 I *Confieso mis pecados; estoy profundamente arrepentido por lo que hice.*

1 JUAN 1:9 | *Si confesamos nuestros pecados a Dios, él es fiel y justo para perdonarnos nuestros pecados y limpiarnos.*

La oración suele comenzar con una confesión de pecados. Es a través de la confesión que muestras la humildad necesaria para abrir la línea de comunicación con el Dios todopoderoso y santo.

1 SAMUEL 14:36 | *El sacerdote dijo: "Primero consultemos al SEÑOR".*

2 SAMUEL 5:19 | *David le preguntó al SEÑOR: "¿Debo salir a pelear contra los filisteos?".*

Orar es pedirle orientación a Dios, y esperar su guía y su dirección.

MARCOS 1:35 | *A la mañana siguiente, antes del amanecer, Jesús se levantó y fue a un lugar aislado para orar.*

La oración es la expresión de una íntima relación con tu Padre celestial, quien te otorga su amor y sus recursos. Así como disfrutas de estar en compañía de las personas a las que quieres, cuando conozcas más a Dios y entiendas cuánto te ama, más disfrutarás al pasar tiempo con él.

1 SAMUEL 3:10 | *El SEÑOR vino y llamó igual que antes:*
—¡Samuel! ¡Samuel!
Y Samuel respondió:
—Habla, que tu siervo escucha.

Una buena conversación también incluye escuchar, así que toma el tiempo necesario para que Dios te hable. Cuando escuches a Dios, él te dará a conocer su sabiduría.

SALMO 9:1-2 | *Te alabaré, SEÑOR, con todo mi corazón; contaré de las cosas maravillosas que has hecho. Gracias a ti, estaré lleno de alegría; cantaré alabanzas a tu nombre, oh Altísimo.*

Por medio de la oración, alabas a tu Dios poderoso.

¿La Biblia enseña una manera "correcta" de orar?

1 SAMUEL 23:2 | *Entonces David le preguntó al SEÑOR: "¿Debo ir . . . ?".*

NEHEMÍAS 1:4 | *Durante varios días estuve de duelo, ayuné y oré al Dios del cielo.*

SALMO 18:1 | *Te amo, SEÑOR; tú eres mi fuerza.*

SALMO 32:5 | *Finalmente te confesé todos mis pecados y ya no intenté ocultar mi culpa. Me dije: "Le confesaré mis rebeliones al SEÑOR", ¡y tú me perdonaste! Toda mi culpa desapareció.*

EFESIOS 6:18 | *Oren en el Espíritu en todo momento y en toda ocasión. Manténganse alerta y sean persistentes en sus oraciones por todos los creyentes en todas partes.*

A lo largo de la Biblia, las oraciones que tuvieron mucho efecto incluyeron los elementos de la adoración, el ayuno, la confesión, la petición y la perseverancia.

MATEO 6:9-13 | *[Jesús dijo:] "Ora de la siguiente manera: Padre nuestro que estás en el cielo, que sea siempre santo tu nombre. Que tu reino venga pronto. Que se cumpla tu voluntad en la tierra como se cumple en el cielo. Danos hoy el alimento que necesitamos, y perdona nuestros pecados, así como hemos perdonado a los que pecan contra nosotros. No permitas que cedamos ante la tentación, sino rescátanos del maligno".*

Jesús les enseñó a sus discípulos que la oración es la relación íntima con el Padre, que incluye la dependencia para la necesidad de cada día, el compromiso a obedecer y el perdón de pecados.

NEHEMÍAS 2:4-5 | *El rey preguntó: "Bueno, ¿cómo te puedo ayudar?". Después de orar [rápidamente] al Dios del cielo, contesté.*

La oración puede ser espontánea.

¿Dios siempre contesta las oraciones?

SALMO 116:1-2 | *Amo al SEÑOR porque escucha mi voz y mi oración que pide misericordia. Debido a que él se inclina para escuchar, ¡oraré mientras tenga aliento!*

1 PEDRO 3:12 | *Los ojos del Señor están sobre los que hacen lo bueno, y sus oídos están abiertos a sus oraciones. Pero el Señor aparta su rostro de los que hacen lo malo.*

Dios escucha atentamente cada oración y la contesta. Sus respuestas pueden ser sí, no o espera. Cualquier padre cariñoso le da a su hijo todas las tres respuestas. Si Dios te dijera que sí a cada cosa que le pidieras, te consentiría y sería peligroso para tu bienestar. Si te dijera que no, sería vengativo, mezquino y dañaría tu espíritu. Responderte siempre que esperes sería frustrante. Dios siempre contesta en base a lo que es mejor para ti.

SANTIAGO 5:16 | *La oración ferviente de una persona justa tiene mucho poder y da resultados maravillosos.*

1 JUAN 5:14-15 | *Él nos oye cada vez que le pedimos algo que le agrada; y . . . nos dará lo que le pedimos.*

En la medida que mantengas una relación íntima con Jesús y que estudies sistemáticamente su Palabra, tus oraciones estarán más acorde con su voluntad. Cuando eso ocurre, a Dios lo llena de alegría concederte tus pedidos.

2 CORINTIOS 12:8-9 | *En tres ocasiones distintas, [Pablo] le supli[có] al Señor que [se le] quitara [la espina en su carne]. Cada vez él [le] dijo: "Mi gracia es todo lo que necesitas; mi poder actúa mejor en la debilidad".*

A veces, como en el caso de Pablo, te encontrarás con que Dios responde una oración dándote algo mejor que lo que le pediste.

JUAN 14:14 | *[Jesús dijo:] "Pídanme cualquier cosa en mi nombre, ¡y yo la haré!"*

El nombre de Jesús no es una varita mágica. Orar en el nombre de Jesús significa orar de acuerdo al carácter y a los propósitos de Jesús. Cuando oras así, estás pidiendo lo que Dios ya quiere otorgarte.

ÉXODO 14:15 | *El SEÑOR le dijo a Moisés: "¿Por qué clamas a mí? ¡Dile al pueblo que se ponga en marcha!".*

La oración eficaz está acompañada por la buena voluntad de obedecer. Cuando Dios te abra una puerta, ¡úsala!

La promesa de Dios SALMO 145:18 | *El SEÑOR está cerca de todos los que lo invocan, sí, de todos los que lo invocan de verdad.*

EL ORGULLO

¿Por qué se considera al orgullo como uno de los "siete pecados mortales"?

EZEQUIEL 28:17 | *Tu corazón se llenó de orgullo debido a tu gran belleza.*

La Biblia parece indicar que el orgullo es el pecado por el que Lucifer (Satanás) fue expulsado del cielo (ver Ezequiel 28:13-17). Si el orgullo egoísta es tan fuerte como para arrancar a un ángel de la presencia misma de Dios, ciertamente será tan fuerte como para causar un gran daño en tu propia vida.

DANIEL 5:20 | *Cuando su corazón y su mente se llenaron de arrogancia, le fue quitado el trono real y se le despojó de su gloria.*

El orgullo lleva a la dureza de corazón que, a su vez, lleva a la indiferencia arrogante en cuanto a Dios y al pecado.

SALMO 10:4 | *Los malvados son demasiado orgullosos para buscar a Dios; parece que piensan que Dios está muerto.*

El orgullo lleva a ignorar a Dios (porque piensas que tu camino es mejor) y marca el rumbo de una vida de desobediencia.

2 TIMOTEO 3:2-4 | *Serán fanfarrones y orgullosos, . . . no amarán ni perdonarán. . . . Traicionarán a sus amigos.*

El orgullo puede destruir tus relaciones más rápido que cualquier otra cosa, porque te impulsa a usar a los demás para fortalecer tu posición a expensa de ellos.

LUCAS 18:11 | *El fariseo, de pie, apartado de los demás, hizo la siguiente oración: "Te agradezco, Dios, que no soy un pecador como todos los demás. . . . ¡Para nada soy como ese cobrador de impuestos!".*

El orgullo te vuelve ciego a tu propio pecado.

ABDÍAS 1:3 | *Has sido engañada por tu propio orgullo porque vives en una fortaleza de piedra y haces tu morada en lo alto de las montañas. "¿Quién puede tocarnos aquí en las remotas alturas?", te preguntas con arrogancia.*

El orgullo se siente cómodo con la falsa seguridad.

HECHOS 8:30-31 | *Felipe se acercó corriendo y oyó que el hombre leía al profeta Isaías. Felipe le preguntó:*

—¿Entiendes lo que estás leyendo?

El hombre contestó:

—¿Y cómo puedo entenderlo, a menos que alguien me explique?

Y le rogó a Felipe que subiera al carruaje y se sentara junto a él.

El orgullo te impide pedirle ayuda a otra persona. En este caso, el hombre del carruaje tuvo la humildad de pedir ayuda.

¿En alguna ocasión el orgullo es sano o apropiado?

ROMANOS 15:17 | *[Pablo dijo:] "Tengo razón de estar entusiasmado por todo lo que Cristo Jesús ha hecho por medio de mí al servir a Dios".*

Puedes sentirte satisfecho por lo que Dios hace a través tuyo. Pablo estaba orgulloso, no de lo que había logrado por sus propios medios, sino de lo que Dios había hecho por medio de él.

2 CORINTIOS 5:12-13 | *¿Estamos de nuevo recomendándonos a ustedes? No, estamos dándoles un motivo para que estén orgullosos de nosotros, para que puedan responder a los que se jactan de tener ministerios espectaculares en vez de tener un corazón sincero. Si parecemos estar locos es para darle gloria a Dios.*

Si de algo puedes estar orgulloso, debes enorgullecerte del Dios al que sirves.

1 CORINTIOS 1:30-31 | *Dios los ha unido a ustedes con Cristo Jesús. Dios hizo que él fuera la sabiduría misma para nuestro beneficio. Cristo nos hizo justos ante Dios; nos hizo puros y santos y nos liberó del pecado. Por lo tanto, como dicen las Escrituras: "Si alguien quiere jactarse, que se jacte solamente del SEÑOR".*

El orgullo es adecuado cuando te lleva a darle gracias a Dios por sus dones. Cuando miras a tu cónyuge, a tus hijos o a tus talentos, y de tu corazón mana una gratitud hacia Dios, él se siente complacido. De esta manera, te concentras en él y no en ti mismo.

La promesa de Dios PROVERBIOS 16:18 | *El orgullo va delante de la destrucción, y la arrogancia antes de la caída.*

LA ORIENTACIÓN

¿Cómo puedo experimentar la orientación de Dios?

NÚMEROS 9:17 | *Cada vez que la nube se elevaba de la carpa sagrada, el pueblo de Israel levantaba el campamento y la seguía.*

PROVERBIOS 3:5-6 | *Confía en el SEÑOR con todo tu corazón, no dependas de tu propio entendimiento. Busca su voluntad en todo lo que hagas, y él te mostrará cuál camino tomar.*

El primer paso para recibir orientación es saber dónde poner tu confianza. Cuando los viajeros no conocen el camino, confían en un mapa. La persona enferma confía en el médico, quien conoce el tratamiento adecuado. De igual manera, debes darte cuenta de tus limitaciones espirituales y confiar en la Palabra de Dios, que en cuestiones de fe es el manual de instrucciones para la vida.

MATEO 7:7-11 | *Sigue pidiendo y recibirás lo que pides; sigue buscando y encontrarás; sigue llamando, y la puerta se te abrirá. . . . Ustedes, los que son padres, si sus hijos les piden un pedazo de pan, ¿acaso les dan una piedra en su lugar? O si les piden un pescado, ¿les dan una serpiente? ¡Claro que no! Así que si ustedes, gente pecadora, saben dar buenos regalos a sus hijos, cuánto más su Padre celestial dará buenos regalos a quienes le pidan.*

Dios te invita a orar —a acudir directamente a él— para que puedas conocerlo plenamente como tu Padre cariñoso y, además, entenderte a ti mismo con mayor claridad. Así como un padre le da cada vez mayores responsabilidades a su hijo o hija a medida que crece, el Señor espera que aceptes la responsabilidad de buscar y seguir su orientación.

Si de todas maneras se cumplirá la voluntad de Dios, ¿por qué necesito su orientación?

ÉXODO 14:15 | *El SEÑOR le dijo a Moisés: "¿Por qué clamas a mí? ¡Dile al pueblo que se ponga en marcha!".*

SALMO 73:24 | *Me guías con tu consejo y me conduces a un destino glorioso.*

Tus decisiones marcan la diferencia; ellas definen si participarás o no de la voluntad divina. La obra de Dios se completará; si no lo haces tú, lo hará otra persona. Si quieres participar, no puedes sentarte a esperar que él te escriba un mensaje en una pared. Busca su orientación y luego toma la decisión de seguir adelante. Si siempre le pides orientación para decidir, lo más probable es que estés alineado con su voluntad.

¿Dios me dirá qué quiere que haga por el resto de mi vida?

SALMO 32:8 | *El SEÑOR dice: "Te guiaré por el mejor sendero para tu vida; te aconsejaré y velaré por ti".*

SALMO 119:105 | *Tu palabra es una lámpara que guía mis pies y una luz para mi camino.*

SALMO 138:8 | *El SEÑOR llevará a cabo los planes que tiene para mi vida, pues tu fiel amor, oh SEÑOR, permanece para siempre.*

Si pudiéramos ver nuestro futuro, nos asustaríamos mucho por los momentos difíciles que vendrán, o nos llenaríamos de soberbia por nuestros logros. Más que un reflector que ilumina un gran sector, la orientación de Dios es como una linterna que ilumina lo necesario como para mostrarte por dónde debes caminar tus próximos pasos. Generalmente, Dios no nos revela todo de una vez. Quiere que aprendas a confiar en él en cada tramo de tu camino.

La promesa de Dios SALMO 32:8 | *El SEÑOR dice: "Te guiaré por el mejor sendero para tu vida; te aconsejaré y velaré por ti".*

LA PACIENCIA

¿Realmente vale la pena esforzarse por la paciencia?

ROMANOS 15:5 | *Que Dios, quien da . . . paciencia y . . . ánimo, los ayude a vivir en plena armonía unos con otros, como corresponde a los seguidores de Cristo Jesús.*

GÁLATAS 5:22 | *La clase de fruto que el Espíritu Santo produce en nuestra vida es: amor, alegría, paz, paciencia, gentileza, bondad, fidelidad.*

COLOSENSES 1:11 | *También pedimos que se fortalezcan con todo el glorioso poder de Dios para que tengan toda la constancia y la paciencia que necesitan. Mi deseo es que estén llenos de alegría.*

La paciencia ayuda a mantener la armonía con los demás, a soportar el manejo de circunstancias difíciles y a cultivar una actitud expectante con la esperanza de que las cosas mejoren.

1 CORINTIOS 13:4, 7 | *El amor es paciente y bondadoso. . . . El amor nunca se da por vencido, jamás pierde la fe, siempre tiene esperanzas y se mantiene firme en toda circunstancia.*

EFESIOS 4:2 | *Sean siempre humildes y amables. Sean pacientes unos con otros y tolérense las faltas por amor.*

La paciencia es una característica del amor. Cuanto más amoroso seas, mejor ejemplo serás de la expresión de la paciencia de Dios en tu vida. Dios es el ejemplo perfecto de la paciencia. Todos los días fallas en estar a la altura de su parámetro perfecto, pero él es lento para enojarse y te ama incondicionalmente.

HEBREOS 10:36 | *Perseverar con paciencia es lo que necesitan ahora para seguir haciendo la voluntad de Dios. Entonces recibirán todo lo que él ha prometido.*

La paciencia es la evidencia de un carácter fuerte. A medida que tu paciencia sea puesta a prueba, lograrás un grado más alto de paciencia para cuando vuelvas a ser puesto a prueba.

LAMENTACIONES 3:24, 26 | *Me digo: "El SEÑOR es mi herencia, por lo tanto, ¡esperaré en él!". . . . Por eso es bueno esperar en silencio la salvación que proviene del SEÑOR.*

SANTIAGO 5:7-8 | *Tengan paciencia mientras esperan el regreso del Señor. Piensen en los agricultores, que con paciencia esperan las lluvias en el otoño y la primavera. Con ansias esperan a que maduren los preciosos cultivos. Ustedes también deben ser pacientes. Anímense, porque la venida del Señor está cerca.*

La paciencia es una parte importante de la fe y la esperanza. Cuanto más grande sea tu esperanza, con más paciencia esperarás, y más aumentará tu fe.

GÉNESIS 29:20-21, 25, 27-28 | *Jacob trabajó siete años para obtener a Raquel; pero su amor por ella era tan fuerte que le parecieron unos pocos días. Finalmente llegó el momento de casarse con ella. "He cumplido mi parte del acuerdo —le dijo Jacob a Labán—. Ahora entrégame a mi esposa para acostarme con ella". . . . A la mañana siguiente, cuando Jacob se despertó, ¡vio que era Lea!*

—¿Qué me has hecho? —le dijo a Labán con furia—. ¡He trabajado siete años por Raquel! . . .

[Labán respondió:] —Espera hasta que termine la semana nupcial y entonces te daré también a Raquel, siempre y cuando prometas trabajar para mí otros siete años.

Así que Jacob aceptó trabajar siete años más. Una semana después de casarse con Lea, Labán también le entregó a Raquel.

La paciencia es la clave para lograr muchas metas. Rara vez se concreta algo con un solo salto gigantesco sino, más bien, paso a paso.

2 TESALONICENSES 1:4-5 I *Con orgullo les contamos a las demás iglesias de Dios acerca de la constancia y la fidelidad de ustedes en todas las persecuciones y privaciones que están sufriendo. Y Dios usará esa persecución para mostrar su justicia y para hacerlos dignos de su reino, por el cual sufren.*

El sufrimiento se soporta mejor cuando se hace pacientemente. La clave es la paciencia.

¿Cómo logro tener más paciencia?

SANTIAGO 5:7 I *Piensen en los agricultores, que con paciencia esperan las lluvias en el otoño y la primavera. Con ansias esperan a que maduren los preciosos cultivos.*

Ya sea que estés esperando que sea el momento de la cosecha, que el embotellamiento se destrabe, que tu hijo madure o que Dios te perfeccione, puedes crecer en paciencia reconociendo que estas cosas llevan tiempo, y que hay un límite a lo que puedes hacer para ayudar.

ÉXODO 5:22; 6:2 I *Moisés fue ante el SEÑOR y protestó:*
—. . . ¿Por qué me enviaste? . . .
Dios . . . le dijo:
—Yo soy Yahveh, "el SEÑOR".

Dedícate menos a tu agenda y más a la agenda que Dios tiene para ti; esto te facilitará una perspectiva de "cuadro completo" y te ayudará a ser menos impaciente.

HABACUC 2:3 I *Aunque parezca que se demora en llegar, espera con paciencia, porque sin lugar a dudas sucederá. No se tardará.*

En efecto, la paciencia puede darte una actitud de expectativa entusiasta para cada nuevo día. Si Dios va a hacer lo mejor para ti, su plan irá de la mano de sus tiempos, no de los tuyos. Con esto en mente, puedes entusiasmarte esperando que él actúe; puedes despertarte cada día a la espera de qué cosas buenas obrará en tu vida que son lo mejor para ti en el presente.

GÁLATAS 5:22 | *La clase de fruto que el Espíritu Santo produce en nuestra vida es: amor, alegría, paz, paciencia.*

Cuanto más dejes que el Espíritu Santo te llene y te inspire, más paciencia tendrás. Todo fruto lleva un tiempo para crecer y madurar, y esto incluye al fruto del Espíritu Santo.

ROMANOS 8:25 | *Si deseamos algo que todavía no tenemos, debemos esperar con paciencia y confianza.*

La paciencia es una consecuencia de la esperanza que el creyente tiene en los planes de Dios, especialmente en sus planes eternos. Cuando tu futuro a largo plazo es totalmente seguro, puedes ser más paciente con las frustraciones del presente.

PROVERBIOS 14:29 | *Los que tienen entendimiento no pierden los estribos; los que se enojan fácilmente demuestran gran necedad.*

2 TIMOTEO 2:24 | *Un siervo del Señor no debe andar peleando, sino que debe ser bondadoso con todos, capaz de enseñar y paciente con las personas difíciles.*

Dios hace crecer la paciencia en ti a través de tu relación con otras personas. Las relaciones ásperas te enseñan a soportar con paciencia. Pero la paciencia es necesaria aun en las relaciones afectuosas.

1 PEDRO 2:19-20 | *Dios se complace en ustedes cuando hacen lo que saben que es correcto y sufren con paciencia cuando reciben un trato injusto. Es obvio que no hay mérito en ser paciente si a uno lo golpean por haber actuado mal, pero si*

sufren por hacer el bien y lo soportan con paciencia, Dios se agrada de ustedes.

Dios usa las circunstancias de la vida para desarrollar tu paciencia. No siempre puedes elegir las circunstancias que te tocan vivir, pero puedes elegir cómo reaccionar ante ellas.

La promesa de Dios ISAÍAS 30:18 | *El SEÑOR tendrá que esperar a que ustedes acudan a él para que pueda mostrarles su amor y su compasión. Pues el SEÑOR es un Dios fiel. Benditos son los que esperan su ayuda.*

LA PAZ

¿Cómo puedo hacer las paces con Dios?

SALMO 34:14 | *Apártate del mal y haz el bien; busca la paz y esfuérzate por mantenerla.*

ROMANOS 2:10 | *Habrá . . . paz de parte de Dios para todos los que hacen lo bueno.*

La paz con Dios es consecuencia de vivir de la forma en que él te creó para que vivieras. Cuando reconozcas que has pecado contra él y te esfuerces por amarlo y por amar a otros haciéndoles el bien, experimentarás la paz de Dios a medida que tu mente, tu corazón y tus actos estén en sintonía con él.

ISAÍAS 26:3 | *¡Tú guardarás en perfecta paz a todos los que confían en ti; a todos los que concentran en ti sus pensamientos!*

La paz es la consecuencia de saber que Dios tiene el control. Concentra tus pensamientos en Dios y en lo que él es capaz de lograr en tu vida, más que en enfocarte en tus problemas.

SALMO 37:11 | *Los humildes poseerán la tierra y vivirán en paz y prosperidad.*

MATEO 5:5 | *Dios bendice a los que son humildes.*

La humildad ante Dios produce paz porque Dios bendice a los humildes. Tu humildad demuestra que entiendes tu lugar en la relación con Dios y con las demás personas.

GÁLATAS 5:22 | *La clase de fruto que el Espíritu Santo produce en nuestra vida es: . . . paz.*

Deja que el Espíritu Santo llene y dirija tu vida. El Espíritu Santo te guiará y te consolará. Si lo sigues, si aprendes y escuchas, experimentarás la paz con Dios.

SALMO 119:165 | *Los que aman tus enseñanzas tienen mucha paz.*

El amor a la Palabra de Dios te dará paz con el Dios que la escribió.

FILIPENSES 4:6-7 | *No se preocupen por nada; en cambio, oren por todo. Díganle a Dios lo que necesitan y denle gracias por todo lo que él ha hecho. Así experimentarán la paz de Dios.*

Ora por todas las cosas. La oración es indispensable para encontrar la paz con Dios.

¿Cómo puedo hacer las paces con otros?

SALMO 34:14 | *Busca la paz y esfuérzate por mantenerla.*

MATEO 5:9 | *Dios bendice a los que procuran la paz.*

La paz no es la ausencia de conflicto; es la confianza en medio del conflicto. La paz resulta de abordar el conflicto adecuadamente.

EFESIOS 4:3 | *Hagan todo lo posible por mantenerse unidos en el Espíritu y enlazados mediante la paz.*

La unidad es la consecuencia de procurar siempre la paz.

SALMO 37:37 | *Miren a los que son buenos y honestos, porque a los que aman la paz les espera un futuro maravilloso.*

ROMANOS 12:17-19 | *Nunca devuelvan a nadie mal por mal. . . . Hagan todo lo posible por vivir en paz con todos. Queridos amigos, nunca tomen venganza. Dejen que se encargue . . . Dios.*

Si albergas pensamientos de venganza, no estás en paz con los demás. La amargura y la venganza nunca pueden traer tranquilidad.

PROVERBIOS 12:20 | *El corazón que trama el mal está lleno de engaño; ¡el corazón que procura la paz rebosa de alegría!*

Buscar la paz con los demás es la manera más segura de desatar un caudal de gozo en tu corazón.

La promesa de Dios JUAN 14:27 | *[Jesús dijo:] "Les dejo un regalo: paz en la mente y en el corazón. Y la paz que yo doy es un regalo que el mundo no puede dar. Así que no se angustien ni tengan miedo".*

EL PERDÓN

¿Qué significa ser perdonado de verdad?

ISAÍAS 1:18 | *El SEÑOR [dijo:] "Aunque sus pecados sean como la escarlata, yo los haré tan blancos como la nieve. Aunque sean rojos como el carmesí, yo los haré tan blancos como la lana".*

COLOSENSES 1:22 | *Ustedes son santos, libres de culpa y pueden presentarse delante de él sin ninguna falta.*

El perdón significa que Dios te mira como si nunca hubieras pecado. Cuando recibes su perdón, estás libre de culpa ante él. Cuando Dios perdona, no barre tus pecados debajo de una alfombra, sino que los hace desaparecer.

MATEO 5:44 | *¡Ama a tus enemigos! ¡Ora por los que te persiguen!*

El perdón allana el camino para relaciones en armonía, aun con tus enemigos.

ROMANOS 6:6 | *Nuestro antiguo ser pecaminoso fue crucificado con Cristo para que el pecado perdiera su poder en nuestra vida. Ya no somos esclavos del pecado.*

COLOSENSES 2:13 | *Ustedes estaban muertos a causa de sus pecados y porque aún no les habían quitado la naturaleza pecaminosa. Entonces Dios les dio vida con Cristo al perdonar todos nuestros pecados.*

El perdón produce una gran alegría, porque dejas de ser prisionero de tu naturaleza pecadora.

HECHOS 2:38 | *Cada uno de ustedes debe arrepentirse de sus pecados y volver a Dios, y ser bautizado en el nombre de Jesucristo para el perdón de sus pecados. Entonces recibirán el regalo del Espíritu Santo.*

El perdón de los pecados te permite recibir el don del Espíritu Santo de Dios. El Espíritu Santo te permite aprovechar el poder de Dios como ayuda para luchar contra la tentación y te guía a lo largo de la vida.

¿Cómo recibo el amoroso perdón de Dios?

2 CRÓNICAS 7:14 | *Si mi pueblo . . . se humilla y ora, busca mi rostro y se aparta de su conducta perversa, yo escucharé desde el cielo, [y] perdonaré sus pecados.*

1 JUAN 1:9 | *Si confesamos nuestros pecados a Dios, él es fiel y justo para perdonarnos.*

Confesar el pecado es el primer paso hacia el perdón.

ROMANOS 10:9-10 | *Si confiesas con tu boca que Jesús es el Señor y crees en tu corazón que Dios lo levantó de los muertos, serás salvo. Pues es por creer en tu corazón que eres declarado justo a los ojos de Dios y es por confesarlo con tu boca que eres salvo.*

Después de pedir perdón, lo único que tienes que hacer es aceptarlo. La única manera en que puedes estar seguro de la vida eterna en el cielo es recibiendo el perdón de Dios.

¿Todos los pecados pueden ser perdonados? Debe haber algún pecado que sea demasiado grande para ser perdonado.

JOEL 2:32 | *Todo el que invoque el nombre del SEÑOR será salvo.*

MARCOS 3:28 | *[Jesús dijo:] "Les digo la verdad, cualquier pecado y blasfemia pueden ser perdonados".*

ROMANOS 8:38 | *Nada podrá jamás separarnos del amor de Dios.*

El perdón no está basado en la magnitud del pecado, sino en la magnitud del amor de la persona que perdona. Ningún pecado es demasiado grande para el completo e incondicional amor de Dios. En realidad, la Biblia sí menciona un pecado imperdonable: la actitud de hostilidad desafiante hacia Dios que nos impide aceptar su perdón. Las personas que no están interesadas en su perdón están fuera de su alcance.

¿Cómo puedo perdonar a una persona que me ha herido profundamente?

MATEO 6:14-15 | *Si perdonas a los que pecan contra ti, tu Padre celestial te perdonará a ti; pero si te niegas a perdonar a los demás, tu Padre no perdonará tus pecados.*

Si no estás dispuesto a perdonar, demuestras que no has entendido ni aprovechado el perdón de Dios.

MATEO 5:44 | *¡Ama a tus enemigos! ¡Ora por los que te persiguen!*

Ora por los que te odian y te lastiman. Eso te libra de las emociones destructivas como el enojo, la amargura y la venganza, y te ayuda a perdonar a los que te han herido.

LUCAS 23:34 | *Jesús dijo: "Padre, perdónalos, porque no saben lo que hacen".*

Jesús perdonó hasta a los que se burlaron de él y lo mataron. Preocúpate más por los que te agreden y por su relación con Dios, y menos por alimentar tus propios rencores y tu autocompasión.

1 PEDRO 3:9 | *No paguen mal por mal. No respondan con insultos cuando la gente los insulte. Por el contrario, contesten con una bendición. A esto los ha llamado Dios, y él los bendecirá por hacerlo.*

Cuando alguien dice cosas hirientes sobre ti, Dios quiere que le respondas bendiciéndolo.

EFESIOS 4:31 | *Líbrense de toda amargura, furia, enojo, palabras ásperas, calumnias y toda clase de mala conducta.*

La actitud de no perdonar no sólo arruina tus relaciones, sino que además te envenena el alma. La persona más perjudicada por la falta de perdón eres tú.

La promesa de Dios ISAÍAS 43:25 | *Yo, sí, yo solo, borraré tus pecados por amor a mí mismo y nunca volveré a pensar en ellos.*

LA PERTENENCIA

¿Por qué es importante sentir que pertenezco a una familia, a mi cónyuge, a una iglesia?

SALMO 73:23-24 | *Sin embargo, todavía te pertenezco; me tomas de la mano derecha. Me guías con tu consejo y me conduces a un destino glorioso.*

ROMANOS 1:6 | *Ustedes están incluidos entre los . . . que fueron llamados a pertenecer a Jesucristo.*

Todos necesitamos un sentido de pertenencia, porque pertenecer a alguien o a algo es tener seguridad y aceptación. Y, cuando perteneces a Dios, esa seguridad y esa aceptación no pueden serte arrebatadas: las tendrás por toda la eternidad.

¿Qué sucede cuando pertenezco a Dios?

DEUTERONOMIO 28:10 | *Entonces todas las naciones del mundo verán que eres el pueblo elegido por el SEÑOR y quedarán asombradas ante ti.*

Dios te ha elegido.

ISAÍAS 26:19 | *Los que mueren en el SEÑOR vivirán; ¡sus cuerpos se levantarán otra vez! Los que duermen en la tierra se levantarán y cantarán de alegría. Pues tu luz que da vida descenderá como el rocío sobre tu pueblo, en el lugar de los muertos.*

Tienes la seguridad de la vida eterna.

JUAN 15:12-15 | *[Jesús dijo:] "Ámense unos a otros de la misma manera en que yo los he amado. No hay un amor más grande que el dar la vida por los amigos. . . . Ya no los llamo esclavos, porque el amo no confía sus asuntos a los esclavos. Ustedes ahora son mis amigos".*

Comprendes más plenamente cómo amar a los demás.

¿Cómo puedo estar seguro de que pertenezco a Dios?

1 JUAN 2:3-5 | *Podemos estar seguros de que conocemos a Dios si obedecemos sus mandamientos. Si alguien afirma: "Yo conozco a Dios", pero no obedece los mandamientos de Dios, es un mentiroso y no vive en la verdad; pero los que obedecen la palabra de Dios demuestran verdaderamente cuánto lo aman. Así es como sabemos que vivimos en él.*

1 JUAN 3:10 | *Podemos identificar quiénes son hijos de Dios y quiénes son hijos del diablo. Todo el que no se conduce con rectitud y no ama a los creyentes no pertenece a Dios.*

La obediencia a Dios es el reflejo del amor por él y de creer en él. Como eres un ser humano, no obedecerás a Dios a la perfección todo el tiempo. Pero lo que Dios busca es el deseo de agradarlo y obedecerlo, así como el compromiso de hacer tu mejor esfuerzo cada día para lograrlo.

La promesa de Dios LEVÍTICO 26:12 | *Caminaré entre ustedes; seré su Dios, y ustedes serán mi pueblo.*

LA PLANIFICACIÓN

¿De qué manera debo hacer planes?

HECHOS 18:21 | *Al irse [Pablo], sin embargo, dijo: "Si Dios quiere, regresaré".*

HECHOS 22:10 | *[Pablo preguntó]: "¿Qué debo hacer, Señor?". Y el Señor [le] dijo: "Levántate y entra en Damasco, allí se te dirá todo lo que debes hacer".*

1 PEDRO 2:19 | *Dios se complace en ustedes cuando hacen lo que saben que es correcto.*

Cuando hagas planes, sigue la voluntad revelada por Dios. Si su voluntad no es clara en un asunto específico, recuerda que él la ha dejado en claro en los términos generales del bien y del mal, de lo correcto y lo incorrecto, de lo que es útil y lo que es perjudicial. Así que puedes seguir adelante con tus planes, siempre que tengas la seguridad de que no van en contra de la Palabra de Dios. A medida que lo hagas, no te sorprendas de que Dios intervenga para alterarlos, a fin de que conozcas su voluntad específica para ti.

GÉNESIS 11:4, 9 | *[Los habitantes del mundo] dijeron: "Vamos, construyamos una gran ciudad para nosotros con una torre que llegue hasta el cielo. Eso nos hará famosos y evitará que nos dispersemos por todo el mundo". . . . [Pero] el SEÑOR confundió a la gente con distintos idiomas. Así los dispersó por todo el mundo.*

SALMO 33:10 | *El SEÑOR frustra los planes de las naciones y hace fracasar todas sus intrigas.*

Muchas veces, la fórmula para la frustración y el desastre es hacer planes sin consultarle a Dios, y sin averiguar cuál es su voluntad.

ROMANOS 8:28 | *Dios hace que todas las cosas cooperen para el bien de los que lo aman y son llamados según el propósito que él tiene para ellos.*

Dios obrará a través de tus planes, y pese a ellos, para lograr sus objetivos.

SANTIAGO 4:13-16 | *Presten atención, ustedes que dicen: "Hoy o mañana iremos a tal o cual ciudad y nos quedaremos un año. Haremos negocios allí y ganaremos dinero". ¿Cómo saben qué será de su vida el día de mañana? La vida de ustedes es como la neblina del amanecer: aparece un rato y luego se esfuma. Lo que deberían decir es: "Si el Señor quiere, viviremos y haremos esto o aquello". De lo contrario, están haciendo alarde de sus propios planes, y semejante jactancia es maligna.*

La planificación a largo plazo es buena, pero no te aferres demasiado a esos planes. No sabes qué te traerá el futuro, y a dónde te llevará Dios. Haz planes para el futuro, pero sé flexible a medida que veas cómo Dios obra en tu vida.

¿Qué planes debería hacer yo?

PROVERBIOS 31:15 | *Se levanta de madrugada y prepara el desayuno para su familia y planifica las labores de sus criadas.*

La mujer de Proverbios 31 es un buen ejemplo de la persona que planifica sabiamente su tiempo. Muchas veces, hacer una lista de las cosas que debes realizar cada día te ayuda a mantenerte concentrado y a ser productivo, evitando el frustrante sentimiento de estar perdiendo el tiempo.

1 REYES 5:5 | *[Salomón dijo:] "Tengo planeado construir un templo para honrar el nombre del SEÑOR mi Dios, tal como él le había indicado a mi padre David".*

Cuando Dios te llame a una tarea específica, debes hacer planes para obedecerlo. La obediencia suele demandar disciplina y sacrificio. ¿Cuán predispuesto estás en estas áreas?

ROMANOS 1:13-14 | *[Pablo dijo:] "Quiero que sepan, amados hermanos, que me propuse muchas veces ir a visitarlos pero, hasta el momento, me vi impedido. Mi deseo es trabajar entre ustedes y ver frutos espirituales tal como he visto entre otros gentiles. Pues siento una gran obligación tanto con los habitantes del mundo civilizado como con los del resto del mundo, con los instruidos y los incultos por igual".*

Haz planes para servir y ministrar a otros. En el caso de Pablo, Dios no siempre lo ubicó donde él pensaba que serviría. Pero Pablo siguió poniéndose a disposición para servir en cualquier lugar y a quien Dios eligiera. Como resultado, aumentó su pasión por ayudar a toda clase de personas.

1 TIMOTEO 4:14-15 | *No descuides el don espiritual que recibiste mediante la profecía que se pronunció acerca de ti cuando los ancianos de la iglesia te impusieron las manos. Presta suma atención a estos asuntos. Entrégate de lleno a tus tareas, para que todos vean cuánto has progresado.*

Haz planes para ejercitar tus dones espirituales. Y después, para meterte de lleno a usar tus habilidades para servir a Dios.

HEBREOS 10:25 | *No dejemos de congregarnos, como lo hacen algunos, sino animémonos unos a otros, sobre todo ahora que el día de su regreso se acerca.*

Haz planes para tener momentos de adoración y de comunión con otros cristianos. No permitas que el exceso de obligaciones de la vida te lleve a descuidar estos momentos importantes de amistad y aliento mutuo.

JEREMÍAS 17:22 | *No trabajen en el día de descanso, sino hagan que sea un día sagrado.*

Los planes para trabajar duro son beneficiosos, pero también lo son los planes para los momentos de descanso. Trabaja denodadamente durante la semana, para que el fin de semana no te sientas presionado a trabajar en el Día del Señor. Tómalo como un verdadero día santo para descansar.

1 PEDRO 5:8 | *¡Estén alerta! Cuídense de su gran enemigo, el diablo, porque anda al acecho como un león rugiente, buscando a quién devorar.*

Haz planes con anticipación para resistir firmemente la tentación. Entonces, cuando seas tentado, podrás resistir y estar listo para hacer lo correcto.

MATEO 6:19-21 | *No almacenes tesoros aquí en la tierra, donde las polillas se los comen y el óxido los destruye, y donde los ladrones entran y roban. Almacena tus tesoros en el cielo. . . . Donde esté tu tesoro, allí estarán también los deseos de tu corazón.*

Aunque es sabio planificar tu futuro en la tierra, es infinitamente más sabio hacer planes para tu futuro eterno en el cielo. Invierte en lo que durará para siempre.

MATEO 25:19-21 | *Después de mucho tiempo, el amo regresó de su viaje y los llamó para que rindieran cuentas de cómo habían usado su dinero. El siervo al cual le había confiado las cinco bolsas de plata se presentó con cinco más y dijo: "Amo, usted me dio cinco bolsas de plata para invertir, y he ganado cinco más". El amo lo llenó de elogios. "Bien hecho, mi buen siervo fiel. Has sido fiel en administrar esta pequeña cantidad, así que ahora te daré muchas más responsabilidades".*

Es importante que planifiques ahorrar tu dinero y administrarlo con responsabilidad. Si te ajustas al plan regular de diezmar, ahorrar y gastar con cuidado lo que tienes ahora, te será más fácil manejar la responsabilidad de bendiciones mayores que recibas en el futuro.

La promesa de Dios PROVERBIOS 19:21 | *Puedes hacer todos los planes que quieras, pero el propósito del SEÑOR prevalecerá.*

EL PREJUICIO

¿Qué dice la Biblia sobre los prejuicios étnicos o raciales?

LUCAS 10:33 | *Entonces pasó un samaritano despreciado y, cuando vio al hombre, sintió compasión por él.*

JUAN 4:9 | *La mujer se sorprendió, ya que los judíos rechazan todo trato con los samaritanos. Entonces le dijo a Jesús: "Usted es judío, y yo soy una mujer samaritana. ¿Por qué me pide agua para beber?".*

HECHOS 10:28 | *Pedro les dijo: "Ustedes saben que va en contra de nuestras leyes que un hombre judío se relacione con gentiles o que entre en su casa; pero Dios me ha mostrado que ya no debo pensar que alguien es impuro o inmundo".*

Jesús rompió con los estereotipos condenatorios de su época. Cruzó las líneas del prejuicio y la división racial y de género, para demostrar igualdad y respeto por todas las personas. Dios nos hizo distintos entre nosotros para que, cuando trabajemos juntos, nuestros esfuerzos sean más completos, más bellos y más eficaces para todos. Existen pocas cosas más poderosas y productivas que un grupo de personas diferentes que trabajan en unidad.

¿En qué otros aspectos te advierte la Biblia que no debes ser prejuicioso?

1 SAMUEL 16:7 | *El SEÑOR le dijo a Samuel: "No juzgues por su apariencia o por su estatura. . . . El SEÑOR no ve las cosas de la manera en que tú las ves. La gente juzga por las apariencias, pero el SEÑOR mira el corazón".*

ISAÍAS 53:2 | *Mi siervo creció en la presencia del SEÑOR como un tierno brote verde; como raíz en tierra seca. No había nada hermoso ni majestuoso en su aspecto, nada que nos atrajera hacia él.*

Apariencia física. Los estereotipos abundan, el prejuicio contra toda clase de personas. Pero la verdadera persona es la interior; el cuerpo no es más que la cáscara, la vivienda temporal. Es incorrecto juzgar a una persona por su apariencia externa; la persona real que vive en su interior puede ser de una belleza increíble. Es posible que hasta Jesús no haya tenido el cuerpo alto y hermoso que frecuentemente se le atribuye, pues el profeta Isaías dijo acerca del Salvador que vendría: "No había nada hermoso ni majestuoso en su aspecto".

PROVERBIOS 14:20-21 | *A los pobres hasta sus vecinos los desprecian, mientras que a los ricos les sobran "amigos". Denigrar al prójimo es pecado; benditos los que ayudan a los pobres.*

SANTIAGO 2:3-4 | *Si ustedes le dan un trato preferencial a la persona rica y le dan un buen asiento, pero al pobre le dicen: "Tú puedes quedarte de pie allá o bien sentarte en el piso", ¿acaso esta discriminación no demuestra que sus juicios son guiados por malas intenciones?*

Posición económica. Una persona rica y una persona pobre llegan a la iglesia. ¿Cuál es mejor recibida? Un rico y un pobre hablan en la reunión de la comisión de la iglesia. ¿A cuál escucharás con más atención?

MATEO 18:10 | *[Jesús dijo:] "Cuidado con despreciar a cualquiera de estos pequeños. Les digo que, en el cielo, sus ángeles siempre están en la presencia de mi Padre celestial".*

1 TIMOTEO 4:12 | *No permitas que nadie te subestime por ser joven.*

1 TIMOTEO 5:1 | *Nunca le hables con aspereza a un hombre mayor, sino llámale la atención con respeto como lo harías con tu propio padre.*

Edad. A los jóvenes pertenece el futuro; a los ancianos, el honor de los logros. Los jóvenes tienen la oportunidad de conquistar el mundo; los viejos han vivido la experiencia de la victoria. Cada uno debe recibir la honra por sus aportes.

MARCOS 6:2-3 | *[Los que escuchaban las enseñanzas de Jesús] preguntaban: "¿De dónde sacó toda esa sabiduría y el poder para realizar semejantes milagros?". Y se burlaban: "Es un simple carpintero, hijo de María". . . . Se sentían profundamente ofendidos y se negaron a creer en él.*

Ocupación. Dios no quiere descartar familias ni profesiones, y tal vez ese haya sido el motivo por el que Jesús eligió venir a la familia de un carpintero, en lugar de entrar en la familia de un rey. Dios ama a todas las personas, más allá de su ocupación.

JUAN 1:46 | *"¡Nazaret! —exclamó Natanael—. ¿Acaso puede salir algo bueno de Nazaret?"*

Procedencia. No debes tener prejuicios por causa del lugar donde creció una persona. Los "barrios pobres" generalmente son vistos negativamente, pero Dios vive en todas partes.

¿El mundo tiene prejuicios contra los seguidores de Cristo?

JUAN 15:19 | *[Jesús dijo:] "Si pertenecieran al mundo, el mundo los amaría como a uno de los suyos, pero ustedes ya no forman parte del mundo. Yo los elegí para que salieran del mundo, por eso el mundo los odia".*

Quienes no conocen a Cristo suelen disfrutar del pecado y quieren continuar en él, de manera que es natural para ellos oponerse a las enseñanzas de Jesús y a sus seguidores.

La promesa de Dios COLOSENSES 3:14 | *Sobre todo, vístanse de amor, lo cual nos une a todos en perfecta armonía.*

LA PREOCUPACIÓN

¿En qué momento la preocupación se convierte en pecado?

MATEO 13:22 | *Las semillas que cayeron entre los espinos representan a los que oyen la palabra de Dios, pero muy pronto el mensaje queda desplazado por las preocupaciones de esta vida . . . así que no se produce ningún fruto.*

COLOSENSES 3:2 | *Piensen en las cosas del cielo, no en las de la tierra.*

La preocupación es como la maleza llena de espinas: si no se controla, ahoga a la planta buena. La preocupación por las inquietudes de la vida se vuelve un pecado cuando impide que la Palabra de Dios se arraigue en tu vida.

¿Cómo puedo aliviar la preocupación?

SALMO 55:4-5 | *Mi corazón late en el pecho con fuerza. . . . El miedo y el temblor me abruman, y no puedo dejar de temblar.*

La preocupación y el miedo son reacciones normales ante situaciones amenazantes, pero solemos imaginar escenarios mucho peores que los que podrían darse. La mayoría de tus preocupaciones nunca se concreta.

SALMO 62:6 | *Sólo [Dios] es mi roca y mi salvación, mi fortaleza donde no seré sacudido.*

Recordar que el amor de Dios y sus cuidados son tan sólidos como una roca puede ayudarte a mantener tus preocupaciones bajo una perspectiva adecuada. Él tiene todo bajo control.

MATEO 6:27 | *¿Acaso con todas sus preocupaciones pueden añadir un solo momento a su vida?*

En lugar de añadir tiempo o mejorar tu calidad de vida, las preocupaciones disminuyen tu salud y sofocan tu alegría.

FILIPENSES 4:6 | *No se preocupen por nada; en cambio, oren por todo.*

1 PEDRO 5:7 | *Pongan todas sus preocupaciones y ansiedades en las manos de Dios, porque él cuida de ustedes.*

Habla abiertamente con Dios sobre tus preocupaciones. Entrégaselas como si él fuera un especialista en el que confías plenamente, o un supervisor en quien tienes la máxima confianza.

FILIPENSES 4:8-9 | *Concéntrense en todo lo que es verdadero, todo lo honorable, todo lo justo, todo lo puro, todo lo bello y todo lo admirable. Piensen en cosas excelentes y dignas de alabanza. . . . Entonces el Dios de paz estará con ustedes.*

COLOSENSES 3:2 | *Piensen en las cosas del cielo, no en las de la tierra.*

Concentra tus pensamientos en el poder de Dios, no en los problemas de la vida. Las preocupaciones siempre te influirán para peor, pero Dios tiene el poder para cambiarte a ti y a tus circunstancias para mejor. Aleja tu atención de los pensamientos negativos e incrédulos, y enfócala en los pensamientos positivos y constructivos de fe y esperanza.

ÉXODO 14:13 | *No tengan miedo. Sólo quédense quietos y observen cómo el SEÑOR los rescatará hoy.*

Combate las preocupaciones y la ansiedad recordando y confiando en lo que Dios, en su Palabra, ya ha prometido hacer por ti.

JUAN 14:1-3 | *No dejen que el corazón se les llene de angustia; confíen en Dios y confíen también en mí. En el hogar de mi Padre, hay lugar más que suficiente. Si no fuera así, ¿acaso les habría dicho que voy a prepararles un lugar? Cuando todo esté listo, volveré para llevarlos, para que siempre estén conmigo donde yo estoy.*

Si tuvieras diez millones de dólares en el banco, no te preocuparía cómo mantener a tu familia, si perdieras el trabajo. De la misma manera, sabes que Dios ha provisto un lugar perfecto para tu futuro en el cielo. Deja que esa seguridad te guarde de entrar en pánico en medio de las tormentas actuales. El final es seguro.

La promesa de Dios 1 PEDRO 5:7 | *Pongan todas sus preocupaciones y ansiedades en las manos de Dios, porque él cuida de ustedes.*

LAS PRIORIDADES

¿Cómo sé qué es lo realmente importante?

1 SAMUEL 14:35 | *Saúl construyó un altar al Señor; fue el primer altar que él le construyó al Señor.*

No confundas lo urgente con lo importante. Este versículo, si se toma fuera de contexto, pareciera dar a entender que la prioridad de Saúl era adorar a Dios. Pero después de ser ungido como rey, Saúl eludió por meses y quizás años construir un altar a Dios. Eso que parecía urgente lo había alejado del lugar donde él realmente tenía que pasar su tiempo: en la adoración a Dios.

MARCOS 10:31 | *Muchos que ahora son los más importantes, en ese día serán los menos importantes, y aquellos que ahora parecen menos importantes, en ese día serán los más importantes.*

Si todas tus prioridades están enfocadas en lo que consideras lo mejor para tu vida, no conseguirás lo mejor que Dios tiene para ti. Busca siempre, en primer lugar, la opinión de Dios en cualquier decisión. Cuando analices el curso de alguna acción, pregúntate si sería la prioridad de Dios para ti.

HAGEO 1:9 | *Esperaban cosechas abundantes, pero fueron pobres. Y cuando trajeron la cosecha a su casa, yo la hice desaparecer con un soplo. ¿Por qué? Porque mi casa está en ruinas —dice el SEÑOR de los Ejércitos Celestiales— mientras ustedes se ocupan de construir sus casas propias y elegantes.*

Las prioridades son las balanzas en las que se pesa tu amor por Dios. Asegúrate de ocuparte de las prioridades de Dios antes que de las tuyas.

¿Cómo defino mis prioridades?

DEUTERONOMIO 10:12-13 | *¿Qué requiere el SEÑOR tu Dios de ti? Sólo requiere que temas al SEÑOR tu Dios, que vivas de la manera que le agrada y que lo ames y lo sirvas con todo tu corazón y con toda tu alma. Debes obedecer siempre los mandatos y los decretos del SEÑOR.*

JOSUÉ 24:15 I *Elige hoy mismo a quién servirás. . . . En cuanto a mí y a mi familia, nosotros serviremos al SEÑOR.*

JUAN 3:16 I *Dios amó tanto al mundo que dio a su único Hijo, para que todo el que crea en él no se pierda, sino que tenga vida eterna.*

No hay una prioridad más alta que la de amar a Dios, obedecerlo y aceptar el regalo de la salvación de Jesús. Nada afecta tu futuro eterno de una manera tan considerable, y nada alterará tu futuro inmediato de tal manera.

PROVERBIOS 3:5-6 I *Confía en el SEÑOR con todo tu corazón, no dependas de tu propio entendimiento. Busca su voluntad en todo lo que hagas, y él te mostrará cuál camino tomar.*

Poner a Dios en el primer lugar de tu vida no sólo es tu prioridad más alta; además te ayuda a ordenar tus otras prioridades.

1 REYES 3:9 I *Dame un corazón comprensivo para que . . . sepa la diferencia entre el bien y el mal.*

Buscar tenazmente la sabiduría de Dios es la forma de discernir las prioridades correctas.

1 SAMUEL 14:36 I *Saúl dijo:*

—Persigamos a los filisteos toda la noche y saqueemos sus bienes hasta el amanecer. Destruyamos hasta el último hombre.

Sus hombres respondieron:

—Haremos lo que mejor te parezca.

Pero el sacerdote dijo:

—Primero consultemos al SEÑOR.

Antes de establecer tus prioridades, busca la opinión de Dios.

MATEO 6:33 | *Busquen el reino de Dios por encima de todo lo demás y lleven una vida justa, y él les dará todo lo que necesiten.*

Ocúpate intencionalmente de tus prioridades. Defínelas y ordénalas desde el principio. Sólo así tu vida alcanzará su más pleno significado.

ECLESIASTÉS 2:11 | *Al observar todo lo que con tanto esfuerzo había logrado, vi que nada tenía sentido, era como perseguir al viento.*

LUCAS 10:40-42 | *Marta estaba distraída con los preparativos para la gran cena. Entonces se acercó a Jesús y le dijo:*

—Maestro, ¿no te parece injusto que mi hermana esté aquí sentada mientras yo hago todo el trabajo? Dile que venga a ayudarme.

El Señor le dijo:

—Mi apreciada Marta, ¡estás preocupada y tan inquieta con todos los detalles! Hay una sola cosa por la que vale la pena preocuparse. María la ha descubierto, y nadie se la quitará.

Si transformas el momento que pasas con el Señor en tu prioridad número uno del día, descubrirás que él te dará la perspectiva sobre tus actividades para el resto del día. Pídele a Dios que te enseñe por qué cosas vale la pena estar preocupado.

¿Qué sucede cuando no establecemos las prioridades adecuadas?

JUECES 17:6 | *En esos días, Israel no tenía rey; cada uno hacía lo que le parecía correcto según su propio criterio.*

Cuando hagas cualquier cosa que a ti te parezca correcta en lugar de establecer las prioridades adecuadas, dejarás de hacer lo que está bien ante los ojos de Dios.

La promesa de Dios PROVERBIOS 3:5-6 | *Confía en el SEÑOR con todo tu corazón, no dependas de tu propio entendimiento. Busca su voluntad en todo lo que hagas, y él te mostrará cuál camino tomar.*

EL PROPÓSITO

¿Dios me otorgó un propósito especial?

SALMO 57:2 | *Clamo al Dios Altísimo, a Dios, quien cumplirá su propósito para mí.*

Dios tiene un propósito general y uno específico para tu vida. Tu propósito general es dejar que el amor de Jesús alumbre a través de ti para producir un impacto sobre otras personas. Más puntualmente: Dios te ha dado dones espirituales (ver Romanos 12:6-8; 1 Corintios 12:4-11; 1 Pedro 4:10-11) y quiere que los utilices para que hagas una contribución única en tu círculo de influencia. Cuanto mejor realices tu propósito general, más claro se hará tu propósito específico.

HECHOS 20:24 | *Mi vida no vale nada para mí a menos que la use para terminar la tarea que me asignó el Señor Jesús, la tarea de contarles a otros la Buena Noticia acerca de la maravillosa gracia de Dios.*

Parte del propósito de Dios para ti es que des la Buena Noticia de la salvación a las personas que necesitan conocerla.

2 TIMOTEO 1:9 | *Dios nos salvó y nos llamó para vivir una vida santa. No lo hizo porque lo merecíéramos, sino porque ése era su plan desde antes del comienzo del tiempo, para mostrarnos su gracia por medio de Cristo Jesús.*

Dios te llama a vivir una vida santa y a mostrar el amor de Jesús a otras personas por medio de tu manera de vivir.

¿Cómo puedo descubrir el propósito específico de Dios para mí y llevarlo a cabo?

ROMANOS 12:1-2 | *Entreguen su cuerpo a Dios por todo lo que él ha hecho a favor de ustedes. Que sea un sacrificio vivo y santo, la clase de sacrificio que a él le agrada. . . . No imiten las conductas ni las costumbres de este mundo, más bien dejen que Dios los transforme en personas nuevas al cambiarles la manera de pensar. Entonces aprenderán a conocer la voluntad de Dios para ustedes, la cual es buena, agradable y perfecta.*

El descubrimiento del propósito divino comienza con tu compromiso incondicional con Dios. Él promete darte a conocer su voluntad, en la medida que te pongas a disposición de él.

1 SAMUEL 17:26 | *David les preguntó a los soldados . . . : "¿Quién es este filisteo pagano, al que se le permite desafiar a los ejércitos del Dios viviente?".*

Mientras que todos veían a un gigante aterrador, David vio la oportunidad para la obra poderosa de Dios y, como consecuencia, vio claramente su propósito (ver 1 Samuel 17:32, 50). No dejes que los obstáculos te impidan descubrir el propósito que Dios tiene para ti.

NEHEMÍAS 2:17 | *¡Reconstruyamos la muralla de Jerusalén y pongamos fin a esta desgracia!*

La pasión de Nehemías por reconstruir las murallas de Jerusalén estaba fundada en la comprensión de lo que Dios quería para su pueblo. Pon toda tu pasión en el proceso de descubrir lo que Dios quiere para ti.

FILIPENSES 1:20 | *[Pablo dijo:] "Tengo la plena seguridad y la esperanza que . . . seguiré actuando con valor por Cristo. . . . Y confío en que mi vida dará honor a Cristo, sea que yo viva o muera".*

FILIPENSES 3:12 | *[Pablo dijo:] "No quiero decir que ya haya logrado estas cosas ni que ya haya alcanzado la perfección; pero sigo adelante a fin de hacer mía esa perfección para la cual Cristo Jesús primeramente me hizo suyo".*

El gran propósito de Pablo, sea por su vida o por su muerte, era ganar a otros para Cristo. Tu propósito será algo que te sientas obligado a hacer, a pesar de los riesgos que corras.

HECHOS 13:2 | *Cierto día, mientras estos hombres adoraban al Señor y ayunaban, el Espíritu Santo dijo: "Consagren a Bernabé y a Saulo para el trabajo especial al cual los he llamado".*

La adoración, la oración, el ayuno y participar en las relaciones con otros creyentes te ayudará a discernir el propósito de Dios para tu vida.

La promesa de Dios SALMO 57:2 | *Clamo al Dios Altísimo, a Dios, quien cumplirá su propósito para mí.*

LAS PRUEBAS

¿En qué difieren las pruebas de la tentación?

1 PEDRO 1:7 | *Estas pruebas demostrarán que su fe es auténtica. Está siendo probada de la misma manera que el fuego prueba y purifica el oro, aunque la fe de ustedes es mucho más preciosa que el mismo oro.*

Mientras que Satanás te incita a destruir tu fe, Dios la pone a prueba para fortalecerla y purificarla.

SANTIAGO 1:3 | *Siempre que se pone a prueba la fe, la constancia tiene una oportunidad para desarrollarse.*

Las tentaciones tratan de hacerte renunciar. La prueba trata de ayudarte a soportar y no abandonar.

¿Qué bien resulta de ser puesto a prueba?

GÉNESIS 22:1 | *Dios probó la fe de Abraham.*

De la prueba resulta una fe más comprometida. Así como los productos comerciales se ponen a prueba para fortalecer su rendimiento, de la misma manera Dios prueba tu fe para fortalecer tu firmeza, para que puedas lograr todo lo que Dios quiere que logres.

JEREMÍAS 6:27 | *[El Señor dijo:] "Jeremías, te he hecho probador de metales, para que puedas determinar la calidad de mi pueblo".*

La prueba espiritual deja ver las impurezas de tu corazón. Cuando seas capaz de reconocer tus pecados y defectos, podrás dejar que Dios los perdone y los borre, lo cual te hará más fuerte y más puro.

DEUTERONOMIO 13:3 | *El SEÑOR tu Dios te está probando para ver si realmente lo amas con todo el corazón y con toda el alma.*

Las pruebas de Dios contribuyen a profundizar tu obediencia y tu amor a él.

DEUTERONOMIO 8:2 | *Recuerda cómo el SEÑOR tu Dios te guió por el desierto durante cuarenta años, donde te humilló y te puso a prueba para revelar tu carácter.*

La prueba aumenta tu madurez de carácter. El carácter no se fortalece cuando se relaja, sino a través de la adversidad.

SANTIAGO 1:2-4 | *Cuando tengan que enfrentar problemas, considérenlo como un tiempo para alegrarse mucho porque ustedes saben que, siempre que se pone a prueba la fe, la constancia tiene una oportunidad para desarrollarse. Así que dejen que crezca, pues una vez que su constancia se haya desarrollado plenamente, serán perfectos y completos, y no les faltará nada.*

La prueba aumenta la resistencia. Te entrena para que resistas hasta el final, en lugar de que te des por vencido antes de llegar.

LUCAS 8:13 | *Las semillas sobre la tierra rocosa representan a los que oyen el mensaje y lo reciben con alegría; pero como no tienen raíces profundas, creen por un tiempo y luego se apartan cuando enfrentan la tentación.*

La prueba muestra la firmeza de tu compromiso.

La promesa de Dios SANTIAGO 1:12 | *Dios bendice a los que soportan con paciencia las pruebas y las tentaciones, porque después de superarlas, recibirán la corona de vida que Dios ha prometido a quienes lo aman.*

EL QUEBRANTAMIENTO

¿Por qué el quebrantamiento es tan importante?

SALMO 34:18 | *El SEÑOR está cerca de los que tienen quebrantado el corazón; él rescata a los de espíritu destrozado.*

SALMO 147:3 | *Él sana a los de corazón quebrantado y les venda las heridas.*

El quebrantamiento es la conciencia de nuestra total dependencia de Dios; indica el derrumbe de nuestro orgullo y autosuficiencia. El quebrantamiento suele llegar por medio de circunstancias que nos abruman, o a través del pecado que nos seduce. Las personas que son sinceras en cuanto a su quebrantamiento (como lo fueron Moisés, David, Jesús y Pablo) suelen tener por esa causa una mayor influencia sobre los demás.

SALMO 51:17 | *El sacrificio que sí deseas es un espíritu quebrantado; tú no rechazarás un corazón arrepentido y quebrantado, oh Dios.*

Dios promete acercarse a ti cuando estés abatido a causa de los pecados de tu vida. Cuando acudes a Dios, quebrantado por tu pecado, él comienza a sanarte y a restaurarte.

JOB 2:8-10 | *Job, sentado entre cenizas, se rascaba con un trozo de teja. Su esposa le dijo: "¿Todavía intentas conservar tu integridad? Maldice a Dios y muérete". Pero Job contestó: ". . . ¿Aceptaremos sólo las cosas buenas que vienen de la mano de Dios y nunca lo malo?". A pesar de todo, Job no dijo nada incorrecto.*

La alternativa al quebrantamiento ante Dios es la amargura, que lleva a la insatisfacción y a estar irritado con la vida en general. La amargura nunca le da a Dios la oportunidad de sanar, porque la persona amargada mira hacia adentro, no hacia arriba. Job miró hacia arriba.

ISAÍAS 66:2 | *[El Señor dice:] "Bendeciré a los que tienen un corazón humilde y arrepentido, a los que tiemblan ante mi palabra".*

La humildad es una forma de quebranto, la comprensión de que no puedes solucionar ni controlar tus necesidades. Si reconoces que dependes de Dios, permitirás que él te ayude en todas tus necesidades.

La promesa de Dios SALMO 34:18 | *El SEÑOR está cerca de los que tienen quebrantado el corazón; él rescata a los de espíritu destrozado.*

LA QUEJA

¿Es pecado quejarse?

NÚMEROS 21:5-6 | *[El pueblo] comenzó a hablar contra Dios y Moisés: "¿Por qué nos sacaron de Egipto para morir aquí en el desierto? —se quejaron—. Aquí no hay nada para comer ni agua para beber. ¡Además, detestamos este horrible maná!". Entonces el SEÑOR envió serpientes venenosas entre el pueblo y muchos fueron mordidos y murieron.*

La queja es un pecado porque deriva del egoísmo. Te concentras en lo que no tienes y, en un sentido real, lo codicias. La queja te transforma en una persona negativa y gruñona.

¿Qué debo hacer, en lugar de quejarme?

FILIPENSES 2:14-15 | *Hagan todo sin quejarse y sin discutir, para que nadie pueda criticarlos. Lleven una vida . . . como corresponde a hijos de Dios y brillen como luces radiantes en un mundo lleno de gente perversa y corrupta.*

En lugar de quejarte de los demás, di algo positivo sobre ellos. Si no puedes hacerlo, entonces no digas nada. Por lo menos, si te mantienes callado, no podrán acusarte de ser negativo ni crítico.

LAMENTACIONES 3:39-40 | *¿Por qué nosotros, simples humanos, habríamos de quejarnos cuando somos castigados por nuestros pecados? En cambio, probemos y examinemos nuestros caminos y volvamos al SEÑOR.*

En lugar de quejarte por los pecados de los demás, concéntrate en los tuyos y arrepiéntete de ellos.

LUCAS 6:37 | *No juzguen a los demás, y no serán juzgados. No condenen a otros, para que no se vuelva en su contra. Perdonen a otros, y ustedes serán perdonados.*

En lugar de quejarte de los errores de los demás, perdónalos como te gustaría que te perdonaran a ti.

La promesa de Dios EFESIOS 4:29 | *Que todo lo que digan sea bueno y útil, a fin de que sus palabras resulten de estímulo para quienes las oigan.*

EL RECHAZO

¿Cómo puedo recuperarme de haber sido abandonado en la vida?

ISAÍAS 53:3 | *Fue despreciado y rechazado. . . . Nosotros le volvimos la espalda y desviamos la mirada.*

Tú tienes un Salvador que comprende el rechazo porque fue despreciado, rechazado y asesinado por su propia familia, comunidad y nación. Consuélate en tu relación con Dios, quien entiende lo que te está pasando.

JUAN 14:26 | *Cuando el Padre envíe al Abogado Defensor como mi representante —es decir, al Espíritu Santo—, él les enseñará todo y les recordará cada cosa que les he dicho.*

HECHOS 9:31 | *La iglesia, entonces, tuvo paz . . . ; se fortalecía y los creyentes vivían en el temor del Señor. Y, con la ayuda del Espíritu Santo, también creció.*

Si crees en Jesús, él te promete que el Espíritu Santo siempre te acompañará. Escucha su voz consoladora, compasiva y alentadora.

MARCOS 6:4 | *Jesús . . . dijo: "Un profeta recibe honra en todas partes menos en su propio pueblo y entre sus parientes y su propia familia".*

El rechazo de los demás no te hace menos valioso, ni cambia lo que es verdad de ti. Jesús fue el Hijo de Dios, más allá del rechazo o la aceptación del género humano. En lugar de fijarte en lo que opinan de ti los demás, concéntrate en el amor de Dios por ti.

LUCAS 6:22-23 | *Qué bendiciones les esperan cuando la gente los odie y los excluya, cuando se burlen de ustedes y los maldigan, como si fuera gente maligna, porque siguen al Hijo del Hombre. Cuando les suceda eso, pónganse contentos. ¡Sí, salten de alegría, porque les espera una gran recompensa en el cielo! Y recuerden que los antepasados de ellos trataron a los antiguos profetas de la misma manera.*

HECHOS 5:41 | *Los apóstoles salieron del Concilio Supremo con alegría, porque Dios los había considerado dignos de sufrir deshonra por el nombre de Jesús.*

Si te rechazan por ser cristiano, alégrate y persevera, porque recibirás bendiciones especiales de Dios.

¿Me rechazará Dios alguna vez?

JUAN 4:10 | *Jesús contestó [a la mujer samaritana]: "Si tan sólo supieras el regalo que Dios tiene para ti y con quién estás hablando, tú me pedirías a mí, y yo te daría agua viva".*

Jesús no rechazó a la pecadora mujer samaritana, sino que le demostró que la aceptaba, ofreciéndole agua de vida. Jesús nunca rechazará a la persona que se acerque a él para ser limpia de sus pecados.

JUAN 8:10-11 | *—¿Ni uno de ellos te condenó?*

—Ni uno, Señor —dijo ella.

—Yo tampoco —le dijo Jesús—. Vete y no peques más.

Dios rechaza el pecado, pero no al pecador.

JUAN 6:37 | *[Jesús dijo:] "Los que el Padre me ha dado, vendrán a mí, y jamás los rechazaré".*

Dios acepta a todos los que se acercan a él en fe, incluso a quienes anteriormente lo rechazaron.

ISAÍAS 55:3, 6 | *[El Señor dice:] "Vengan a mí con los oídos bien abiertos. Escuchen, y encontrarán vida. Haré un pacto eterno con ustedes. Les daré el amor inagotable que le prometí a David". . . . Busquen al SEÑOR mientras puedan encontrarlo; llámenlo ahora, mientras está cerca.*

No malinterpretes el silencio de Dios como rechazo. Cuando Dios parece estar callado, suele pasar que tú estás demasiado ocupado para escucharlo. O puede ser que esté en silencio para que tú te acerques a él, para que experimentes su amor y aceptación con mayor plenitud.

La promesa de Dios HEBREOS 13:5 | *Dios ha dicho: "Nunca te fallaré. Jamás te abandonaré".*

EL REMORDIMIENTO

¿Cómo puedo acabar con el remordimiento en mi vida?

2 CORINTIOS 5:17 | *Todo el que pertenece a Cristo se ha convertido en una persona nueva. La vida antigua ha pasado, ¡una nueva vida ha comenzado!*

Cuando crees en Jesús, él te perdona tus pecados . . . todos ellos. Él se olvida de tu pasado y te da la oportunidad de comenzar de nuevo. Aún deberás seguir viviendo con las consecuencias de tus pecados, porque no pueden ser anuladas. Pero, porque Dios te perdona, puedes seguir adelante sin la tremenda culpa que acompaña al remordimiento.

SALMO 31:10 | *Estoy muriendo de dolor; se me acortan los años por la tristeza. El pecado me dejó sin fuerzas; me estoy consumiendo por dentro.*

FILIPENSES 3:13 | *Me concentro sólo en esto: olvido el pasado y fijo la mirada en lo que tengo por delante.*

Concéntrate en Dios, quien controla el futuro, y no en el remordimiento por el pasado. Dios no te provoca remordimientos; él los borra cuando tú le pides que camine contigo en dirección al futuro.

MATEO 16:18 | *[Jesús dijo:] "Ahora te digo que tú eres Pedro (que quiere decir 'roca'), y sobre esta roca edificaré mi iglesia, y el poder de la muerte no la conquistará".*

MATEO 26:73-75 | *Algunos de los otros que estaban allí se acercaron a Pedro y dijeron:*

—Seguro que tú eres uno de ellos; nos damos cuenta por el acento galileo que tienes.

Pedro juró:

—¡Que me caiga una maldición si les miento! ¡No conozco al hombre!

Inmediatamente, el gallo cantó. De repente, las palabras de Jesús pasaron rápidamente por la mente de Pedro: "Antes de que cante el gallo, negarás tres veces que me conoces". Y Pedro salió llorando amargamente.

GÁLATAS 2:7-9 | *Dios . . . le había dado a Pedro la responsabilidad de predicar a los judíos. . . . Dios . . . actuaba por medio de Pedro, apóstol a los judíos. . . . De hecho, Santiago, Pedro y Juan . . . eran considerados pilares de la iglesia.*

Cambia tus remordimientos en determinación. Los remordimientos pueden tener tanto poder como para inutilizarte en tu servicio a Dios en el futuro. Si Pedro se hubiera concentrado en el remordimiento por haber negado a Jesús, nunca habría sido capaz de predicar con tanto poder la Buena Noticia de Jesús. No permitas que el remordimiento te paralice. En lugar de eso, deja que te motive a hacer una acción positiva para Dios en el futuro.

SALMO 30:11 | *Tú cambiaste mi duelo en alegre danza; me quitaste la ropa de luto y me vestiste de alegría.*

SALMO 51:12 | *Restaura en mí la alegría de tu salvación y haz que esté dispuesto a obedecerte.*

Deja que tus remordimientos te acerquen más a Dios; no permitas que te alejen de Dios. Él quiere quitarte las cargas que tienes y restablecer tu relación con él y con los demás. No te provoques el arrepentimiento más grande de tu vida apartándote de Dios. No importa lo que hayas hecho: él te recibe con los brazos abiertos de par en par.

ROMANOS 8:28 | *Dios hace que todas las cosas cooperen para el bien de los que lo aman y son llamados según el propósito que él tiene para ellos.*

Recuerda que Dios puede transformar el mal en bien. Él puede usar hasta las cosas de las que te arrepientes para cumplir su voluntad.

1 CRÓNICAS 21:8 | *David le dijo a Dios: "He pecado grandemente al haber hecho el censo. Te ruego que perdones mi culpa por haber cometido esta tontería".*

MATEO 18:21-22 | *Pedro se le acercó [a Jesús] y preguntó:*

—Señor, ¿cuántas veces debo perdonar a alguien que peca contra mí? ¿Siete veces?

—No siete veces —respondió Jesús—, sino setenta veces siete.

LUCAS 15:18 | *Volveré a la casa de mi padre y le diré: "Padre, he pecado contra el cielo y contra ti".*

El pecado siempre trae remordimiento, porque daña las relaciones más importantes que tienes. Ya sea por tu propio pecado, o porque otra persona pecó contra ti, el pecado crea una profunda brecha en la relación. En ese momento enfrentas conflicto, separación, soledad, frustración, enojo y otro tipo de emociones. El perdón —sea que le confieses tu pecado a Dios y a otras personas, o le ofrezcas perdón a otros— es la única manera de darle a tu corazón la oportunidad de empezar de nuevo. No elimina lo que lamentas del pasado, pero transforma tu perspectiva del remordimiento a la restauración. Te mantiene enfocado en la sanidad que puedes alcanzar en el futuro, en lugar de las heridas que causaste (o que te causaron) en el pasado.

¿Cómo puedo evitar tener remordimientos en el futuro?

MATEO 7:12 | *Haz a los demás todo lo que quieras que te hagan a ti. Ésa es la esencia de todo lo que se enseña en la ley y en los profetas.*

Cuando tratas a otros de la manera que te gusta ser tratado, no tendrás nada de lo cual lamentarte.

2 CORINTIOS 1:12 | *Podemos decir con confianza y con una conciencia limpia que, en todos nuestros asuntos, hemos vivido en santidad y con una sinceridad dadas por Dios.*

1 PEDRO 3:15-17 | *Adoren a Cristo como el Señor de su vida. Si alguien les pregunta acerca de la esperanza cristiana que tienen, estén siempre preparados para dar una explicación; pero háganlo con humildad y respeto. Mantengan siempre limpia la conciencia. Entonces, si la gente habla en contra de ustedes será avergonzada al ver la vida recta que llevan porque pertenecen a Cristo. Recuerden que es mejor sufrir por hacer el bien —si eso es lo que Dios quiere— ¡que sufrir por hacer el mal!*

Escucha a tu conciencia y haz siempre lo correcto. Eso impedirá que te metas en situaciones de las que luego podrías arrepentirte.

MATEO 27:3 I *Cuando Judas, quien lo había traicionado [a Jesús], se dio cuenta de que habían condenado a muerte a Jesús, se llenó de remordimiento.*

Si analizas de antemano todas las consecuencias de tus decisiones, evitarás decidir cosas que luego lamentarás.

1 TESALONICENSES 5:22 I *Aléjense de toda clase de mal.*

Aléjate de los lugares y de las personas que te tientan a pecar, y tendrás menos de que arrepentirte.

SALMO 1:1-2 I *Qué alegría para los que no siguen el consejo de malos, ni andan con pecadores, ni se juntan con burlones; sino que se deleitan en la ley del SEÑOR meditando en ella día y noche.*

Métete de lleno en las Escrituras y rodéate de influencias positivas que te den buenos consejos.

PROVERBIOS 14:29 I *Los que tienen entendimiento no pierden los estribos; los que se enojan fácilmente demuestran gran necedad.*

Evita actuar por impulso en un arranque de cólera. El error apresurado tiene efectos duraderos.

ÉXODO 23:2-3 I *No te dejes influir por la multitud para torcer la justicia. Tampoco inclines tu testimonio en favor de una persona.*

No permitas que tus amistades te presionen a hacer algo que sabes que no tiene sentido o que es pecaminoso.

PROVERBIOS 15:1 I *La respuesta apacible desvía el enojo, pero las palabras ásperas encienden los ánimos.*

SANTIAGO 3:2, 5 | *Si pudiéramos dominar la lengua, seríamos . . . capaces de controlarnos en todo sentido. . . . La lengua es algo pequeño que pronuncia grandes discursos. Así también una sola chispa, puede incendiar todo un bosque.*

Muchas veces, los remordimientos más grandes son consecuencia de las palabras: una vez que las pronuncias, no hay vuelta atrás. Si tienes la mínima idea de que podrías arrepentirte de lo que estás a punto de decir, no hables.

La promesa de Dios 2 CORINTIOS 7:10 | *La clase de tristeza que Dios desea que suframos nos aleja del pecado y trae como resultado salvación. No hay que lamentarse por esa clase de tristeza.*

EL RESPETO

¿Cómo me gano el respeto?

1 REYES 13:8 | *El hombre de Dios le dijo al rey: "Aunque me dieras la mitad de todo lo que posees, no iría contigo".*

MATEO 7:12 | *Haz a los demás todo lo que quieras que te hagan a ti.*

JUDAS 1:20 | *Ustedes, queridos amigos, deben edificarse unos a otros en su más santísima fe [y] orar en el poder del Espíritu Santo.*

El respeto lo ganas de la misma manera que lo das a los demás: edificando tu vida en la Palabra de Dios, tratando a los demás como quieres que te traten, defendiendo la verdad sin importar las consecuencias y no poniendo en riesgo tu carácter.

¿Cómo demuestro respeto por Dios?

DEUTERONOMIO 10:12 | *¿Qué requiere el SEÑOR tu Dios de ti? Sólo requiere que temas al SEÑOR tu Dios, que vivas de la manera que le agrada y que lo ames y lo sirvas con todo tu corazón y con toda tu alma.*

HEBREOS 12:28-29 | *Ya que estamos recibiendo un reino inconmovible, seamos agradecidos y agrademos a Dios adorándolo con santo temor y reverencia, porque nuestro Dios es un fuego que todo lo consume.*

La adoración y la reverencia a Dios son demostraciones de tu respeto por él.

1 CRÓNICAS 16:8-10 | *Den gracias al SEÑOR y proclamen su grandeza; que todo el mundo sepa lo que él ha hecho. Canten a él; sí, cántenle alabanzas; cuéntenle a todo el mundo acerca de sus obras maravillosas. Regocíjense por su santo nombre; alégrense ustedes, los que adoran al SEÑOR.*

SALMO 22:23 | *¡Alaben al SEÑOR, todos los que le temen! ¡Hónrenlo, descendientes de Jacob! ¡Muéstrenle reverencia, descendientes de Israel!*

Demuestras respeto por Dios cuando lo alabas por ser quien es y por lo que él ha hecho.

SALMO 62:5 | *Que todo mi ser espere en silencio delante de Dios, porque en él está mi esperanza.*

ECLESIASTÉS 5:1 | *Cuando entres en la casa de Dios, abre los oídos y cierra la boca.*

SOFONÍAS 1:7 | *Guarden silencio en presencia del SEÑOR Soberano.*

Quedarte en silencio el tiempo suficiente como para escuchar a Dios demuestra que lo respetas tanto como para acudir a él en busca de orientación.

¿Cómo puedo mostrar respeto por los demás?

LUCAS 10:33-34 | *Pasó un samaritano despreciado y, cuando vio al hombre, sintió compasión por él. Se le acercó y le alivió las heridas con vino y aceite de oliva, y se las vendó. Luego subió al hombre en su propio burro y lo llevó hasta un alojamiento, donde cuidó de él.*

ROMANOS 12:10 | *Ámense unos a otros con un afecto genuino y deléitense al honrarse mutuamente.*

ROMANOS 13:7 | *Den a cada uno lo que le deben . . . y den respeto y honra a los que están en autoridad.*

FILIPENSES 2:3 | *No sean egoístas; no traten de impresionar a nadie. Sean humildes, es decir, considerando a los demás como mejores que ustedes.*

SANTIAGO 2:1 | *Mis amados hermanos, ¿cómo pueden afirmar que tienen fe en nuestro glorioso Señor Jesucristo si favorecen más a algunas personas que a otras?*

El respeto implica preocuparse más por las personas que por la agenda, estimarlas, fortalecerlas en amor y tratarlas con igualdad e integridad.

La promesa de Dios SALMO 112:6, 9 | *A los rectos se les recordará por mucho tiempo. . . . Sus buenas acciones serán recordadas para siempre. Ellos tendrán influencia y recibirán honor.*

LA RESPONSABILIDAD

¿Cómo podría ser cada vez más responsable?

SALMO 1:1 | *Qué alegría para los que no siguen el consejo de malos.*

PROVERBIOS 5:13 | *¿Por qué no escuché a mis maestros? ¿Por qué no presté atención a mis instructores?*

PROVERBIOS 12:15 | *Los necios creen que su propio camino es el correcto, pero los sabios prestan atención a otros.*

PROVERBIOS 27:6 | *Las heridas de un amigo sincero son mejores que muchos besos de un enemigo.*

Para ser más responsable, cumple las órdenes de Dios tal y como lo indica su Palabra, la Biblia. Ser responsable incluye ser un buen oyente y un buen observador. Puedes aprender mucho sobre tu propio comportamiento si observas a los demás y escuchas a amigos sensatos a quienes respetes. Elige amigos sabios a los cuales puedas libremente rendir cuentas.

¿Qué pasa cuando no hay responsabilidad, cuando no se rinde cuentas?

GÉNESIS 16:6 | *Abram respondió: "Mira, ella es tu sierva, así que haz con ella como mejor te parezca". Entonces Sarai comenzó a tratar a Agar con tanta dureza que al final ella huyó.*

JUECES 17:6 | *Cada uno hacía lo que le parecía correcto según su propio criterio.*

Si no se rinde cuentas, las personas siempre se inclinan hacia el pecado, cuyas consecuencias a la larga las lastiman a ellas y a otros, y las alejan de Dios. Esto te podría ocurrir también a ti.

¿Cómo puedo elegir a las personas correctas para rendirles cuentas?

1 REYES 12:8, 10-11 | *Roboam rechazó el consejo de los ancianos y pidió, en cambio, la opinión de los jóvenes que se habían criado con él. . . . Los jóvenes contestaron: "Así debería responder a esos que se quejan de todo: . . . 'Es cierto que mi padre les impuso cargas pesadas, ¡pero yo las haré aún más pesadas! ¡Mi padre los golpeaba con látigos, pero yo los azotaré con escorpiones!'".*

Los amigos no siempre son los mejores consejeros, especialmente si su consejo no concuerda con el de la Palabra de Dios.

1 CORINTIOS 12:8 | *A uno el Espíritu le da la capacidad de dar consejos sabios; a otro el mismo Espíritu le da un mensaje de conocimiento especial.*

Elige personas que sean especialmente sabias y consagradas, que no dudarán en ayudarte cuando necesites reordenarte con Dios.

PROVERBIOS 13:17 | *El mensajero no confiable cae en problemas, pero el mensajero fiel trae alivio.*

Es fundamental que tengas confianza en aquellos que te ayudarán a mantenerte responsable.

¿Cómo puedo ser eficaz cuando pido que otros sean responsables?

ÉXODO 18:21-23 | *Sin embargo, elige, de entre todo el pueblo, a algunos hombres con capacidad y honestidad, temerosos de Dios y que odien el soborno. . . . Ellos te ayudarán a llevar la carga, para que la tarea te resulte más fácil. Si sigues este consejo, . . . serás capaz de soportar las presiones.*

TITO 1:7-9 | *Un anciano . . . no debe ser arrogante, ni iracundo, . . . ni deshonesto con el dinero. . . . Debe . . . amar lo que es bueno. Debe vivir sabiamente y ser justo. Tiene que llevar una vida de devoción y disciplina. Debe tener una fuerte creencia en el mensaje fiel que se le enseñó; entonces podrá animar a otros con la sana enseñanza y demostrar a los que se oponen en qué están equivocados.*

Antes de que puedas ayudar a que otros sean responsables, no sólo debes conocer tú primero los mandatos de Dios, sino también obedecerlos sistemáticamente, y trabajar siempre para mejorar tu buen criterio. Si vas a ministrar a otras personas y pedirles que rindan cuentas, debes ser sabio, sincero, justo, digno de confianza y amable.

La promesa de Dios SALMO 119:9 | *¿Cómo puede un joven mantenerse puro? Obedeciendo tu palabra.*

LOS RIESGOS

¿Qué clase de riesgos deben correr los cristianos?

GÉNESIS 12:1 | *El SEÑOR le había dicho a Abram: "Deja tu patria y a tus parientes y a la familia de tu padre, y vete a la tierra que yo te mostraré".*

ÉXODO 14:1-3, 21-22 | *El SEÑOR le dio a Moisés las siguientes instrucciones: "Ordénales a los israelitas que den la vuelta y acampen . . . allí, a lo largo de la orilla. . . . Entonces el faraón pensará: 'Los israelitas están confundidos. ¡Quedaron atrapados en el desierto!'". . . . Luego Moisés extendió la mano sobre el mar y el SEÑOR abrió un camino a través de las aguas mediante un fuerte viento oriental. El viento sopló durante toda la noche y transformó el lecho del mar en tierra seca. Entonces el pueblo de Israel cruzó por en medio del mar, caminando sobre tierra seca, con muros de agua a cada lado.*

Abram dejó todo y a todos los que conocía para obedecer a Dios. Moisés se puso de pie frente al mar Rojo, mientras los rodeaban los ejércitos del faraón, convencidos de que los israelitas estaban atrapados; las aguas se abrieron y el pueblo se arriesgó a caminar en medio de las paredes de agua hacia su liberación. Las grandes cosas no se producen sin correr algún riesgo. Las grandes personas de la fe se arriesgan.

NÚMEROS 14:6-9 | *Dos de los hombres que exploraron la tierra, Josué, hijo de Nun, y Caleb, hijo de Jefone, . . . dijeron a todo el pueblo de Israel: "¡La tierra que atravesamos y exploramos es maravillosa! Si el SEÑOR se agrada de nosotros, él nos llevará a salvo a esa tierra y nos la entregará. Es una tierra fértil, donde fluyen la leche y la miel. No se rebelen contra el SEÑOR y no teman al pueblo de esa tierra. ¡Ellos no tienen protección, pero el SEÑOR está con nosotros! ¡No les tengan miedo!".*

Prepárate para arriesgar tus recursos, tu reputación y, posiblemente, hasta tus relaciones más cercanas para serle fiel a Dios. A diferencia de los otros espías, Josué y Caleb estuvieron dispuestos a arriesgarlo todo porque confiaban en las promesas de Dios, más que en los riesgos humanos (ver Números 13:30-33). ¡Lo único que es más riesgoso que confiar en Dios es *no* confiar en él!

LUCAS 5:4-7 | *[Jesús] le dijo a Simón:*

—Ahora ve a las aguas más profundas y echa tus redes para pescar.

—Maestro —respondió Simón—, hemos trabajado mucho durante toda la noche y no hemos pescado nada; pero si tú lo dices, echaré las redes nuevamente.

Y esta vez las redes se llenaron de tantos peces, ¡que comenzaron a romperse! Un grito de auxilio atrajo a los compañeros de la otra barca, y pronto las dos barcas estaban llenas de peces y a punto de hundirse.

Puedes llegar a sentir que algunos de los riesgos que Dios te pide que asumas parecieran insensatos o contrarios a tu experiencia. Pero cuando esos riesgos se corren por obedecer a Dios, producen abundantes recompensas.

HECHOS 5:41 | *Los apóstoles salieron del Concilio Supremo con alegría, porque Dios los había considerado dignos de sufrir deshonra por el nombre de Jesús.*

Es posible que te arriesgues a padecer el rechazo y a perder tu seguridad, como les pasó a los apóstoles por predicar a Jesús en medio de la persecución, pero las recompensas por la lealtad a Dios son eternas.

LUCAS 5:10-11 | *Jesús respondió a Simón: "¡No tengas miedo! ¡De ahora en adelante, pescarás personas!". Y, en cuanto llegaron a tierra firme, dejaron todo y siguieron a Jesús.*

Quizás se supondrá que hagas cosas difíciles. Arriésgate a hacer lo correcto, aunque sea la cosa más difícil, porque así te ganarás una reputación de integridad, una cualidad inestimable que nadie podrá quitarte.

ÉXODO 3:10-11 | *[Dios dijo:] —Ahora ve, porque te envío al faraón. Tú vas a sacar de Egipto a mi pueblo Israel.*

Pero Moisés protestó:

—¿Quién soy yo para presentarme ante el faraón? ¿Quién soy yo para sacar de Egipto al pueblo de Israel?

LUCAS 1:38 | *María respondió [al ángel]: "Soy la sierva del Señor. Que se cumpla todo lo que has dicho acerca de mí".*

Debes correr el riesgo de hacer las cosas como Dios quiere. Cuando Dios te pide que lo sigas, muchas veces no te da toda la información acerca de lo que sucederá. Cuando das un paso de fe, él te guía a medida que avanzas. Moisés arriesgó su vida al hablarle al faraón y sacar a los israelitas del cautiverio. María arriesgó su matrimonio, su buen nombre y su futuro cuando estuvo dispuesta a ser la madre de Jesús. Cumplir la voluntad de Dios no es algo que no implique riesgos, pero no hay nada más satisfactorio que llevarla a cabo.

La promesa de Dios SALMO 37:5 | *Entrega al SEÑOR todo lo que haces; confía en él, y él te ayudará.*

LA SABIDURÍA

¿En qué forma me ayudará la sabiduría?

ROMANOS 12:2 | *No imiten las conductas ni las costumbres de este mundo, más bien dejen que Dios los transforme en personas nuevas al cambiarles la manera de pensar. Entonces aprenderán a conocer la voluntad de Dios para ustedes, la cual es buena, agradable y perfecta.*

2 CORINTIOS 10:4-5 I *Usamos las armas poderosas de Dios, no las del mundo, para derribar las fortalezas del razonamiento humano y para destruir argumentos falsos. Destruimos todo obstáculo de arrogancia que impide que la gente conozca a Dios. Capturamos los pensamientos rebeldes y enseñamos a las personas a obedecer a Cristo.*

La sabiduría transforma el conocimiento racional en acción, basada en el sentido común. La sabiduría de Dios te ayuda a desarrollar una perspectiva bíblica que revela las ideas tramposas y distorsionadas del mundo.

SALMO 111:10 I *El temor del SEÑOR es la base de la verdadera sabiduría; todos los que obedecen sus mandamientos crecerán en sabiduría.*

PROVERBIOS 9:10 I *Conocer al Santo da por resultado el buen juicio.*

La sabiduría no es el mero conocimiento de hechos y cifras; es comprender también el filtro a través del cual estos hechos y datos deben ser usados. La sabiduría reconoce que un Dios todopoderoso, que todo lo sabe, ha diseñado un universo moral, con consecuencias para las decisiones buenas o pecaminosas. La sabiduría empieza cuando comprendes tu responsabilidad y tu dependencia total de tu Creador. No se trata de *qué* sabes, sino a *quién* conoces.

¿Cómo logro la sabiduría?

JOB 28:12, 21 | *¿Sabe la gente dónde encontrar sabiduría? ¿Dónde puede hallar entendimiento? . . . Se esconde de los ojos de toda la humanidad.*

PROVERBIOS 9:10 | *El temor del SEÑOR es la base de la sabiduría. Conocer al Santo da por resultado el buen juicio.*

La sabiduría es escurridiza, a menos que activamente procures obtenerla; cuando conoces a Dios, sabes dónde hallarla.

SALMO 5:8 | *Guíame por el camino correcto, oh SEÑOR . . . ; allana tu camino para que yo lo siga.*

SANTIAGO 1:5 | *Si necesitan sabiduría, pídansela a nuestro generoso Dios, y él se la dará; no los reprenderá por pedirla.*

Dios promete darle sabiduría a todo aquel que se la pida. No debes avergonzarte de pedirle a Dios la sabiduría y la orientación que necesitas.

DEUTERONOMIO 4:6 | *Síguelos [estos decretos y ordenanzas] al pie de la letra y darás a conocer tu sabiduría y tu inteligencia a las naciones vecinas.*

SALMO 19:7 | *Las enseñanzas del SEÑOR son perfectas, reavivan el alma. Los decretos del SEÑOR son confiables, hacen sabio al sencillo.*

La obediencia a la Palabra de Dios —a sus mandamientos, instrucciones y enseñanzas— te hará sabio. La Biblia es tu fuente más confiable de sabiduría y entendimiento, porque es el consejo de Dios mismo y, por lo tanto, habla sobre todas las situaciones.

1 CORINTIOS 2:15-16 | *Los que son espirituales pueden evaluar todas las cosas, pero ellos mismos no pueden ser evaluados por otros. Pues, "¿Quién puede conocer los pensamientos del Señor? ¿Quién sabe lo suficiente para enseñarle a él?". Pero nosotros entendemos estas cosas porque tenemos la mente de Cristo.*

La sabiduría viene del Espíritu Santo, quien vive en ti cuando crees en Jesucristo.

SALMO 25:8-9 | *El Señor . . . guía a los humildes para que hagan lo correcto; les enseña su camino.*

Cuando eres humilde, la sabiduría se desarrolla más fácilmente.

PROVERBIOS 20:18 | *Con buenos consejos los planes tienen éxito.*

La sabiduría suele llegar a ti a través del consejo de personas reflexivas y devotas.

La promesa de Dios PROVERBIOS 1:23 | *Vengan y escuchen mi consejo. Les abriré mi corazón y los haré sabios.*

LA SALVACIÓN

¿Qué significa ser salvo?

ROMANOS 3:24 | *Con una bondad que no merecemos, Dios nos declara justos por medio de Cristo Jesús, quien nos liberó del castigo de nuestros pecados.*

ROMANOS 4:7-8 | *Oh, qué alegría para aquellos a quienes se les perdona la desobediencia, a quienes se les cubren los pecados. Sí, qué alegría para aquellos a quienes el Señor les borró el pecado de su cuenta.*

Espiritualmente hablando, ser salvo significa que tus pecados ya no son tenidos en cuenta, y que eres libre de la condena a la muerte eterna. En lugar de eso, Dios, en su gracia, te los ha perdonado y te ha otorgado el regalo gratuito de la vida eterna. Ser salvo no te libra de las aflicciones terrenales, pero sí te salva del castigo eterno.

SALMO 51:9-10 | *Quita la mancha de mi culpa. Crea en mí, oh Dios, un corazón limpio.*

SALMO 103:12 | *[El Señor] llevó nuestros pecados tan lejos de nosotros como está el oriente del occidente.*

Ser salvo significa que la mancha producida por la culpa ha sido borrada, y que has sido completamente perdonado por Dios. No es que tus pecados solamente *parezcan* haber desaparecido, sino que ¡realmente ya no están! ¡Recibes una hoja limpia!

JUAN 5:24 | *[Jesús dijo:] "Les digo la verdad, todos los que escuchan mi mensaje y creen en Dios, quien me envió, tienen vida eterna. Nunca serán condenados por sus pecados, pues ya han pasado de la muerte a la vida".*

JUAN 10:27-29 | *[Jesús dijo:] "Mis ovejas escuchan mi voz; yo las conozco, y ellas me siguen. Les doy vida eterna, y nunca perecerán. Nadie puede quitármelas, porque mi Padre me las ha dado, y él es más poderoso que todos. Nadie puede quitarlas de la mano del Padre".*

Ser salvo significa que tienes la seguridad de que vas a vivir para siempre en el cielo. Vivirás en una nueva tierra donde no habrá más pecado, dolor ni sufrimiento (ver Apocalipsis 21:4). ¿Qué esperanza más grande que esa podrías tener?

¿Cómo puedo ser salvo?

ROMANOS 10:13 | *Todo el que invoque el nombre del SEÑOR será salvo.*

La Palabra de Dios promete la salvación —la garantía de una vida eterna y perfecta en el cielo— a los que invoquen el nombre de Jesús para que sus pecados les sean perdonados. Clama a Dios en tus oraciones y dile que quieres que te salve. Él promete que lo hará.

JUAN 3:16 | *Dios amó tanto al mundo que dio a su único Hijo, para que todo el que crea en él no se pierda, sino que tenga vida eterna.*

ROMANOS 3:20-22 | *Nadie llegará jamás a ser justo ante Dios por hacer lo que la ley manda. La ley sencillamente nos muestra lo pecadores que somos. Pero ahora, tal como se prometió tiempo atrás en los escritos de Moisés y de los profetas, Dios nos ha mostrado cómo podemos ser justos ante él sin cumplir con las exigencias de la ley. Dios nos hace justos a sus ojos cuando ponemos nuestra fe en Jesucristo. Y eso es verdad para todo el que cree, sea quien fuere.*

Jesús promete que los que creen en él serán salvos. Lo único que tienes que hacer es aceptar lo que él hizo por ti. Dios envió a Jesucristo para que ocupara tu lugar y recibiera el castigo que exigían tus pecados. Eres salvo cuando crees que él murió para salvarte de tus pecados y que resucitó para darte la vida eterna.

ROMANOS 10:9-10 | *Si confiesas con tu boca que Jesús es el Señor y crees en tu corazón que Dios lo levantó de los muertos, serás salvo. Pues es por creer en tu corazón que eres declarado justo a los ojos de Dios y es por confesarlo con tu boca que eres salvo.*

EFESIOS 2:8 | *Dios los salvó por su gracia cuando creyeron. Ustedes no tienen ningún mérito en eso; es un regalo de Dios.*

Parece demasiado fácil. El regalo más grande que podría darte Dios, la vida en un mundo perfecto, es absolutamente gratuito. Solamente debes aceptarlo (1) reconociendo ante Dios que has pecado; (2) admitiendo que tu pecado te aleja de Dios; (3) pidiéndole a Jesús que perdone tus pecados; y (4) creyendo que Jesús es el Señor de todo lo que existe y que es el Hijo de Dios. El regalo es tuyo.

ROMANOS 11:6 | *No es por medio de buenas acciones. Pues, en ese caso, la gracia de Dios no sería lo que realmente es: gratuita e inmerecida.*

No puedes ganar el camino al cielo siendo una buena persona y haciendo buenas obras. La salvación únicamente se logra por medio de la fe en Jesús.

¿La salvación está disponible para todos?

LUCAS 2:11-12 | *El Salvador —sí, el Mesías, el Señor— ha nacido hoy en Belén. . . . Y lo reconocerán por la siguiente señal: encontrarán a un niño envuelto en tiras de tela, acostado en un pesebre.*

Jesús nació en un humilde establo, en medio de personas comunes y corrientes, para mostrar con todo poder que la salvación está disponible para todo aquel que lo busque de corazón.

HEBREOS 9:27 | *Cada persona está destinada a morir una sola vez y después vendrá el juicio.*

APOCALIPSIS 20:12 | *Vi a los muertos, tanto grandes como pequeños, de pie delante del trono de Dios. Los libros fueron abiertos, entre ellos el Libro de la Vida. A los muertos se les juzgó de acuerdo a las cosas que habían hecho.*

La salvación está disponible para todos, pero llegará el momento cuando será demasiado tarde para recibirla.

¿Cómo puedo estar seguro de mi salvación?

ROMANOS 10:9 | *Si confiesas con tu boca que Jesús es el Señor y crees en tu corazón que Dios lo levantó de los muertos, serás salvo.*

Puedes estar seguro de tu salvación porque Dios ha prometido que eres salvo si crees en Jesucristo como tu Salvador.

JUAN 1:12 | *A todos los que creyeron en él y lo recibieron, les dio el derecho de llegar a ser hijos de Dios.*

Así como un bebé no puede ser un "no nacido", tampoco los hijos de Dios —aquellos que han creído en Jesucristo— pueden ser "no nacidos de nuevo".

¿Por qué la salvación es tan central para el cristianismo?

ROMANOS 3:23 | *Todos hemos pecado; nadie puede alcanzar la meta gloriosa establecida por Dios.*

ROMANOS 6:23 | *La paga que deja el pecado es la muerte.*

COLOSENSES 1:22 | *[Dios] los reconcilió consigo mediante la muerte de Cristo en su cuerpo físico. Como resultado, los ha trasladado a su propia presencia, y ahora ustedes son santos, libres de culpa y pueden presentarse delante de él sin ninguna falta.*

1 TESALONICENSES 3:13 | *Que [el Señor] . . . fortalezca su corazón para que esté sin culpa y sea santo al estar ustedes delante de Dios nuestro Padre cuando nuestro Señor Jesús regrese con todo su pueblo santo.*

La salvación es necesaria porque el pecado contra el Dios santo te separa de él, y te trae juicio y muerte espiritual. Un ser corrompido no puede vivir en la presencia de un Dios santo.

HECHOS 4:12 | *¡En ningún otro hay salvación! Dios no ha dado ningún otro nombre bajo el cielo, mediante el cual podamos ser salvos.*

Aunque puede sonar selectivo, el "único camino" a la salvación que reivindica la Biblia es, en realidad, una expresión de la gracia y la bondad de Dios, quien da a conocer a todos cómo escapar del juicio eterno. Dios invita a todos y a cada uno que vengan a él.

La promesa de Dios ROMANOS 10:9 | *Si confiesas con tu boca que Jesús es el Señor y crees en tu corazón que Dios lo levantó de los muertos, serás salvo.*

LA SANIDAD

¿De qué necesito ser sanado?

MARCOS 1:40 | *Un hombre con lepra se acercó, se arrodilló ante Jesús y le suplicó que lo sanara.*

LUCAS 8:42 | *Su única hija [de Jairo], que tenía unos doce años, estaba muriendo.*

Quizás anheles ser sanado de una dolencia o de una enfermedad.

ISAÍAS 61:1 | *Me ha enviado para consolar a los de corazón quebrantado.*

Quizás necesites que tu corazón roto sea sanado y restaurado.

SALMO 30:11 | *Tú cambiaste mi duelo en alegre danza.*

Cuando estás sufriendo, necesitas sanidad.

SALMO 55:20 | *En cuanto a mi compañero, él traicionó a sus amigos.*

Quizás necesites sanidad para el dolor causado por una traición.

PROVERBIOS 17:22 | *El corazón alegre es una buena medicina, pero el espíritu quebrantado consume las fuerzas.*

A veces, necesitas sanarte de la depresión o de la tristeza.

SALMO 103:3 | *Él perdona todos mis pecados.*

ROMANOS 6:23 | *La paga que deja el pecado es la muerte, pero el regalo que Dios da es la vida eterna.*

Necesitas ser sanado del pecado.

¿Cómo sana Dios?

2 REYES 20:7 | *Isaías dijo: "Preparen un ungüento de higos". Así que los sirvientes de Ezequías untaron el ungüento sobre la llaga, ¡y Ezequías se recuperó!*

A través de los médicos y de la medicina.

SALMO 119:93 | *Jamás olvidaré tus mandamientos, pues por medio de ellos me diste vida.*

MARCOS 3:5 | *Jesús . . . le dijo al hombre: "Extiende la mano". Así que el hombre la extendió, ¡y la mano quedó restaurada!*

A través de sus palabras y sus mandamientos.

LUCAS 5:12-13 | *—¡Señor! —le dijo—, ¡si tú quieres puedes sanarme y dejarme limpio!*

Jesús extendió la mano y lo tocó:

—Sí quiero —dijo—. ¡Queda sano!

Mediante los milagros.

MARCOS 2:4-5 | *Como no podían llevarlo hasta Jesús debido a la multitud, abrieron un agujero en el techo, encima de donde estaba Jesús. . . . Al ver la fe de ellos, Jesús le dijo al paralítico: "Hijo mío, tus pecados son perdonados".*

Mediante la fe de los amigos.

SALMO 6:2 | *Sáname, SEÑOR, porque mis huesos agonizan.*

SANTIAGO 5:14 | *¿Alguno está enfermo? Que llame a los ancianos de la iglesia, para que vengan y que oren por él.*

Mediante la oración.

ISAÍAS 38:16 | *SEÑOR, tu disciplina es buena, porque lleva a la vida y a la salud.*

Mediante la disciplina.

GÉNESIS 27:41; 33:4 | *Esaú odió a Jacob. . . . Entonces Esaú corrió a su encuentro y lo abrazó, puso los brazos alrededor de su cuello y lo besó. Y ambos lloraron.*

Con el paso del tiempo.

APOCALIPSIS 21:4 | *[Dios] les secará toda lágrima de los ojos, y no habrá más muerte ni tristeza ni llanto ni dolor. Todas esas cosas ya no existirán más.*

Mediante la promesa divina del cielo, pues allí recibirás la sanidad completa y definitiva.

¿Por qué Dios no siempre sana a las personas?

2 CORINTIOS 12:9 | *Mi poder actúa mejor en la debilidad.*

No sabemos por qué Dios sana a algunas personas y a otras no. Pero sí sabemos que el poder de Dios se perfecciona en nuestras debilidades y enfermedades, si dejamos que él obre dentro de nosotros. Si has orado para que tú o alguno de tus seres queridos sean sanados, y Dios todavía no hizo lo que le pediste, confía en que él tiene algo aún más grande que quiere lograr a través de la enfermedad.

APOCALIPSIS 22:1-2 | *El ángel me mostró un río con el agua de la vida, era transparente como el cristal y fluía del trono de Dios y del Cordero. . . . A cada lado del río crecía el árbol de la vida . . . [cuyas] hojas se usaban como medicina para sanar a las naciones.*

Dios tiene plena autoridad sobre todas las enfermedades; puede sanar a quien él quiera. Pero por qué sana a algunos y no a otros es algo que no sabemos. A veces, su voluntad es librar a las personas de sus sufrimientos y de la enfermedad por medio de la muerte. Al final quitará para siempre toda enfermedad y sufrimiento de sus hijos. Vivirás en el cielo eternamente y allí no habrá enfermedades ni dolencias.

La promesa de Dios MALAQUÍAS 4:2 | *Para ustedes que temen mi nombre, se levantará el Sol de Justicia con sanidad en sus alas. Y saldrán libres, saltando de alegría como becerros sueltos en medio de los pastos.*

LA SATISFACCIÓN

¿Por qué tantas personas parecen tan infelices?

SALMO 63:1, 5 | *Oh Dios, tú eres mi Dios; de todo corazón te busco. Mi alma tiene sed de ti; todo mi cuerpo te anhela en esta tierra reseca y agotada donde no hay agua. . . . Tú me satisfaces más que un suculento banquete.*

ECLESIASTÉS 1:8 | *No importa cuánto veamos, nunca quedamos satisfechos. No importa cuánto oigamos, nada nos tiene contentos.*

ISAÍAS 55:2 | *Escúchenme, y comerán lo que es bueno; disfrutarán de la mejor comida.*

JUAN 4:14 | *Todos los que beban del agua que yo doy no tendrán sed jamás. Esa agua se convierte en un manantial que brota con frescura dentro de ellos y les da vida eterna.*

Muchos tratan de calmar sus necesidades más profundas con cosas que no los dejan satisfechos. A veces, cuando tienes hambre, lo peor que puedes hacer es comer algo inadecuado. Por ejemplo, si no has comido durante un tiempo y engulles tres rosquillas de golpe, quedarás satisfecho sólo por unos minutos. El mismo principio se puede aplicar para satisfacer el alma hambrienta. Si la alimentas de diversiones, placeres y pecados, siempre ansiarás más, pero no estarás satisfecho. Si no te nutres del alimento espiritual de Dios, nunca te sentirás satisfecho y te preguntarás qué te está pasando.

¿Promete Dios satisfacer todas mis necesidades?

PROVERBIOS 30:8 | *Dame sólo lo suficiente para satisfacer mis necesidades.*

La primera tarea de Dios suele ser la de replantear tus necesidades. Existe una enorme diferencia entre tus necesidades y lo que quieres. No los confundas.

SALMO 17:15 | *Cuando despierte, te veré cara a cara y quedaré satisfecho.*

La necesidad espiritual es satisfecha cuando tienes intimidad con Dios. Dado que él te creó para ese propósito, de la única manera que estarás satisfecho será si buscas una relación con él.

MATEO 5:3 | *[Jesús dijo:] "Dios bendice a los que . . . se dan cuenta de la necesidad que tienen de él, porque el reino del cielo les pertenece".*

Jesús prometió que el corazón que tiene hambre de justicia será satisfecho. Asegúrate de tener hambre del alimento que realmente satisface.

La promesa de Dios SALMO 107:9 | *[El Señor] satisface al sediento y al hambriento lo llena de cosas buenas.*

LA SEGURIDAD

¿Protege Dios a quienes lo aman de padecer daños físicos?

SALMO 91:11 | *[El Señor] ordenará a sus ángeles que te protejan por donde vayas.*

DANIEL 6:22 | *Mi Dios envió a su ángel para cerrarles la boca a los leones, a fin de que no me hicieran daño.*

A veces Dios te protege y te libera de manera milagrosa para preservarte, para que puedas seguir sirviéndolo.

2 CORINTIOS 12:7 | *[Pablo dijo:] "Se me dio una espina en mi carne, un mensajero de Satanás para atormentarme e impedir que me volviera orgulloso".*

A veces, como le pasó a Pablo, puedes experimentar devastadoras penurias y sufrimientos físicos. Son los momentos en que tu fe es puesta a prueba, y tienes que mantener la perspectiva de que un día todo el dolor y el sufrimiento desaparecerán para siempre (ver Apocalipsis 21:4).

ROMANOS 5:3-5 | *También nos alegramos al enfrentar pruebas y dificultades porque sabemos que nos ayudan a desarrollar resistencia. Y la resistencia desarrolla firmeza de carácter, y el carácter fortalece nuestra esperanza segura de salvación. Y esa esperanza no acabará en desilusión. Pues sabemos con cuánta ternura nos ama Dios, porque nos ha dado el Espíritu Santo para llenar nuestro corazón con su amor.*

Cuando Dios no impide el sufrimiento, promete dar fortaleza para soportarlo por medio del Espíritu Santo. Soportar el sufrimiento puede acercarte a Dios más que el hecho de evitarlo.

Si sufro un accidente, una tragedia o una enfermedad, ¿eso quiere decir que Dios está castigándome por algo?

JUAN 9:3 | *"No fue por sus pecados ni tampoco por los de sus padres —contestó Jesús—, nació ciego para que todos vieran el poder de Dios en él".*

Dios no es la causa sino quien te redime de tu sufrimiento. El dolor puede acercarte a Dios, o alejarte de él. Si te acerca a Dios, es redentor.

Si Dios no me garantiza la seguridad física, ¿qué sentido tiene la fe?

SALMO 23:4 | *Aun cuando yo pase por el valle más oscuro, no temeré, porque tú estás a mi lado. Tu vara y tu cayado me protegen y me confortan.*

JUAN 10:27-29 | *[Jesús dijo:] "Mis ovejas escuchan mi voz; yo las conozco, y ellas me siguen. Les doy vida eterna, y nunca perecerán. Nadie puede quitármelas, porque mi Padre me las ha dado, y él es más poderoso que todos. Nadie puede quitarlas de la mano del Padre".*

La fe está más ligada a la seguridad eterna de tu alma que a la seguridad física de tu cuerpo.

2 TIMOTEO 1:12 | *Yo sé en quién he puesto mi confianza y estoy seguro de que él es capaz de guardar lo que le he confiado hasta el día de su regreso.*

La fe es confiar en que Dios guarda y cuida aquello que es eterno: tu alma.

1 PEDRO 2:25 | *Antes [ustedes] eran como ovejas que andaban descarriadas. Pero ahora han vuelto a su Pastor, al Guardián de sus almas.*

Jesús cuida de que tu alma no sea derrotada en la guerra espiritual.

1 PEDRO 3:18 | *Cristo sufrió por nuestros pecados una sola vez y para siempre. Él nunca pecó, en cambio, murió por los*

pecadores para llevarlos a salvo con Dios. Sufrió la muerte física, pero volvió a la vida en el Espíritu.

La fe en Jesús te da el pasaje seguro a tu hogar eterno.

¿Está mal orar pidiendo seguridad para mí y para mis seres queridos?

HECHOS 12:5 | *Mientras Pedro estaba en la cárcel, la iglesia oraba fervientemente por él.*

Dios siempre recibe de buena gana tu expresión de deseos, cuando los sometes a su voluntad.

ROMANOS 1:10 | *[Pablo dijo:] "Algo que siempre pido en oración es que, Dios mediante, se presente la oportunidad de ir por fin a verlos".*

La oración de Pablo pidiendo seguridad durante el viaje estaba fundamentada en su deseo de ministrar a otros.

2 CORINTIOS 1:11 | *Ustedes nos están ayudando al orar por nosotros. Entonces mucha gente dará gracias porque Dios contestó bondadosamente tantas oraciones por nuestra seguridad.*

Los primeros apóstoles dependían de las oraciones que las iglesias elevaban pidiendo por su seguridad.

La promesa de Dios SALMO 34:7 | *El ángel del SEÑOR es un guardián; rodea y defiende a todos los que le temen.*

SER PADRES

¿Qué dice la Biblia sobre el rol de los padres?

2 TIMOTEO 3:15 | *Desde la niñez, se te han enseñado las sagradas Escrituras.*

Los padres deben asumir la responsabilidad de enseñarles a sus hijos el amor a la Palabra de Dios.

DEUTERONOMIO 6:6-7 | *Debes comprometerte con todo tu ser a cumplir cada uno de estos mandatos que hoy te entrego. Repíteselos a tus hijos una y otra vez. Habla de ellos en tus conversaciones cuando estés en tu casa y cuando vayas por el camino, cuando te acuestes y cuando te levantes.*

Los padres son responsables no sólo de enseñar sistemáticamente a sus hijos los valores bíblicos, sino también de ser modelos coherentes de una vida de obediencia.

PROVERBIOS 3:12 | *El SEÑOR corrige a los que ama, tal como un padre corrige al hijo que es su deleite.*

HEBREOS 12:11 | *Ninguna disciplina resulta agradable a la hora de recibirla. Al contrario, ¡es dolorosa! Pero después, produce la apacible cosecha de una vida recta para los que han sido entrenados por ella.*

Los padres deben disciplinar a sus hijos con coherencia y por amor, no con ira.

GÉNESIS 25:28 | *Isaac amaba a Esaú . . . pero Rebeca amaba a Jacob.*

Los padres no deben mostrar favoritismo entre sus hijos.

1 SAMUEL 2:29 | *[El Señor dijo:] "¿Por qué les das más honor a tus hijos que a mí?"*

Los padres deben asegurar que Dios sea honrado como cabeza de la familia. Les hacen un favor a sus hijos cuando buscan sinceramente lo que Dios quiere, y no necesariamente lo que ellos quieren. Los padres que son indulgentes con sus hijos no los ayudan a desarrollar su carácter.

LUCAS 15:20 | *Regresó a la casa de su padre, y cuando todavía estaba lejos, su padre lo vio llegar. Lleno de amor y de compasión, corrió hacia su hijo, lo abrazó y lo besó.*

Lo que distingue a un padre cariñoso es su disposición a perdonar.

¿Cómo deben relacionarse los hijos con sus padres?

ÉXODO 20:12 | *Honra a tu padre y a tu madre.*

MARCOS 7:12-13 | *De esta manera, ustedes permiten que la gente desatienda a sus padres necesitados. Y entonces anulan la palabra de Dios para transmitir su propia tradición.*

EFESIOS 6:1 | *Hijos, obedezcan a sus padres porque ustedes pertenecen al Señor, pues esto es lo correcto.*

Aunque estés en desacuerdo con tus padres, debes mostrarles honra, respeto y obediencia.

La promesa de Dios SALMO 127:3 | *Los hijos son un regalo del SEÑOR; son una recompensa de su parte.*

EL SERVICIO

Toda esta idea del servicio parece ir en contra de lo que me enseñaron: hacer las cosas a mi manera. ¿Qué significa ser un siervo?

FILIPENSES 2:6-8 | *Aunque era Dios, [Cristo Jesús] no consideró que el ser igual a Dios fuera algo a lo cual aferrarse. En cambio, renunció a sus privilegios divinos. . . . Se humilló a sí mismo en obediencia a Dios.*

El siervo es humilde y obedece a Dios.

MATEO 20:26-28 | *El que quiera ser líder entre ustedes deberá ser sirviente, y el que quiera ser el primero entre ustedes deberá convertirse en esclavo. Pues ni aun el Hijo del Hombre vino para que le sirvan, sino para servir a otros y para dar su vida en rescate por muchos.*

El siervo ministra a los demás, sin importar cuál sea su condición.

JUAN 13:5 | *[Jesús] echó agua en un recipiente. Luego comenzó a lavarles los pies a los discípulos y a secárselos con la toalla que tenía en la cintura.*

El siervo realiza con alegría las tareas que otros consideran indignas.

ROMANOS 6:13 | *Entréguense completamente a Dios. . . . Usen todo su cuerpo como un instrumento para hacer lo que es correcto para la gloria de Dios.*

El siervo utiliza toda su energía y talentos en beneficio de Dios y de los demás.

¿Cuáles son algunos requisitos para servir a Dios?

SALMO 2:11 | *Sirvan al SEÑOR con temor reverente y alégrense con temblor.*

Tener un corazón alegre y temor reverente por Dios.

SALMO 42:1-2 | *Como el ciervo anhela las corrientes de las aguas, así te anhelo a ti, oh Dios. Tengo sed de Dios, del Dios viviente.*

SALMO 119:59 | *Consideré el rumbo de mi vida y decidí volver a tus leyes.*

El deseo de agradar a Dios y de andar en sus caminos.

MATEO 6:24 | *Nadie puede servir a dos amos. Pues odiará a uno y amará al otro; será leal a uno y despreciará al otro.*

Lealtad a Dios.

ROMANOS 7:6 | *Ahora podemos servir a Dios, no según el antiguo modo —que consistía en obedecer la letra de la ley— sino mediante uno nuevo, el de vivir en el Espíritu.*

El deseo de ser guiado por el Espíritu Santo.

HECHOS 20:19 | *He hecho el trabajo del Señor con humildad y con muchas lágrimas. He soportado las pruebas que me vinieron.*

Humildad.

GÁLATAS 5:13 | *Ustedes, mis hermanos, han sido llamados a vivir en libertad; pero no usen esa libertad para satisfacer los deseos de la naturaleza pecaminosa. Al contrario, usen la libertad para servirse unos a otros por amor.*

Amor por los demás.

¿Cómo puedo servir a Dios hoy?

JOSUÉ 22:5 | *Asegúrense de obedecer todos los mandatos y las instrucciones que Moisés les dio. Amen al SEÑOR su Dios, anden en todos sus caminos, obedezcan sus mandatos, aférrense a él y sírvanlo con todo el corazón y con toda el alma.*

Obedece la Palabra de Dios, que te estimula a querer ayudar a los demás, aun cuando no te convenga.

JOSUÉ 24:14-15 | *Teme al SEÑOR y sírvelo con todo el corazón. . . . Elige hoy mismo a quién servirás. . . . En cuanto a mí y a mi familia, nosotros serviremos al SEÑOR.*

Honra a Dios dándole a tu relación con él la máxima prioridad, y entonces querrás hacer lo que él te pide.

1 CORINTIOS 12:5 | *Hay distintas formas de servir, pero todos servimos al mismo Señor.*

Ejercita tus dones espirituales; sirve a Dios descubriéndolos e invirtiéndolos con entusiasmo en algún ministerio de la iglesia (ver Romanos 12:6-8; 1 Corintios 12:4-11; 1 Pedro 4:10-11).

MATEO 25:23 | *Has sido fiel en administrar esta pequeña cantidad, así que ahora te daré muchas más responsabilidades.*

Manifiesta amor y bondad por todas las personas, especialmente por los necesitados. Más allá del nivel de talentos y habilidades que tengas, Dios espera que inviertas lo que él te ha dado en la vida de otras personas.

ROMANOS 12:11 | *No sean nunca perezosos, más bien trabajen con esmero y sirvan al Señor con entusiasmo.*

Sirve con entusiasmo; de esa manera, tu actitud no sólo te dará energía, sino que además contagiará a los demás.

La promesa de Dios JUAN 15:10-12 | *[Jesús dijo:] "Cuando obedecen mis mandamientos, permanecen en mi amor. . . . Les he dicho estas cosas para que se llenen de mi gozo; así es, desbordarán de gozo. Éste es mi mandamiento: Ámense unos a otros de la misma manera en que yo los he amado".*

EL SEXO

¿Qué opina Dios sobre el sexo?

GÉNESIS 1:27-28 | *Dios creó a los seres humanos a su propia imagen . . . hombre y mujer los creó. Luego Dios los bendijo con las siguientes palabras: "Sean fructíferos y multiplíquense".*

GÉNESIS 2:24 | *El hombre deja a su padre y a su madre, y se une a su esposa, y los dos se convierten en uno solo.*

Dios creó el sexo. Él hizo al hombre y a la mujer seres sexuales, con la capacidad de expresar el amor y el deleite mutuos, de reproducirse y de poblar las siguientes generaciones. La relación sexual es una parte clave para que marido y mujer lleguen a ser una sola persona. Dios quiso que el sexo fuera algo bueno, dentro del contexto de una relación matrimonial.

PROVERBIOS 5:18-19 | *Que tu esposa sea una fuente de bendición para ti. Alégrate con la esposa de tu juventud. . . . Que sus pechos te satisfagan siempre. Que siempre seas cautivado por su amor.*

CANTAR DE LOS CANTARES 7:6 | *¡Qué hermosa eres! ¡Qué encantadora, mi amor, qué llena de delicias!*

Dios claramente permite el placer sexual dentro del matrimonio. El sexo no es solamente para la reproducción; también es para crear un lazo de amor y de placer entre el marido y la esposa.

CANTAR DE LOS CANTARES 7:11 | *Ven, amor mío, salgamos a las praderas y pasemos la noche entre las flores silvestres.*

Cuando el matrimonio se convierte en una rutina, es importante reavivar la llama de la intimidad sexual.

¿Es algo muy malo que piense en tener relaciones sexuales con otra persona que no sea mi cónyuge? En realidad, no hago nada.

ÉXODO 20:17 | *No codicies la casa de tu prójimo. No codicies la esposa de tu prójimo.*

MATEO 5:27-28 | *[Jesús dijo:] "Han oído el mandamiento que dice: 'No cometas adulterio'. Pero yo digo que el que mira con pasión sexual a una mujer, ya ha cometido adulterio con ella en el corazón".*

La lujuria es cometer adulterio con el corazón. Aunque es verdad que con el solo hecho de imaginarte teniendo sexo con alguien no estás consumando el acto, también es cierto que, según lo que dijo Jesús, has cometido adulterio.

MARCOS 7:20-22 | *Es lo que sale de su interior lo que los contamina. Pues de adentro, del corazón de la persona, salen los malos pensamientos, la inmoralidad sexual, . . . los deseos sensuales.*

Tus pensamientos no son sólo producto de tu mente; también se originan en tu corazón. Tus pensamientos dan cuenta del estado de tu corazón, y cada una de tus acciones nace de un pensamiento. Si no les pones un freno, los malos pensamientos finalmente terminarán en malas acciones. Si sigues pensando en tener relaciones sexuales con una persona que no sea tu cónyuge, tu corazón empezará a convencer a tu mente de que lo que quieres hacer está bien. La Biblia dice que el corazón es "extremadamente perverso" (Jeremías 17:9). En otras palabras, no confíes en que tus pensamientos y tus emociones te digan qué es lo bueno y lo correcto. Confía en la Palabra de Dios, porque ella viene del corazón de Dios, que es bueno y perfecto.

La promesa de Dios 1 CORINTIOS 10:13 | *Las tentaciones que enfrentan en su vida no son distintas de las que otros atraviesan. Y Dios es fiel; no permitirá que la tentación sea mayor de lo que puedan soportar. Cuando sean tentados, él les mostrará una salida, para que puedan resistir.*

LA SOLEDAD

¿Por qué Dios permite que yo esté solo?

GÉNESIS 2:18 | *El SEÑOR Dios dijo: "No es bueno que el hombre esté solo. Haré una ayuda ideal para él".*

Dios no quiere que estés solo. Al contrario, fue Dios quien reconoció la necesidad de compañía que tenía Adán. Él le dio a Adán la tarea de ponerles nombres a los animales, para que Adán pudiera reconocer su necesidad de compañía humana. Entonces, Dios creó a la mujer (ver Génesis 2:19-22).

1 SAMUEL 20:41 | *David . . . se inclinó ante Jonatán tres veces. . . . Mientras se abrazaban y se despedían, los dos lloraban, especialmente David.*

HECHOS 15:39 | *Su desacuerdo fue tan intenso que se separaron. Bernabé tomó a Juan Marcos consigo y navegó hacia Chipre.*

1 TESALONICENSES 2:17 | *Amados hermanos, después de estar separados de ustedes por un breve tiempo (aunque nuestro corazón nunca los dejó), hicimos todo lo posible por regresar, debido a nuestro intenso anhelo de volver a verlos.*

Vives en un mundo caído lleno de pecado. Por eso, muchas veces estarás separado de tus amigos y familiares por varios motivos. A veces estás solo porque has lastimado a las personas que querías, y te abandonaron. A veces, tus amigos dejan de ser tus amigos por causas que no entiendes. Y, a veces, tienes que despedirte cuando un amigo se va. Dios no quiere que estés solo pero, en esta vida, él permite que los actos de las personas tomen su curso natural. En cada una de estas circunstancias, él promete ayudarte a aprender de esto y promete no abandonarte nunca, dándote consuelo y fuerzas cuando se las pidas (ver Deuteronomio 31:8; Filipenses 4:19).

ROMANOS 8:38-39 | *Nada podrá jamás separarnos del amor de Dios. . . . Ni siquiera los poderes del infierno pueden separarnos del amor de Dios. . . . De hecho, nada en toda la creación podrá jamás separarnos del amor de Dios, que está revelado en Cristo Jesús nuestro Señor.*

Dios ha prometido que siempre estará contigo. Nada puede separarte de él. Cuando tus relaciones humanas fracasen, busca consuelo en tu amistad con Dios.

¿Cómo puede ayudarme Dios con mi soledad?

SALMO 139:17 | *Qué preciosos son tus pensamientos acerca de mí, oh Dios. ¡No se pueden enumerar!*

Reconoce que el hecho de estar solo o sola no se debe a que seas deficiente o incapaz de inspirar cariño. Eres valioso porque Dios te creó, te ama y promete no abandonarte nunca.

ÉXODO 5:21-22 | *Los jefes de cuadrilla les dijeron [a Moisés y a Aarón]: "¡Que el SEÑOR los juzgue y los castigue por habernos hecho repugnantes a los ojos del faraón y sus funcionarios!". . . . Entonces Moisés fue ante el SEÑOR y protestó:*

"Señor, ¿por qué trajiste toda esta desgracia a tu propio pueblo? ¿Por qué me enviaste?".

1 REYES 19:4 | *[Elías] siguió solo todo el día hasta llegar al desierto. Se sentó bajo un solitario árbol de retama y pidió morirse.*

La soledad puede hacerte sentir autocompasión, hacer que te desanimes y hacer que caigas presa de la tentación. Cuando estés solo, no abandones a Dios. No te separes de Aquel que siempre quiere estar contigo.

1 REYES 19:10 | *[Elías dijo:] "Yo soy el único que queda con vida, y ahora me buscan para matarme a mí también".*

1 PEDRO 4:19 | *Si sufren de la manera que agrada a Dios, sigan haciendo lo correcto y confíenle su vida a Dios, quien los creó, pues él nunca les fallará.*

A veces, puedes sentirte solo en tu compromiso por Cristo. Consuélate sabiendo que hay otras personas que tienen el mismo compromiso que tú, y que Dios recompensa tu audaz dedicación a él.

ROMANOS 12:4-5 | *Así como nuestro cuerpo tiene muchas partes y cada parte tiene una función específica, el cuerpo de Cristo también. Nosotros somos las diversas partes de un solo cuerpo y nos pertenecemos unos a otros.*

HEBREOS 10:25 | *No dejemos de congregarnos, como lo hacen algunos, sino animémonos unos a otros, sobre todo ahora que el día de su regreso se acerca.*

La mejor manera de evitar la soledad es reunirse con otros creyentes. Involúcrate en una iglesia local. Ponte las pilas con el pueblo de Dios, haciendo la obra de Dios.

ISAÍAS 41:10 | *No tengas miedo, porque yo estoy contigo; no te desalientes, porque yo soy tu Dios. Te daré fuerzas y te ayudaré; te sostendré con mi mano derecha victoriosa.*

La soledad puede hacer que tengas miedo. Pero saber que Dios está contigo y que pelea por ti puede calmar tus temores.

¿Cómo puedo ayudar a los que están solos?

SANTIAGO 1:27 | *La religión pura y verdadera a los ojos de Dios Padre consiste en ocuparse de los huérfanos y de las viudas en sus aflicciones.*

3 JUAN 1:5 | *Le eres fiel a Dios cada vez que te pones al servicio de los maestros itinerantes que pasan por ahí aunque no los conozcas.*

Invita a tu casa a los que estén solos, o visítalos y hazte amigo de ellos. Muchas veces, cuando te ocupes de las personas solas, tu necesidad de compañía también será satisfecha.

La promesa de Dios HEBREOS 13:5 | *Dios ha dicho: "Nunca te fallaré. Jamás te abandonaré".*

LA SOLTERÍA

¿El plan de Dios para todas las personas es que se casen? Si soy soltero, ¿estoy perdiéndome lo que Dios tiene planeado para mi vida?

MATEO 19:12 | *Algunos . . . optan por no casarse por amor al reino del cielo.*

1 CORINTIOS 7:7 | *Cada uno tiene su don específico de Dios, unos de una clase y otros de otra.*

Tanto el matrimonio como la soltería pueden ser un regalo de Dios. ¿Está bien quedarse soltero? Sí. ¿Está bien casarse? Sí. Los dos estados tienen sus ventajas.

1 CORINTIOS 7:32 | *Un soltero puede invertir su tiempo en hacer la obra del Señor y en pensar cómo agradarlo a él.*

En tu soltería, sirve al Señor de todo corazón. No cedas a la sensación de que tu vida está incompleta si no tienes una pareja.

¿Qué pasa si quiero casarme? ¿Está mal?

GÉNESIS 2:18 | *El SEÑOR Dios dijo: "No es bueno que el hombre esté solo. Haré una ayuda ideal para él".*

1 CORINTIOS 7:38 | *El que se casa con su prometida hace bien, y el que no se casa hace aún mejor.*

Dios hizo al hombre y a la mujer, el uno para el otro. Es bueno cuando se encuentran los compañeros adecuados, pero cuando un matrimonio no cumple con el glorioso plan de Dios, es una tragedia. Las personas no deberían sentirse presionadas para casarse ni para quedarse solteras. Pídele a Dios que te guíe acerca del matrimonio y del compañero adecuado para casarte.

¿Cómo puede ayudarme Dios a aceptar mi soltería?

1 CORINTIOS 7:7-8 | *[Pablo dijo:] "Quisiera que todos fueran solteros, igual que yo; pero cada uno tiene su don específico de Dios, unos de una clase y otros de otra. Así que les digo a los solteros y a las viudas: es mejor quedarse sin casar, tal como yo".*

1 CORINTIOS 7:17 | *Cada uno debería seguir viviendo en la situación que el Señor lo haya puesto.*

A veces, cuando quieres algo desesperadamente, es fácil olvidar los beneficios de tu situación actual. Pablo descubrió que su soltería era una ventaja para continuar con su llamado a crear iglesias. Da un paso atrás y busca cómo podría querer Dios utilizar tu soltería de una forma en la que no podría hacerlo si estuvieras casado.

Si la pareja de una persona ha muerto, ¿está bien que vuelva a casarse?

1 CORINTIOS 7:39 | *Una esposa está ligada a su esposo mientras el esposo vive. Si su esposo muere, ella queda libre para casarse con quien quiera, pero solamente si ese hombre ama al Señor.*

El matrimonio es un compromiso para toda la vida. Cuando una de las partes muere, el contrato matrimonial se termina. No está mal que la parte que sobrevivió vuelva a casarse.

La promesa de Dios FILIPENSES 4:19 | *Dios . . . suplirá todo lo que necesiten, de las gloriosas riquezas que nos ha dado por medio de Cristo Jesús.*

EL SUFRIMIENTO

¿Por qué estoy sufriendo? ¿Acaso le importo a Dios?

GÉNESIS 37:28 | *Cuando se acercaron los ismaelitas, que eran mercaderes madianitas, los hermanos de José lo sacaron de la cisterna y se lo vendieron por veinte monedas de plata. Y los mercaderes lo llevaron a Egipto.*

JEREMÍAS 32:18 | *Muestras un amor inagotable a miles, pero también haces recaer las consecuencias del pecado de una generación sobre la siguiente.*

A veces sufres como consecuencia del pecado de otros, y no por tus propios pecados.

JOB 1:19 | *La casa se vino abajo y todos [sus hijos] murieron.*

JUAN 9:2-3 | *—Rabí, ¿por qué nació ciego este hombre? —le preguntaron sus discípulos—. ¿Fue por sus propios pecados o por los de sus padres?*

—No fue por sus pecados ni tampoco por los de sus padres —contestó Jesús—, nació ciego para que todos vieran el poder de Dios en él.

A veces, el sufrimiento que padeces es algo que simplemente ocurre sin un motivo aparente. Lo importante es cómo reaccionas ante el sufrimiento.

GÉNESIS 3:6, 23 | *[La mujer] vio que el árbol era hermoso y su fruto parecía delicioso. . . . Así que tomó del fruto y lo comió. Después le dio un poco a su esposo que estaba con ella, y él también comió. . . . Así que el SEÑOR Dios los expulsó del jardín de Edén.*

PROVERBIOS 3:11-12 | *Hijo mío, no rechaces la disciplina del SEÑOR ni te enojes cuando te corrige. Pues el SEÑOR corrige a los que ama, tal como un padre corrige al hijo que es su deleite.*

A veces, Dios envía el sufrimiento como castigo por el pecado. Es posible que te discipline porque te ama y quiere corregirte y restaurarte para él. Agradécele a Dios este tipo de sufrimiento, porque sus actos para llamarte la atención pueden salvarte de consecuencias mayores.

DEUTERONOMIO 8:2 | *Recuerda cómo el SEÑOR tu Dios te guió por el desierto durante cuarenta años, donde te humilló y te puso a prueba para revelar tu carácter y averiguar si en verdad obedecerías sus mandatos.*

A veces, Dios te pone a prueba con el sufrimiento para animarte a obedecerlo.

1 PEDRO 4:14 | *Alégrense cuando los insulten por ser cristianos, porque el glorioso Espíritu de Dios reposa sobre ustedes.*

A veces, tu sufrimiento viene porque te has declarado a favor de Jesús.

SANTIAGO 1:3 | *Siempre que se pone a prueba la fe, la constancia tiene una oportunidad para desarrollarse.*

A veces, tu sufrimiento tiene el propósito de ayudarte a crecer y a madurar.

2 CORINTIOS 1:3-4 | *Dios es nuestro Padre misericordioso y la fuente de todo consuelo. Él nos consuela en todas nuestras dificultades para que nosotros podamos consolar a otros. Cuando otros pasen por dificultades, podremos ofrecerles el mismo consuelo que Dios nos ha dado a nosotros.*

El sufrimiento te permite consolar a otros. Los sanadores que han sido heridos son más efectivos que los que nunca han sufrido. Las personas que tienen cicatrices realmente pueden identificarse con los que están heridos. Puede parecerte que ser herido te hará débil, pero en realidad te hace más fuerte.

¿Puede el sufrimiento producir algún bien?

JOB 5:17-18 | *¡Considera la alegría de aquellos a quienes Dios corrige! Cuando peques, no menosprecies la disciplina del Todopoderoso. Pues aunque él hiere, también venda las heridas; él golpea, pero sus manos también sanan.*

El sufrimiento produce una gran renovación y sanidad, si te acerca a Dios.

2 CORINTIOS 12:10 | *Es por esto que me deleito en mis debilidades, y en los insultos, en privaciones, persecuciones y dificultades que sufro por Cristo. Pues, cuando soy débil, entonces soy fuerte.*

El sufrimiento es *bueno* cuando aprendes de tus errores de manera que puedas evitar repetirlos en el futuro, o cuando te fortaleces a raíz de una experiencia adversa.

PROVERBIOS 10:25 | *Cuando lleguen las tormentas de la vida, arrasarán con los perversos; pero los justos tienen un cimiento eterno.*

ISAÍAS 33:2 | *SEÑOR, ten misericordia de nosotros, porque hemos esperado en ti. Sé nuestro brazo fuerte cada día y nuestra salvación en los tiempos difíciles.*

El gran mensaje de la Biblia es que, a través de tu sufrimiento, Dios promete traerte renovación, sanidad y madurez espiritual, para que seas más fuerte y estés mejor preparado para ayudar a otros, y para que vivas con un propósito y un sentido.

2 TIMOTEO 2:10 | *Estoy dispuesto a soportar cualquier cosa si ésta traerá salvación y gloria eterna en Cristo Jesús a los que Dios ha elegido.*

Cuando el sufrimiento sea para tu bien, para la gloria de Cristo y para edificación de su iglesia, deberías estar dispuesto a aceptarlo.

¿Cómo permanezco unido a Dios en tiempos de sufrimiento?

SALMO 22:24 | *[El Señor] no ha pasado por alto ni ha tenido en menos el sufrimiento de los necesitados; no les dio la espalda, sino que ha escuchado sus gritos de auxilio.*

Reconoce que Dios no te ha abandonado.

LAMENTACIONES 3:32-33 | *Aunque [el Señor] trae dolor, también muestra compasión debido a la grandeza de su amor inagotable. Pues él no se complace en herir a la gente o en causarles dolor.*

Reconoce que Dios no quiere verte sufrir. El Dios de amor no se alegra del sufrimiento que te toca vivir. Pero su amor y su cuidado compasivo te ayudarán en tus momentos de dolor.

LUCAS 24:26 | *¿Acaso no profetizaron claramente que el Mesías tendría que sufrir todas esas cosas antes de entrar en su gloria?*

COLOSENSES 1:24 | *Me alegro cuando sufro en carne propia por ustedes, porque así participo de los sufrimientos de Cristo, que continúan a favor de su cuerpo, que es la iglesia.*

Reconoce que el mismo Jesús sufrió por ti. Padeció el martirio de la cruz, que fue un sufrimiento físico increíble, pero además cargó con el inconcebible peso de los pecados del mundo.

ROMANOS 8:17-18 | *Como somos sus hijos, también somos sus herederos. De hecho, somos herederos junto con Cristo de la gloria de Dios; pero si vamos a participar de su gloria, también debemos participar de su sufrimiento. Sin embargo, lo que ahora sufrimos no es nada comparado con la gloria que él nos revelará más adelante.*

HEBREOS 2:18 | *Debido a que [Jesús] mismo ha pasado por sufrimientos y pruebas, puede ayudarnos cuando pasamos por pruebas.*

Reconoce que el sufrimiento no es para siempre, y que terminará cuando los que creen en Jesús sean recibidos en el reino celestial.

La promesa de Dios SALMO 147:3 | *Él sana a los de corazón quebrantado y les venda las heridas.*

LAS SUPOSICIONES

¿Cuáles son las suposiciones que debo evitar?

JUAN 14:6 | *Jesús [dijo]: "Yo soy el camino, la verdad y la vida; nadie puede ir al Padre si no es por medio de mí".*

No supongas que irás al cielo. La Biblia dice que el único camino al cielo es aceptar a Jesucristo como Salvador y Señor.

ROMANOS 5:8-11 | *Pero Dios mostró el gran amor que nos tiene al enviar a Cristo a morir por nosotros cuando todavía éramos pecadores. Entonces, como se nos declaró justos a los ojos de Dios por la sangre de Cristo, con toda seguridad él nos salvará de la condenación de Dios. . . . Así que ahora podemos alegrarnos por nuestra nueva y maravillosa relación con Dios gracias a que nuestro Señor Jesucristo nos hizo amigos de Dios.*

No supongas que a Dios no le importa, pues la evidencia demuestra claramente que sí le importa.

JUECES 6:13-14 | *—Señor —respondió Gedeón—, si el Señor está con nosotros, ¿por qué nos sucede todo esto? ¿Y dónde están todos los milagros que nos contaron nuestros antepasados? ¿Acaso no dijeron: "El Señor nos sacó de Egipto"? Pero ahora el Señor nos ha abandonado y nos entregó en manos de los madianitas.*

Entonces el Señor lo miró y le dijo:

—Ve tú con la fuerza que tienes y rescata a Israel de los madianitas. ¡Yo soy quien te envía!

No supongas que Dios no te ayudará, o que no quiere ayudarte, porque él ya lo ha hecho de más formas de las que te imaginas, y seguirá haciéndolo. Y no supongas que tú sabes mejor que Dios cuál es la mejor manera de superar tus problemas.

HECHOS 9:13, 15 | *—¡Pero Señor! —exclamó Ananías—, ¡he oído a mucha gente hablar de las cosas terribles que ese hombre les ha hecho a los creyentes de Jerusalén!*

. . . El Señor le dijo:

—Ve, porque él es mi instrumento elegido para llevar mi mensaje a los gentiles y a reyes, como también al pueblo de Israel.

No supongas que las personas no pueden cambiar; es posible que no te des cuenta cuando quieran brindarte lo mejor. Al igual que Pablo (previamente conocido como Saulo), hasta el peor pecador puede convertirse en un gran líder cristiano.

JUAN 3:8 | *De la misma manera que oyes el viento pero no sabes de dónde viene ni adónde va, tampoco puedes explicar cómo las personas nacen del Espíritu.*

HECHOS 16:27-30 | *El carcelero se despertó y vio las puertas abiertas de par en par. Dio por sentado que los prisioneros se habían escapado, por lo que sacó su espada para matarse; pero Pablo le gritó: "¡Detente! ¡No te mates! ¡Estamos todos aquí!". El carcelero pidió una luz y corrió al calabozo y cayó temblando ante Pablo y Silas. Después los sacó y les preguntó: "Señores, ¿qué debo hacer para ser salvo?"*

No supongas que alguien no responderá al evangelio. En las manos de Dios, las personas pueden convertirse en héroes santificados.

La promesa de Dios 1 CORINTIOS 4:5 | *Así que no juzguen a nadie antes de tiempo, es decir, antes de que el Señor vuelva. Pues él sacará a la luz nuestros secretos más oscuros y revelará nuestras intenciones más íntimas. Entonces Dios le dará a cada uno el reconocimiento que le corresponda.*

EL TEMOR

¿Qué puedo hacer cuando me invade el temor?

SALMO 46:1-2 | *Dios es nuestro refugio y nuestra fuerza, siempre está dispuesto a ayudar en tiempos de dificultad. Por lo tanto, no temeremos cuando vengan terremotos y las montañas se derrumben en el mar.*

No olvides que Dios es más grande que las amenazas más fuertes de la vida. Si reconoces la manera en que el pecado ha corrompido este mundo, y si recuerdas que Dios promete estar siempre dispuesto a ayudarte cuando se lo pidas, entonces los problemas no te sorprenderán ni te vencerán.

DEUTERONOMIO 31:6 I *¡Sé fuerte y valiente! No tengas miedo ni sientas pánico . . . porque el SEÑOR tu Dios, él mismo irá delante de ti. No te fallará ni te abandonará.*

JUAN 14:27 I *[Jesús dijo:] "Les dejo un regalo: paz en la mente y en el corazón. Y la paz que yo doy es un regalo que el mundo no puede dar. Así que no se angustien ni tengan miedo".*

Recuerda que Dios siempre está contigo. Tu situación puede ser genuinamente amenazante, pero Dios no te ha abandonado, y promete estar a tu lado. Aunque tu situación sea tan mala que acabe en la muerte, Dios no te ha abandonado, sino que, en cambio, te ha hecho entrar en su misma presencia.

EFESIOS 1:3 I *Toda la alabanza sea para Dios, el Padre de nuestro Señor Jesucristo, quien nos ha bendecido con toda clase de bendiciones espirituales en los lugares celestiales, porque estamos unidos a Cristo.*

Acuérdate que ningún enemigo ni adversidad pueden arrebatarte las bendiciones más importantes: el perdón de Dios por tus pecados, tu relación con él y tu salvación eterna. Estas siguen firmes aunque tu mundo se venga abajo.

2 TIMOTEO 1:7 I *Dios no nos ha dado un espíritu de temor y timidez sino de poder, amor y autodisciplina.*

Cualquier cosa que te dé miedo es una oportunidad para que desarrolles una fe más grande, siempre que pidas la ayuda del poder de Dios.

GÉNESIS 26:7 I *[Él] tenía temor de decir: "Ella es mi esposa" porque pensó: "Me matarán para conseguirla".*

JOSUÉ 17:16 | *Los cananeos . . . tienen carros de combate hechos con hierro. . . . Son demasiado poderosos para nosotros.*

El temor no debe impedir que hagas las cosas que sabes que son correctas. No fuiste hecho para vivir con temor.

¿Qué significa temer a Dios?

SALMO 33:8 | *Que todo el mundo tema al SEÑOR y todos estén ante él con temor reverente.*

PROVERBIOS 9:10 | *El temor del SEÑOR es la base de la sabiduría.*

El temor a Dios no es lo mismo que tenerle miedo a Dios. Cuando le tienes miedo a alguien, te alejas de esa persona. Temer a Dios significa estar maravillado por su poder y por su bondad. Esto te acerca a él y a las bendiciones que te da. El temor sano debería acercarte a Dios para recibir perdón y ayudarte a mantener la perspectiva del lugar que te corresponde en la relación con él.

¿Cómo puede llenarme de alegría el temor a Dios?

SALMO 2:11 | *Sirvan al SEÑOR con temor reverente y alégrense con temblor.*

SALMO 128:1 | *¡Qué feliz es el que teme al SEÑOR, todo el que sigue sus caminos!*

El sano temor a Dios reconoce lo que él podría hacer si te diera lo que mereces. Pero, en cambio, alégrate que te dé su misericordia y su perdón. Le temes a Dios por su poder impresionante; amas a Dios por la manera en que te bendice con él. Y eso te llena de alegría.

La promesa de Dios ISAÍAS 41:10 | *No tengas miedo, porque yo estoy contigo; no te desalientes, porque yo soy tu Dios. Te daré fuerzas y te ayudaré; te sostendré con mi mano derecha victoriosa.*

LA TENTACIÓN

¿Es pecado la tentación?

MATEO 4:1 | *El Espíritu llevó a Jesús al desierto para que allí lo tentara el diablo.*

HEBREOS 4:14-15 | *Jesús . . . enfrentó todas y cada una de las pruebas que enfrentamos nosotros, sin embargo él nunca pecó.*

Jesús fue severamente tentado, pero nunca cedió a la tentación. Como Jesús sufrió la tentación y permaneció sin pecar, sabemos que ser tentados no es lo mismo que pecar. No tienes que sentirte culpable por las tentaciones con las que luchas. En lugar de eso, puedes consagrarte a resistirlas.

¿Acaso mi tentación viene de Dios?

SANTIAGO 1:13 | *Cuando sean tentados, acuérdense de no decir: "Dios me está tentando". Dios nunca es tentado a hacer el mal y jamás tienta a nadie.*

La tentación no nace en la mente de Dios, sino en la de Satanás, quien la siembra en tu corazón. La victoria sobre la tentación tiene su origen en la mente de Dios, y de allí fluye a tu corazón.

SANTIAGO 1:2 | *Cuando tengan que enfrentar problemas, considérenlo como un tiempo para alegrarse mucho.*

Aunque Dios no te provoca la tentación, saca algo bueno de ella porque te ayuda a fortalecerte a través de ella.

¿Por qué la tentación me seduce tanto?

GÉNESIS 3:6 | *[La mujer] vio que el árbol era hermoso y su fruto parecía delicioso. . . . Así que tomó del fruto y lo comió.*

La estrategia favorita del diablo es lograr que lo pecaminoso parezca deseable y bueno. En contraste con ello, también procura que lo bueno parezca malo. Si Satanás puede hacer que lo malo parezca bueno, y que lo bueno parezca malo, el hecho de que cedas a la tentación puede parecerte correcto, en lugar de malo. Debes ser consciente todo el tiempo de la confusión que quiere provocarte.

1 REYES 11:1-3 | *El rey Salomón amó a muchas mujeres extranjeras. . . . El SEÑOR había instruido claramente a los israelitas cuando les dijo: "No se casen con ellas, porque les desviarán el corazón hacia sus dioses". . . . En efecto, ellas apartaron su corazón del SEÑOR.*

A menudo, la tentación suele comenzar como un placer aparentemente inofensivo; pronto se sale de control y se convierte en una completa idolatría. Pero lo real es que la clase de placer que lleva al pecado nunca es inofensivo. Antes de que cedas en algo que parece inocente, lee bien la Palabra de Dios para ver qué dice. Si Salomón lo hubiera hecho, habría recordado que su "placer" en realidad era pecado. Tal vez habría sido advertido lo suficiente como para detenerse.

¿Cómo puedo resistir la tentación?

1 TIMOTEO 4:7-8 I *No pierdas el tiempo. . . . Entrénate para la sumisión a Dios. "El entrenamiento físico es bueno, pero entrenarse en la sumisión a Dios es mucho mejor, porque promete beneficios en esta vida y en la vida que viene".*

Para vencer la tentación, necesitas prepararte antes de que esta te oprima. Entrénate en los momentos más tranquilos, para que tengas la sabiduría espiritual, la fuerza y la dedicación para honrar a Dios frente a los deseos ardientes y a la tentación.

GÉNESIS 39:12 I *Ella llegó, lo agarró del manto y le ordenó: "¡Vamos, acuéstate conmigo!". José se zafó de un tirón, . . . [y salió] corriendo de la casa.*

Si puedes, aléjate de la situación tentadora. A veces, literalmente, tienes que escapar de ella.

MATEO 6:9, 13 I *Ora de la siguiente manera: . . . No permitas que cedamos ante la tentación, sino rescátanos del maligno.*

Que resistir la tentación sea un constante énfasis en tus oraciones.

ECLESIASTÉS 4:12 I *Se puede atacar y vencer a una persona sola, si son dos, se ponen espalda con espalda y conquistan; mejor todavía si son tres, porque una cuerda triple no se corta fácilmente.*

Conseguir algún amigo cristiano que te pida cuentas te dará mucha más fortaleza espiritual que la que tienes por ti mismo.

1 JUAN 5:21 I *Aléjense de todo lo que pueda ocupar el lugar de Dios en el corazón.*

Evita las situaciones y las personas que te tienten.

SANTIAGO 4:7 | *Resistan al diablo, y él huirá de ustedes.*

1 PEDRO 5:8-9 | *¡Estén alerta! Cuídense de su gran enemigo, el diablo, porque anda al acecho como un león rugiente, buscando a quién devorar. Manténganse firmes contra él y sean fuertes en su fe.*

El diablo tiene menos poder del que piensas. Él puede tentarte, pero no puede coaccionarte. Puede mostrarte el anzuelo, pero no puede obligarte a morderlo. Puedes resistir al diablo como lo hizo Jesús: respondiendo a las mentiras del tentador con la verdad de la Palabra de Dios (ver Mateo 4:1-11).

La promesa de Dios 1 CORINTIOS 10:13 | *Las tentaciones que enfrentan en su vida no son distintas de las que otros atraviesan. Y Dios es fiel; no permitirá que la tentación sea mayor de lo que puedan soportar. Cuando sean tentados, él les mostrará una salida, para que puedan resistir.*

EL TRABAJO

¿Cómo debo considerar el trabajo?

GÉNESIS 1:27-28 | *Dios creó a los seres humanos a su propia imagen. . . . Luego Dios los bendijo con las siguientes palabras: "Sean fructíferos y multiplíquense. Llenen la tierra y gobiernen sobre ella. Reinen sobre los peces del mar, las aves del cielo y todos los animales que corren por el suelo".*

Sé consciente de que el trabajo es algo valioso y honorable. Dios creó a las personas y les dio dominio sobre su creación. En otras palabras, Dios te creó para trabajar. Aun antes de la maldición, a la humanidad se le dio la oportunidad de transformar las materias primas de la tierra en cosas que mejoraran la vida. El trabajo siempre ha tenido el propósito de honrar al Señor, de otorgarles a las personas la dignidad de tener algo importante que hacer y de bendecir a otros.

1 TESALONICENSES 4:11-12 | *Pónganse como objetivo vivir una vida tranquila, ocúpense de sus propios asuntos y trabajen con sus manos, tal como los instruimos anteriormente. Entonces la gente que no es cristiana respetará la manera en que ustedes viven, y no tendrán que depender de otros.*

Tu actitud hacia el trabajo debe incluir el objetivo de honrar a Dios mediante tu forma de trabajar, además de mantenerte a ti y a otras personas.

PROVERBIOS 13:11 | *La riqueza lograda de la noche a la mañana pronto desaparece; pero la que es fruto del arduo trabajo, aumenta con el tiempo.*

El trabajo duro y honrado es mucho mejor que los planes para hacerte rico rápidamente.

COLOSENSES 3:17 | *Todo lo que hagan o digan, háganlo como representantes del Señor Jesús y den gracias a Dios Padre por medio de él.*

Tu objetivo es trabajar de tal manera que seas un buen representante de Jesús.

¿Qué pasa si mi trabajo no se relaciona con hacer algo "cristiano"? ¿Cómo puedo dar gloria a Dios en mi trabajo?

GÉNESIS 2:2 | *Cuando llegó el séptimo día, Dios ya había terminado su obra de creación, y descansó de toda su labor.*

GÉNESIS 2:15 | *El SEÑOR Dios puso al hombre en el jardín de Edén para que se ocupara de él y lo custodiara.*

2 TESALONICENSES 3:8 | *Trabajamos mucho de día y de noche a fin de no ser una carga para ninguno de ustedes.*

El trabajo está arraigado en el mismo carácter de Dios. Parte de estar hechos a la imagen de Dios es que compartimos los aspectos laboriosos y creativos de su naturaleza. El primer trabajo que tuvo el ser humano fue la labranza. Los cristianos son necesarios en todo tipo de vocaciones. Cualquiera sea tu trabajo, confía en que Dios te ha puesto ahí por alguna razón, y luego haz bien tu trabajo, como un servicio para él y como una manera de servir a los demás.

COLOSENSES 3:23 | *Trabajen de buena gana en todo lo que hagan, como si fuera para el Señor y no para la gente.*

Tu manera de enfocar el trabajo pone en evidencia tu relación con Cristo.

¿Es posible que trabaje en exceso?

SALMO 39:6 | *Todo nuestro ajetreo diario termina en la nada.*

ECLESIASTÉS 5:3 | *Demasiada actividad trae pesadillas.*

Aunque eres llamado a trabajar duramente, fíjate bien que tu trabajo no te preocupe al punto de poner en peligro tu salud, tus relaciones o el tiempo que pasas con Dios.

HECHOS 16:16 | *Era una adivina que ganaba mucho dinero para sus amos.*

No permitas que tu trabajo comprometa tus valores.

ÉXODO 16:23 | *Esto es lo que el SEÑOR ha ordenado: "Mañana será un día de descanso absoluto, un día sagrado de descanso, reservado para el SEÑOR".*

MARCOS 6:31 | *Jesús les dijo: "Vayamos solos a un lugar tranquilo para descansar un rato".*

Hay un tiempo para dejar de trabajar para que puedas descansar, celebrar la vida y adorar a Dios.

¿Es posible llegar al cielo mediante el esfuerzo?

EFESIOS 2:9 | *La salvación no es un premio por las cosas buenas que hayamos hecho.*

Ninguno de nuestros trabajos ni las buenas obras que hagamos, por más admirables que sean, lograrán salvarnos jamás.

La promesa de Dios FILIPENSES 1:6 | *Dios, quien comenzó la buena obra en ustedes, la continuará hasta que quede completamente terminada el día que Cristo Jesús vuelva.*

LA UNIDAD

¿Qué es la verdadera unidad?

ROMANOS 12:4-5 | *Así como nuestro cuerpo tiene muchas partes y cada parte tiene una función específica, el cuerpo de Cristo también. Nosotros somos las diversas partes de un solo cuerpo y nos pertenecemos unos a otros.*

Unidad no es lo mismo que uniformidad. Todas las personas tienen una personalidad y dones únicos. La verdadera unidad es la celebración y el agradecimiento por estas diferencias para lograr la meta común de servir a Dios.

¿Por qué es importante la unidad?

1 CORINTIOS 1:10 | *Amados hermanos, les ruego por la autoridad de nuestro Señor Jesucristo que vivan en armonía los unos con los otros. Que no haya divisiones en la iglesia. Por el contrario, sean todos de un mismo parecer, unidos en pensamiento y propósito.*

La unidad permite compartir un sentido de comunión y devoción, y trabajar juntos con un propósito común.

¿Cómo puedo contribuir a la unidad?

ROMANOS 15:5 | *Que Dios, quien da esa paciencia y ese ánimo, los ayude a vivir en plena armonía unos con otros, como corresponde a los seguidores de Cristo Jesús.*

Trabajando duro para desarrollar la misma actitud que tuvo Jesús: de paciencia y de ánimo, de unir, en lugar de causar división.

EFESIOS 4:12-13 | *[Preparen] al pueblo de Dios para que lleve a cabo la obra de Dios y edifique la iglesia, es decir, el cuerpo de Cristo. Ese proceso continuará hasta que todos alcancemos tal unidad en nuestra fe y conocimiento del Hijo de Dios que seamos maduros en el Señor, es decir, hasta que lleguemos a la plena y completa medida de Cristo.*

Poniendo en práctica la responsabilidad dada por Dios para edificar a otras personas.

1 PEDRO 3:8 I *Todos deben ser de un mismo parecer. Compadézcanse unos de otros. Ámense como hermanos y hermanas. Sean de buen corazón y mantengan una actitud humilde.*

Compadeciéndote de otros.

EFESIOS 4:2-3 I *Sean siempre humildes y amables. Sean pacientes unos con otros y tolérense las faltas por amor. Hagan todo lo posible por mantenerse unidos en el Espíritu y enlazados mediante la paz.*

Siendo humilde y amable.

COLOSENSES 3:13-14 I *Sean comprensivos con las faltas de los demás y perdonen a todo el que los ofenda. Recuerden que el Señor los perdonó a ustedes, así que ustedes deben perdonar a otros. Sobre todo, vístanse de amor, lo cual nos une a todos en perfecta armonía.*

Amando y perdonando a los demás.

¿La unidad significa que todos tienen que estar de acuerdo?

1 CORINTIOS 12:12, 18-21 I *El cuerpo humano tiene muchas partes, pero las muchas partes forman un cuerpo entero. Lo mismo sucede con el cuerpo de Cristo . . . y Dios ha puesto cada parte justo donde él quiere. ¡Qué extraño sería el cuerpo si tuviera sólo una parte! Efectivamente, hay muchas partes, pero un solo cuerpo. El ojo nunca puede decirle a la mano: "No te necesito". La cabeza tampoco puede decirle al pie: "No te necesito".*

Unidad no quiere decir que todos deban tener la misma opinión, ni los mismos objetivos. Dios ha creado a todas las personas diferentes, lo cual significa que habrá diferentes opiniones. Pero el propósito común debe ser el mismo: servir y honrar a Dios. La unidad se pierde cuando los intereses egoístas son más importantes que los intereses santos.

SALMO 34:14 | *Busca la paz y esfuérzate por mantenerla.*

EFESIOS 4:11-13, 15-16 | *Cristo dio los siguientes dones a la iglesia . . . [para] preparar al pueblo de Dios para que lleve a cabo la obra de Dios y edifique la iglesia, es decir, el cuerpo de Cristo. Ese proceso continuará hasta que todos alcancemos tal unidad en nuestra fe y conocimiento del Hijo de Dios que seamos maduros en el Señor. . . . Hablaremos la verdad con amor y así creceremos en todo sentido hasta parecernos más y más a Cristo. . . . Él hace que todo el cuerpo encaje perfectamente. Y cada parte, al cumplir con su función específica, ayuda a que las demás se desarrollen, y entonces todo el cuerpo crece y está sano y lleno de amor.*

Vivir pacíficamente con los demás no quiere decir evitar los conflictos; significa manejarlos adecuadamente. El conflicto mal manejado lleva a una relación fracturada. Evitar totalmente el conflicto produce el mismo resultado, porque hay una herida o un enojo sin resolver. Más bien, cuando surja el conflicto, no respondas con enojo, sino con amor, confiando en que el Espíritu Santo te dará la perseverancia que llevará a resolver el problema.

La promesa de Dios GÁLATAS 3:26-28 | *Todos ustedes son hijos de Dios por la fe en Cristo Jesús. Y todos los que fueron* *unidos a Cristo en el bautismo se han puesto a Cristo como si se pusieran ropa nueva. Ya no hay judío ni gentil, esclavo ni libre, hombre ni mujer, porque todos ustedes son uno en Cristo Jesús.*

LA VALENTÍA

¿De dónde obtengo la valentía necesaria para salir adelante cuando la vida se presenta dura y las dificultades parecen tan grandes?

ISAÍAS 41:10 | *No tengas miedo, porque yo estoy contigo; no te desalientes, porque yo soy tu Dios. Te daré fuerzas y te ayudaré; te sostendré con mi mano derecha victoriosa.*

A lo largo de la vida, te verás en situaciones atemorizantes (peligros mortales, presiones extremas, enfermedades graves, cuestiones monetarias y todo tipo de problemas). El verdadero valor viene de entender que Dios es más fuerte que el más grande de tus problemas o que tu enemigo más poderoso, y de saber que él quiere que uses su poder para ayudarte. El valor no es la confianza mal depositada en tu propia fuerza, sino la confianza bien orientada en la fuerza de Dios.

¿Dios quitará las cosas que me asustan?

NÚMEROS 14:6-7, 9 | *Dos de los hombres que exploraron la tierra, Josué, hijo de Nun, y Caleb, hijo de Jefone, . . . dijeron a todo el pueblo . . . : "¡La tierra que atravesamos y exploramos es maravillosa! . . . No teman al pueblo de esa tierra. . . . ¡Ellos no tienen protección, pero el SEÑOR está con nosotros! ¡No les tengan miedo!".*

El miedo es parte de la vida y es el resultado de sentirse solo contra una gran amenaza. Es posible que Dios no elimine las cosas que te asustan, pero te dará valor, acompañándote para ayudarte a luchar contra la amenaza. Josué y Caleb tuvieron valor, alimentados por la promesa de que Dios era más grande que cualquier enemigo o problema que tuvieran que enfrentar.

HECHOS 4:24, 29-31 | *Cuando los creyentes oyeron las noticias, todos juntos alzaron sus voces en oración a Dios: ". . . Oh Señor, escucha sus amenazas y danos a nosotros, tus siervos, mucho valor al predicar tu palabra. Extiende tu mano con poder sanador; que se hagan señales milagrosas y maravillas por medio del nombre de tu santo siervo Jesús". Después de esta oración, el lugar donde estaban reunidos tembló y todos fueron llenos del Espíritu Santo. Y predicaban con valentía la palabra de Dios.*

La iglesia primitiva estaba constantemente amenazada por la persecución religiosa. Los creyentes no oraban para que dejaran de perseguirlos, sino que pedían valor para enfrentar la persecución. En algunas ocasiones, Dios eliminará las cosas que te dan miedo. Pero, a menudo, el Espíritu Santo te dará la audacia para convertir esas amenazas en oportunidades para crecer espiritualmente y para declarar tu fe.

JOB 11:18 | *Tener esperanza te dará valentía.*

La esperanza te ayuda a ver más allá de la crisis inmediata. Si Dios eliminara todo lo que te asusta, no necesitarías ninguna esperanza en tu vida. Y es por medio de la esperanza que aceptas a Cristo como Salvador y pones tu futuro eterno en sus manos.

¿Tiene consecuencias la falta de valentía?

LUCAS 23:21-24 | *La multitud seguía gritando: "¡Crucifícalo! ¡Crucifícalo!". Por tercera vez insistió Pilato: "¿Por qué? ¿Qué crimen ha cometido? No encuentro ninguna razón para condenarlo a muerte. Lo haré azotar y luego lo soltaré". Pero la turba gritó cada vez más fuerte, exigiendo que Jesús fuera crucificado, y sus voces prevalecieron. Entonces Pilato sentenció a Jesús a muerte como la gente reclamaba.*

Defender lo justo puede causarte problemas con personas corruptas. No defender lo justo puede causarte problemas con Dios. Pilato cedió ante las demandas de un pueblo corrupto y sentenció a muerte al Hijo de Dios.

La promesa de Dios JOSUÉ 1:9 | *¡Sé fuerte y valiente! No tengas miedo ni te desanimes, porque el SEÑOR tu Dios está contigo dondequiera que vayas.*

LA VALÍA

¿Soy realmente importante para Dios?

GÉNESIS 1:26-27 | *Dios dijo: "Hagamos a los seres humanos a nuestra imagen, para que sean como nosotros. Ellos reinarán sobre los peces del mar, las aves del cielo, los animales domésticos, todos los animales salvajes de la tierra y los animales pequeños que corren por el suelo". Así que Dios creó a los seres humanos a su propia imagen.*

SALMO 8:3-6 | *Cuando miro el cielo de noche y veo la obra de tus dedos . . . ¿qué son los seres humanos para que pienses en ellos . . . ? Sin embargo, los hiciste un poco menor que Dios y los coronaste de gloria y honor. Los pusiste a cargo de todo lo que creaste, y sometiste todas las cosas bajo su autoridad.*

EFESIOS 2:10 | *Somos la obra maestra de Dios. Él nos creó de nuevo en Cristo Jesús, a fin de que hagamos las cosas buenas que preparó para nosotros tiempo atrás.*

Dios te hizo a su propia imagen; ¡eres su tesoro y su obra maestra! Para él, tienes un valor incalculable, y por ese motivo envió a su Hijo para que muriera por tus pecados y para que pudieras vivir en el cielo con él por toda la eternidad.

SALMO 139:13 | *Tú creaste las delicadas partes internas de mi cuerpo y me entretejiste en el vientre de mi madre.*

JEREMÍAS 1:5 | *[El Señor dijo:] "Te conocía aun antes de haberte formado en el vientre de tu madre; antes de que nacieras, te aparté y te nombré mi profeta a las naciones".*

Dios te hizo con gran destreza y te dio forma con su cuidado amoroso. De la manera en que te creó, demostró cuánto te valora.

SALMO 139:17 | *Qué preciosos son tus pensamientos acerca de mí, oh Dios. ¡No se pueden enumerar!*

El Dios todopoderoso tiene pensamientos maravillosos sobre ti todo el tiempo. Él mira tu interior y ve cuánto vales realmente.

SALMO 139:1-3 | *Oh SEÑOR, has examinado mi corazón y sabes todo acerca de mí. Sabes cuándo me siento y cuándo me levanto; conoces mis pensamientos aun cuando me encuentro lejos. Me ves cuando viajo y cuando descanso en casa. Sabes todo lo que hago.*

Dios te valora tanto que te cuida, no importa dónde estés o qué estés haciendo. Eso te demuestra lo especial que eres para él.

1 CORINTIOS 6:19-20 | *¿No se dan cuenta de que su cuerpo es el templo del Espíritu Santo, quien vive en ustedes y les fue dado por Dios? Ustedes no se pertenecen a sí mismos, porque Dios los compró a un alto precio.*

Dios te valora tanto que hasta permite que tu cuerpo sea el templo en el que él vive. Dios no necesita vivir en tu cuerpo; puede vivir donde quiera. Pero, al elegir vivir dentro de ti, te declara templo suyo, su lugar de morada. ¡Cuánto te valora al hacer eso!

GÁLATAS 3:26 | *Todos ustedes son hijos de Dios por la fe en Cristo Jesús.*

GÁLATAS 4:7 | *Ahora ya no eres un esclavo sino un hijo de Dios, y como eres su hijo, Dios te ha hecho su heredero.*

Dios te valora tanto que te considera su hijo.

MATEO 28:20 | *[Jesús dijo:] "Tengan por seguro esto: que estoy con ustedes siempre, hasta el fin de los tiempos".*

El Hijo de Dios promete estar contigo siempre. ¿Por qué querría estar contigo si no te valorara?

La promesa de Dios EFESIOS 2:10 | *Somos la obra maestra de Dios. Él nos creó de nuevo en Cristo Jesús, a fin de que hagamos las cosas buenas que preparó para nosotros tiempo atrás.*

LA VERDAD

¿Qué impacto tiene la verdad en mi relación con Dios?

TITO 1:2 | *[La] verdad les da [a los que Dios ha elegido] la confianza de que tienen la vida eterna, la cual Dios —quien no miente— les prometió antes de que comenzara el mundo.*

Puedes confiar en Dios porque siempre dice la verdad. Nada de lo que él ha dicho en su Palabra, la Biblia, ha sido demostrado como erróneo o falso. Él te creó específicamente para entablar una relación contigo para toda la eternidad. Si Dios dice que te ama —y él siempre dice la verdad—, puedes estar seguro de que desea relacionarse contigo.

ISAÍAS 33:15-16 | *Los que son honestos y justos, los que se niegan a obtener ganancias por medio de fraudes, los que se mantienen alejados de los sobornos . . . , los que cierran los ojos para no ceder ante la tentación de hacer el mal; éstos son los que habitarán en las alturas.*

Si te esfuerzas por ser honesto, te será más fácil experimentar los beneficios de la suprema justicia y protección de Dios.

JUAN 14:6 | *Jesús [dijo]: "Yo soy el camino, la verdad y la vida; nadie puede ir al Padre si no es por medio de mí".*

ROMANOS 1:18 | *Dios muestra su ira desde el cielo contra todos los que son pecadores y perversos, que detienen la verdad con su perversión.*

Dios quiere que aceptes la verdad fundamental de que únicamente si sigues a Jesús podrás pasar la eternidad con él. Él quiere evitarte las terribles consecuencias de que rechaces su verdad más importante.

¿Dios realmente espera que yo diga la verdad en todo momento?

ÉXODO 20:16 | *No des falso testimonio contra tu prójimo.*

PROVERBIOS 6:16-17 | *Hay seis cosas que el SEÑOR odia, no, son siete las que detesta . . . la lengua mentirosa . . .*

La ley de Dios prohíbe claramente la mentira intencional.

EFESIOS 4:15 | *Hablaremos la verdad con amor.*

Los seguidores de Jesús están llamados a decir la verdad, y siempre en amor.

¿Por qué es tan importante decir la verdad?

PROVERBIOS 12:19 | *Las palabras veraces soportan la prueba del tiempo, pero las mentiras pronto se descubren.*

LUCAS 16:10 | *Si son fieles en las cosas pequeñas, serán fieles en las grandes; pero si son deshonestos en las cosas pequeñas, no actuarán con honradez en las responsabilidades más grandes.*

Decir la verdad es la prueba de fuego para saber si estás intentando modelar tu vida en base a la verdad de Dios. Si dices la verdad hasta en las cuestiones más pequeñas, te ganarás la reputación de ser una persona honesta.

EFESIOS 4:25 | *Dejen de decir mentiras. Digamos siempre la verdad a todos porque nosotros somos miembros de un mismo cuerpo.*

Decir la verdad estimula las buenas relaciones.

MATEO 12:33 | *A un árbol se le identifica por su fruto. Si el árbol es bueno, su fruto será bueno. Si el árbol es malo, su fruto será malo.*

Tener un trato honesto muestra un carácter honesto. Lo que haces permite ver quién eres.

SALMO 24:3-5 | *¿Quién puede subir al monte del SEÑOR? ¿Quién puede estar en su lugar santo? Sólo los de manos limpias y corazón puro, que . . . nunca dicen mentiras. Ellos recibirán la bendición del SEÑOR y tendrán una relación correcta con Dios su salvador.*

Para tener una relación con Dios es necesario decir la verdad.

ROMANOS 12:3 | *Sean realistas al evaluarse a ustedes mismos, háganlo según la medida de fe que Dios les haya dado.*

Si evalúas honestamente tu andar con el Señor, podrás seguir madurando en la fe.

1 TIMOTEO 1:19 | *Aférrate a tu fe en Cristo y mantén limpia tu conciencia. Pues algunas personas desobedecieron a propósito lo que les dictaba su conciencia y, como resultado, su fe naufragó.*

Si dices siempre la verdad, tu conciencia se mantendrá limpia.

PROVERBIOS 11:3 | *La honestidad guía a la gente buena; la deshonestidad destruye a los traicioneros.*

En la honestidad hay libertad, porque nunca estarás preocupado porque te descubran. La deshonestidad y el engaño son una forma de esclavitud, porque estás atrapado por tus mentiras.

La promesa de Dios SALMO 119:160 | *La esencia misma de tus palabras es verdad; tus justas ordenanzas permanecerán para siempre.*

LA VOLUNTAD DE DIOS

¿Tiene Dios realmente un plan para mi vida?

FILIPENSES 1:6 | *Estoy seguro de que Dios, quien comenzó la buena obra en ustedes, la continuará hasta que quede completamente terminada el día que Cristo Jesús vuelva.*

Dios tiene un plan para tu vida. La Biblia menciona ambos, un plan general así como un plan específico para ti. No se trata de un guión irracional y automatizado al cual debes ajustarte. Es un recorrido con varios destinos y encuentros importantes, pero también con mucha libertad respecto al ritmo y a la naturaleza del viaje.

SALMO 32:8 | *El SEÑOR dice: "Te guiaré por el mejor sendero para tu vida; te aconsejaré y velaré por ti".*

Indudablemente, Dios quiere ayudarte a seguir el camino que más le agradará a él y que, a la larga, también será el más satisfactorio para ti. Quiere que sigas determinado camino que lleva al propósito que desea para ti, pero también se preocupa por los detalles del trayecto. Tanto en la situación general como en la particular, Dios deja ver su amor y su cuidado.

ESTER 4:14 | *[Mardoqueo le preguntó a Ester:] "¿Quién sabe si no llegaste a ser reina precisamente para un momento como éste?"*

JEREMÍAS 29:11 | *"Pues yo sé los planes que tengo para ustedes —dice el SEÑOR—. Son planes para lo bueno y no para lo malo, para darles un futuro y una esperanza".*

A veces puedes tener la tentación de cuestionar la voluntad de Dios para tu vida, creyendo que ha cometido un error. A la larga, lo que ahora te parece un error será el medio que Dios utilizará para producir algo satisfactorio y maravilloso.

¿Qué cosas debo hacer para descubrir cuál es la voluntad de Dios para mi vida?

ROMANOS 12:1-2 | *Entreguen su cuerpo a Dios por todo lo que él ha hecho a favor de ustedes. Que sea un sacrificio vivo y santo, la clase de sacrificio que a él le agrada. . . . No imiten las conductas ni las costumbres de este mundo, más bien dejen que Dios los transforme en personas nuevas al cambiarles la manera de pensar. Entonces aprenderán a conocer la voluntad de Dios para ustedes, la cual es buena, agradable y perfecta.*

El punto de partida para conocer la voluntad de Dios es conocer a Dios. Él no te niega nada bueno, cuando tú no le niegas nada. A medida en que te transforma en una nueva persona, logras entender sus caminos y disfrutas cumpliendo su propósito para tu vida.

GÉNESIS 12:1, 4 | *El SEÑOR le había dicho a Abram: "Deja tu patria y a tus parientes y a la familia de tu padre, y vete a la tierra que yo te mostraré". . . . Entonces Abram partió como el SEÑOR le había ordenado.*

Para conocer la voluntad de Dios, debes obedecer la Palabra de Dios.

ISAÍAS 2:3 | *Vengan, subamos al monte del SEÑOR. . . . Allí él nos enseñará sus caminos, y andaremos en sus sendas.*

SANTIAGO 1:5 | *Si necesitan sabiduría, pídansela a nuestro generoso Dios, y él se la dará; no los reprenderá por pedirla.*

1 JUAN 5:14 | *Estamos seguros de que él nos oye cada vez que le pedimos algo que le agrada.*

No puedes quedarte sentado esperando que Dios te revele su voluntad para tu vida; debes buscarla proactivamente. Procura la voluntad de Dios activamente por medio de la oración, de la Biblia, de las conversaciones con creyentes maduros en la fe y con consejeros de confianza, y del discernimiento sobre las circunstancias que te rodean.

HECHOS 21:14 | *Al ver que era imposible convencerlo, nos dimos por vencidos y dijimos: "Que se haga la voluntad del Señor".*

A veces, la voluntad de Dios se manifiesta mediante circunstancias que están fuera de tu control. Tú realizas la búsqueda, pero permites que Dios cumpla su voluntad de la manera que él considere mejor. Descubrirás que te agradará hacia dónde te lleva él.

MATEO 25:21 | *Bien hecho, mi buen siervo fiel. Has sido fiel en administrar esta pequeña cantidad, así que ahora te daré muchas más responsabilidades.*

MATEO 25:29 | *A los que usan bien lo que se les da, se les dará aún más y tendrán en abundancia.*

Las habilidades naturales que posees son dones de Dios y, a menudo, te dan una pista de lo que él quiere que hagas. Utiliza los dones que Dios te ha dado para honrarlo y darle gloria, y estarás donde necesitas estar para descubrir la voluntad de Dios para tu vida.

¿Cuáles son algunas cosas que seguramente son la voluntad de Dios para mí?

PROVERBIOS 16:3 | *Pon todo lo que hagas en manos del SEÑOR, y tus planes tendrán éxito.*

Dios quiere que hagas todas las cosas como si estuvieras haciéndolas para él. No ha revelado todas las cosas a sus seguidores, pero te ha revelado lo que necesitas saber a fin de vivir para él en este momento.

AMÓS 5:24 | *[El Señor dice:] "Quiero ver una tremenda inundación de justicia, y un río inagotable de rectitud".*

La voluntad de Dios es que busques la justicia en todo momento, y que hagas lo que sea justo.

1 CORINTIOS 14:1 | *¡Que el amor sea su meta más alta!*

La voluntad de Dios es que siempre ames a los demás.

MARCOS 10:45 | *Pues ni aun el Hijo del Hombre vino para que le sirvan, sino para servir a otros y para dar su vida en rescate por muchos.*

La voluntad de Dios es que sirvas a otros, poniéndolos por encima de ti mismo.

ÉXODO 20:1 | *Luego Dios le dio al pueblo [una lista de] instrucciones. . . .*

La voluntad de Dios es que obedezcas sus mandamientos.

GÁLATAS 5:22-25 | *La clase de fruto que el Espíritu Santo produce en nuestra vida es: amor, alegría, paz, paciencia, gentileza, bondad, fidelidad, humildad y control propio. . . . Ya que vivimos por el Espíritu, sigamos la guía del Espíritu en cada aspecto de nuestra vida.*

La voluntad de Dios es que vivas bajo el poder y la guía del Espíritu Santo.

SANTIAGO 4:17 I *Recuerden que es pecado saber lo que se debe hacer y luego no hacerlo.*

Cuando te enfrentes a lo desconocido, continúa haciendo lo que sabes hacer: ama a los demás, adora a Dios, cultiva la obra del Espíritu Santo en tu vida. Confía en que Dios te mostrará el siguiente paso cuando lo necesites.

La promesa de Dios JEREMÍAS 29:11 I *"Pues yo sé los planes que tengo para ustedes —dice el SEÑOR—. Son planes para lo bueno y no para lo malo, para darles un futuro y una esperanza".*

Libros en la serie

MANANTIAL™

MANANTIAL™

MANANTIAL™
Edición para mujeres

MANANTIAL™
Edición para hombres

MANANTIAL™
Edición para líderes

MANANTIAL™
Edición para nuevos creyentes

MANANTIAL™
Edición renacer